Jürgen Friedrichs/Jörg Blasius
Leben in benachteiligten Wohngebieten

Jürgen Friedrichs/Jörg Blasius

Leben in benachteiligten Wohngebieten

Leske + Budrich, Opladen 2000

Gedruckt auf säurefreiem und alterungsbeständigem Papier.

Die Deutsche Bibliothek – CIP-Einheitsaufnahme
Ein Titeldatensatz für diese Publikation ist bei Der Deutschen Bibliothek erhältlich

ISBN 3-8100-1938-0

© 2000 Leske + Budrich, Opladen

Das Werk einschließlich aller seiner Teile ist urheberrechtlich geschützt. Jede Verwertung außerhalb der engen Grenzen des Urheberrechtsgesetzes ist ohne Zustimmung des Verlages unzulässig und strafbar. Das gilt insbesondere für Vervielfältigungen, Übersetzungen, Mikroverfilmungen und die Einspeicherung und Verarbeitung in elektronischen Systemen.

Druck: DruckPartner Rübelmann, Hemsbach
Printed in Germany

Inhalt

Vorwort		7
1.	Theoretische Ansätze und Hypothesen	9
1.1	Städtische Armut	9
1.2	Effekte der Armut im Wohngebiet auf die Bewohner?	17
1.3	Hypothesen	19
1.4	Empirische Befunde über Armutsviertel	26
1.5	Lebensstile: Eine "Kultur der Notwendigkeit"?	31
2.	Stichproben und Methoden	39
2.1	Untersuchungsgebiete	39
2.2	Der Fragebogen	43
2.3	Ausfallstatistik	44
3.	Die vier Wohngebiete	47
3.1	Strukturmerkmale	47
3.2	Beurteilung der Wohngebiete	51
3.3	Fortzugsabsichten	58
4.	Netzwerke	63
4.1	Die Netzwerke der deutschen Bewohner	64
4.2	Die Netzwerke der türkischen Bewohner	70
5.	Aktionsräume	77
6.	Soziale Normen	87
6.1	Einstellungen zu abweichenden Verhaltensweisen	88
6.2	Dimensionen abweichenden Verhaltens	94

7.	Lebensstile	107
7.1	Kulturelles und ökonomisches Kapital	108
7.2	Der Raum der Lebensstile	118
7.3	Türkische Bewohner	133
8.	Der Zustand der Wohnung	139
8.1	Die Methode der Wohnraumbeobachtung	139
8.2	Einrichtungsgegenstände	142
8.3	Die Pflege der Wohnung	148
9.	Fertigkeiten	159
9.1	Fertigkeiten als kulturelles Kapital?	159
9.2	Beurteilung der Fertigkeiten	165
9.3	Zur Umwandlung von kulturellem in ökonomisches und soziales Kapital	
10.	Gebietseffekte und Individualeffekte	179
10.1	Benachteiligung und Devianz	180
10.2	Der Einfluß des Gebietes	191
10.3	Zusammenfassung: Leben in benachteiligten Wohngebieten	193

Literatur 197

Anhang: Deutscher Fragebogen

Vorwort

Die Studie richtet sich auf die Lebensbedingungen von Bewohnern benachteiligter Wohngebiete, speziell deren Lebensstile und die Einflüsse des Wohngebietes auf die Bewohner. Die zentrale Frage lautet: Gibt es in solchen Wohngebieten eine doppelte Benachteiligung: eine aufgrund der ökonomischen Situation der Bewohner und zusätzlich eine durch die Bedingungen des Wohngebietes? Die hier untersuchten vier Wohngebiete in Köln dürften sich kaum von benachteiligten Wohngebieten in anderen deutschen Städten unterscheiden. Diesen beispielhaften Charakter unserer Untersuchung unterstellt, erschien es uns erforderlich, dem Bericht ein allgemeines Kapitel über städtische Armut voranzustellen.

Benachteiligte Wohngebiete entstehen nicht zufällig. Fraglos gibt es hierfür mehrere Ursachen; drei davon erscheinen uns besonders wichtig. Zum ersten ist es die noch immer anhaltende Deindustrialisierung, dem Verlust von Arbeitsplätzen im Produzierenden Gewerbe. Eine Folge dessen ist zweitens eine steigende Arbeitslosigkeit (und Langzeitarbeitslosigkeit), die einerseits zu sinkenden Steuereinnahmen der Stadt führt, andererseits zu einer räumlichen Konzentration von Arbeitslosen, meist in Wohngebieten, die an den Produktionsstandort angrenzen. Durch die sinkenden Steuereinnahmen verringert sich drittens auch der Investitionsspielraum der Stadt, was zu sinkenden Anreizen und geringeren Vorleistungen für die Ansiedlung neuer Betriebe führt. Außerdem stehen weniger Mittel für Modernisierungsmaßnahmen in benachteiligten Wohngebieten zur Verfügung.

Die Studie entstand im Rahmen eines Lehr-Forschungsprojektes an der Universität zu Köln. Sie wurde jedoch durch eine umfangreiche Zahl von Interviews erweitert, die von externen Interviewern durchgeführt wurden. Wir danken der Deutschen Forschungsgemeinschaft, die diese Studie gefördert hat (Fr 517/15-1,2). Wir danken ferner Ismail Yavuzcan, M.A., der den Fragebogen ins Türkische übersetzt hat, Dipl.-Geogr. Frank Warmelink und Danijel Visevic, die Abbildungen anfertigten, Friederika Priemer, die das Manuskript Korrektur gelesen hat, schließlich allen Studentinnen und Studenten, die an dem Projekt mitgearbeitet haben.

1. Theoretische Ansätze und Hypothesen

1.1 Städtische Armut

Bis Ende der 70er Jahre war die Bundesrepublik ein Land mit stetigem Wirtschaftswachstum, das wiederum für Vollbeschäftigung sorgte. Die Arbeitslosenquoten waren sehr niedrig, Armut war ein relativ seltenes und weitgehend individuelles Problem. Erst sehr spät, als die Arbeitslosenquoten stiegen, wurde bemerkt, daß es auch wieder Armut in diesem Land gab. Als Datum für diese Veränderung wird oft die Veröffentlichung "Die neue soziale Frage" von Geißler (1976) angegeben. Eine systematische wissenschaftliche Diskussion setzte aber erst Ende der 80er Jahre mit den Publikationen von Balsen u.a. (1984), Döring, Hanesch und Huster (1990), Hanesch u.a. (1994), Klein (1987), Schütte und Süß (1988) ein.

Mitte der 80er Jahre trafen auch mehrere Ereignisse zusammen: eine steigende Arbeitslosigkeit und eine steigende Armut, letztere gemessen über die Zahl der Sozialhilfeempfänger. Tabelle 1.1 dokumentiert diese Entwicklung für die Bundesrepublik und ausgewählte Großstädte.

Der Ausdruck "städtische Armut" wurde mit Bedacht gewählt, weil er zwei Entwicklungen, die gleichzeitig eintraten, bezeichnen soll: zum einen die sinkenden Steuereinnahmen, zum anderen eine zunehmende Zahl von Wohngebieten mit einem hohen Anteil armer, d.h. auf Sozialhilfe angewiesener Bewohner. Besonders betroffen waren die Großstädte, unter diesen vor allem jene, die eine alt-industrielle Basis bzw. Beschäftigtenstruktur aufweisen. Die sinkenden Steuereinnahmen sind hauptsächlich auf eine De-Industrialisierung zurückzuführen: Unternehmen der Montanindustrie, Werften und - zuvor - der Textilindustrie entließen Arbeitskräfte, schlossen ganze Fabriken oder verlagerten Arbeitsplätze in Länder mit niedrigeren Löhnen. Gleichzeitig wurden die Kommunen mit steigenden Ausgaben für Sozialhilfe belastet, insbesondere jene mit "alten" Industrien. Die Folge beider Prozesse war eine geringere Finanzkraft der Kommunen. Ein Indikator hierfür ist die Quote der Einnahmen, die die Kommune selbst erwirtschaftet, diese sank seit Ende der 80er Jahre. Weitere Indikatoren sind die zunehmende Ausgabenlast für Sozialhilfe und den Schuldendienst (Zinszahlungen und Tilgung der Schulden). Wie mit den Daten in Tabelle 1.2 belegt werden kann, gilt diese Entwicklung für fast alle Kommunen, wenngleich für jene mit alten Industrien in besonderem Maße, so z.B. Duisburg, aber auch Bochum, Bremen und Saarbrücken.

Tabelle 1.1: Sozio-ökonomische Indikatoren für ausgewählte Städte, 1980, 1990, 1995

Indikator	Jahr	Köln	München	Hamburg	Duisburg
Einwohner	80	1.017.621	1.298.941	1.645.095	558.089
	90	998.590	1.229.026	1.652.363	535.447
	95	965.697	1.324.208	1.707.901	535.250
% Ausländer	80	13,5	16,4	9,0	12,2
	90	16,3	22,3	12,1	14,9
	95	19,4	21.6	14,9	17,1
Arbeitslosen-	85	13,6	6,2	12,1	15,5
quote	90	11,1	3,9	9,7	11,8
	95	13,3	6,4	10,8	15,7
% Sozialhilfe-	80	3,0	2,0	3,4	3,6
Empfänger	90	6,4	2,4	9,1	6,3
	95	8,1	2,0	7,7	7,4[1]
Ausgaben für	80	120[1]	48	95	119
Sozialhilfe	90	510	*	372	266
(DM/Einw.)	95	502	168	373	352[2]

* Keine Daten verfügbar; [1] Daten beziehen sich auf 1981; [2] Daten beziehen sich auf 1993.
Quellen: Statistisches Jahrbuch Deutscher Gemeinden, diverse Jhg.; Statist. Berichte der einzelnen Städte; eigene Berechnungen; Amtliche Nachrichten der Bundesanstalt für Arbeit, Daten beziehen sich jeweils auf den 30.9..

Damit verringerte sich aber auch der Investitionsspielraum, die "freie Spitze" der Kommunen. Wie Junkernheinrich und Pohlan (1997) gezeigt haben, wurde zudem die Kluft zwischen armen und reichen Städten größer. Sie hatte sich allerdings schon in den Analysen zum Süd-Nord-Gefälle (u.a. Friedrichs, Häußermann und Siebel, 1986) abgezeichnet. Die "städtische Armut" hat aber noch eine zweite Form: eine zunehmende Zahl von Wohngebieten mit einem hohen bzw.

Theoretische Ansätze und Hypothesen

steigenden Anteil armer Bevölkerung. Die Armut wird hierbei durchgängig über die Zahl der Sozialhilfeempfänger gemessen, meist in engerem Sinne als Personen oder Haushalte, die laufende Hilfe zum Lebensunterhalt beziehen. Für andere Kriterien, mit denen Armut bestimmt werden kann, z.B. für den Anteil jener, deren Äquivalenzeinkommen unter 50% des durchschnittlichen Einkommens liegt, fehlen die erforderlichen empirischen Untersuchungen. (Eine Ausnahme ist die weiter unten berichtete Studie von Düppe in zwei Kölner Wohngebieten.)

Tabelle 1.2: Ökonomische und fiskalische Indikatoren für ausgewählte Städte, 1980, 1990, 1994

Indikator	Jahr	Köln	München	Hamburg	Duisburg
Schulden pro Einw.	80	2.574	850	5.582	2.312
(in DM)	90	4.358	2.192	11.677	3.193
	94	5.194	2.100	23.226	3.631
Bruttowertschöpfung	80	73.545	77.687	82.842	64.591
(DM per Beschäftigten)	90	105.263	130.226	124.632	105.832
	92	118.371	149.334	141.350	107.962
Steuerkraft[1]	80	952	960	1.054	697
(DM/Einwohner)	90	1.267	1.532	1.340	835
	93	1.362	1.622	1.505	876
Steuereinnahmen	80	1.217.885	1.888.911	2.214.274	519.559
(in 1.000 DM)	90	1.798.589	2.774.193	3.072.515	606.910
	94	1.932.448	3.041.343	3.748.418	627.608
Steuerautonomie	80	55,0	55,9	*	43,5
(in %)[2]	90	50,3	50,7	*	33,9
	94	41,6	48,3	*	23,2

* Keine Daten verfügbar.
[1] Steuerkraft-Meßzahl
[2] Steuereinnahmen als Anteil aller Einnahmen.
Quellen: Statistisches Jahrbuch Deutscher Gemeinden, diverse Jhg.; Statist. Berichte der einzelnen Städte; eigene Berechnungen.

In allen Großstädten stieg die Zahl der Sozialhilfe-Empfänger. In Köln nahm die Zahl (Hilfe zum laufenden Lebensunterhalt) von 13.135 im Jahre 1980 auf 29.638 im Jahre 1990 auf 39.791 im Juli 1997 (Stadt Köln, 1998, Teil I: 60). Dabei haben Alleinerziehende und Ausländer ein besonders hohes Risiko, auf

Sozialhilfe angewiesen zu sein. Während 1997 in Köln rd. ein Drittel der Haushalte Alleinerziehender Sozialhilfe bezog, waren es z.B. im Stadtteil Meschenich über 50%, in den Stadtteilen Seeberg, Kalk und Vingst sogar zwei Drittel (Stadt Köln, Teil I, S. 69). Bedeutsam ist demnach nicht nur die Zunahme der Armut, sondern auch deren ungleiche Verteilung über die Stadtteile. Diese räumliche Konzentration der Armut beschäftigt auch die Kommunen. Es entstand eine Reihe von „Armutsberichten", die ersten für Stuttgart (Landeshauptstadt Stuttgart, 1990), München (Landeshauptstadt München, 1991, 1994a, 1994b) und Bremen (Freie Hansestadt Bremen, 1991), sodann u.a. für Essen (Stadt Essen, 1993), Hamburg (BAGS, 1993), Duisburg (ISK, 1994), Wiesbaden (Landeshauptstadt Wiesbaden, 1996), Frankfurt/Main (Bartelheimer, 1997) und Köln (Stadt Köln, 1998).

Auch für die Stadt Köln lassen sich beide Formen statistischer Armut nachweisen. Tabelle 1.2 belegt zunächst die sinkenden Steuereinnahmen, die steigenden Arbeitslosenquoten, die steigende Zahl der Sozialhilfeempfänger und die steigenden Ausgaben der Kommune für Sozialhilfe. Die Sozialhilfeempfänger sind ungleich über das Stadtgebiet verteilt, wie die Abbildung 1.1 zeigt. Besonders hohe Anteile von Sozialhilfeempfängern weisen die folgenden neun Stadtteile (von Westen nach Süden) auf: Bickendorf, Bocklemünd, Lindweiler, Seeberg und Chorweiler, Vingst und Ostheim, Godorf, Meschenich.. Es sind Gebiete, die einen hohen Anteil von Sozialwohnungen, von Ausländern und von Personen mit niedriger Schulbildung aufweisen, ferner sind es entweder periphere Neubausiedlungen oder innenstadtnahe alte Arbeiterquartiere, z.T. mit gründerzeitlichen Gebäuden.

An dem Beispiel Kölns läßt sich auch die Dynamik der Entwicklung seit 1995 demonstrieren (Abbildung 1.2): Von 1995 bis 1999 steigt die Zahl der Stadtteile mit einem Anteil Armer über 12% von drei auf elf, darunter sind nun zwei Stadtteile, Chorweiler im Norden und Meschenich im Süden) mit einem Anteil von über 20%. Bis auf Bilderstöckchen (Untersuchungsgebiet 1) hat in den anderen drei Untersuchungsgebieten die Armut zugenommen.

Demnach nimmt nicht nur die Zahl der Armutgebiete zu, sondern es erhöht sich auch der Anteil Armer in den Armutsgebieten. Besondere Aufmerksamkeit verdient der zweite Sachverhalt: der zunehmende Anteil der Armen in "armen" Gebieten. Von den 84 Stadtteilen haben zwischen 1995 und 1999 nur 15 einen geringeren Anteil Armer, doch sind diese Veränderungen sehr gering: in zwei

Theoretische Ansätze und Hypothesen 13

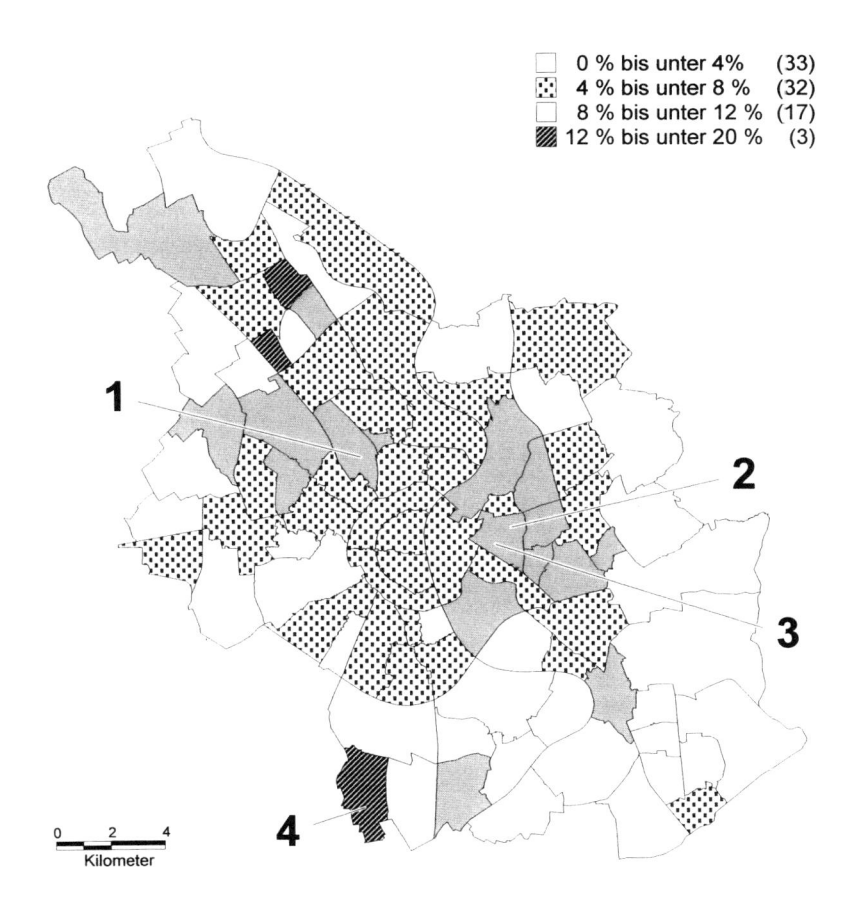

Abbildung 1.1: Armutsquoten (Sozialhilfe-Empfänger pro 1.000 Einwohner) in den Stadtteilen Kölns und Lage der vier Untersuchungsgebiete, Januar 1995 (ohne Asylbewerber)

Quelle der Daten: Stadt Köln, Amt für Statistik und Einwohnerwesen - STATIS

Abbildung 1.2: Armutsquoten (Sozialhilfe-Empfänger pro 1.000 Einwohner) in den Stadtteilen Kölns, Januar 1999 (ohne Asylbewerber)

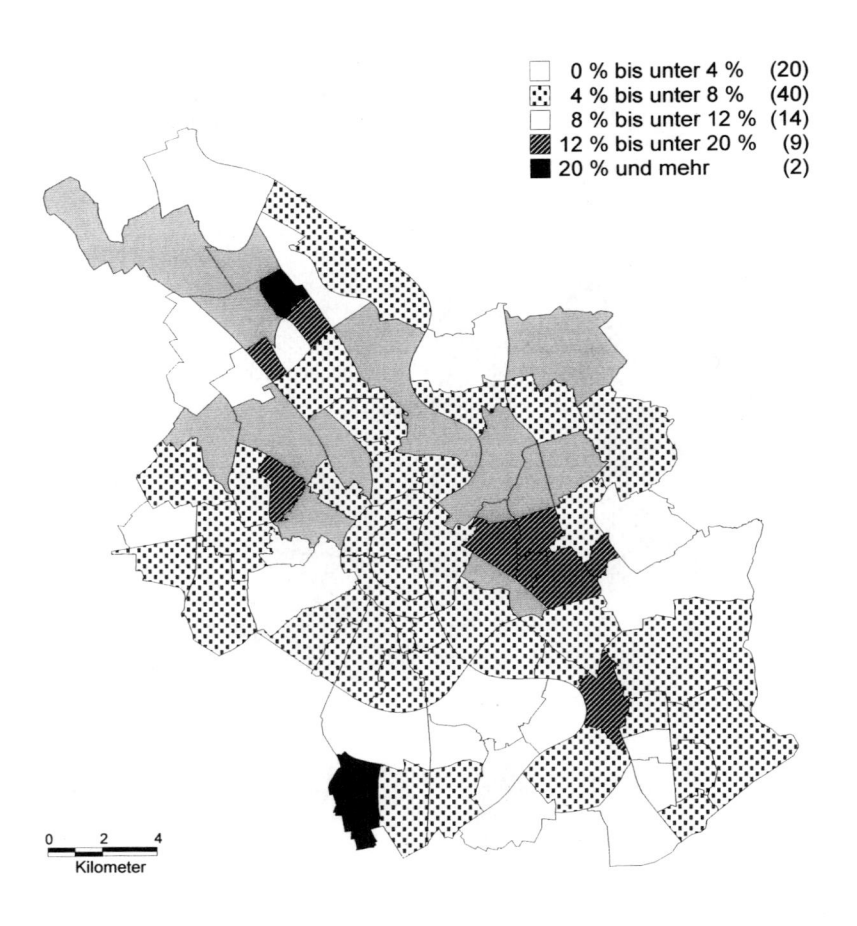

- 0 % bis unter 4 %   (20)
- 4 % bis unter 8 %   (40)
- 8 % bis unter 12 % (14)
- 12 % bis unter 20 % (9)
- 20 % und mehr   (2)

Quelle der Daten: Stadt Köln, Amt für Statistik und Einwohnerwesen - STATIS

Stadtteilen (Godorf, Mauenheim) geht die Armut um 3,2 bzw. 2,8 Prozentpunkte zurück, in den restlichen sind es Werte zwischen 0,1 und 1,4 Prozentpunkten. Diese Veränderungen schlagen sich aufgrund der Klassenbildung nicht in den Abbildungen nieder. Kein Stadtteil, der 1995 einen überdurchschnittlichen Anteil Armer aufwies, hat 1999 einen niedrigeren Anteil. Die Gebiete haben sich demnach nicht aus der Armut befreien können. Diese Entwicklung (als Aggregatmerkmal) kann auf drei unterschiedliche Prozesse zurückgehen:
1. eine zunehmende Verarmung der Bewohner,
2. Selektive Fortzüge aus den Gebieten,
3. selektive Zuzüge in die Gebiete.

Die drei Hypothesen schließen sich nicht aus. Die *erste* Hypothese unterstellt, daß die Bewohner armer Gebiete aufgrund ihrer Qualifikationen und ihrer Einkommen besonders anfällig für Veränderungen in der ökonomischen Basis der Stadt sind, also eher von Arbeitslosigkeit und/oder Einkommensverlusten betroffen sind. Es würden dann mehr Haushalte auf Sozialhilfe angewiesen sein und /oder mehr Haushalte nicht in der Lage sein, ihre Miete zu bezahlen. Es wären demnach externe Bedingungen, die zu dem internen Wandel führen. Diese Hypothese testet Jargowski (1996) für nordamerikanische Wohnviertel. Er führt - in Anlehnung an Wilson - wiederum drei Ursachen für den ökonomischen Wandel an: a) die mit der Deindustrialisierung verbundene sinkende Zahl von Arbeitsplätzen im Produzierenden Gewerbe, b) eine verringerter Anteil von Arbeitsplätzen und ein steigender in den Suburbs (spatial mismatch), c) eine Polarisierung der Arbeitsplätze aufgrund des technologischen Wandels mit dem Ergebnis, dass die Zahl der Jobs mit mittlerem Einkommen sinkt (Jargowski, 1996: 118). In seinen empirischen Analysen trennt er diese drei Ursachen nicht, kann aber zeigen, dass deren Folgen auf der Ebene der Stadt, nämlich eine steigende Einkommensungleichheit und ein sinkendes Durchschnittseinkommen plus drittens einer steigenden Einkommens-Segregation 72% der Varianz der Armut in Wohngebieten erklären (Jargowski, 1996: 156-163). .

Die *zweite* Hypothese behauptet, Haushalte relativ höheren Einkommens würden aus den armen Vierteln ausziehen, zurück blieben die ärmeren Haushalte. Die *dritte* Hypo-these geht davon aus, die Zuzüge seien selektiv: es zögen überwiegend arme Haushalte in das Wohngebiet, wodurch es nach und nach „ärmer" würde. Diese Hypothese setzt voraus, dass Haushalte aus dem Gebiet ausziehen, vermutlich setzt sie damit auch voraus, dass die zweite Hypothese zutrifft. Die

Hypothese läßt sich um eine weitere ergänzen: Der selektive Zuzug von (relativ) armen Haushalten ist auch die Folge der kommunalen Belegungspolitik, wenn in öffentlich geförderte Wohnungen mit kommunalem Belegungsrecht vornehmlich (und nachgerade zwangsläufig) Haushalte eingewiesen werden, die anders keine Wohnung erhalten hätten.

Wahrscheinlich treffen, wie auch Jargowski (1996: 51) meint, alle drei Hypothesen zu. Allerdings zeigt eine neuere Studie über nordamerikanische Armutsgebiete, dass die Zunahme der Armut sich durch selektive Auszüge erklären läßt (Quillian, 1999). In welchem Ausmaß bzw. mit welchem Gewicht jede der drei Hypothesen für deutsche Städte gilt, um die Verarmung armer Wohngebiete zu erklären, läßt sich nur durch umfangreiche vergleichende Studien in zahlreichen Städten ermitteln.

Die Ergebnisse deutscher Studien über Bremen (Farwick, 1996a, 1996b; Farwick und Voges, 1997) zeigen nun, daß es vor allem eine steigende Verarmung der ursprünglichen Bewohner ist, die zu einem steigenden Anteil Armer in einem Wohngebiet führt, demnach eher die ober angeführte Hypothese 1 zutrifft - und sehr viel weniger selektive Fort- und Zuzüge (Hypothesen 2 und 3).

Die gegenwärtig ausführlichste Analyse des Zusammenhangs von ökonomischer Entwicklung der Stadt und der Entwicklung von Armut und deren räumlicher Konzentration haben Dangschat (1997a) und Alisch und Dangschat (1998) am Beispiel Hamburgs vorgenommen. Sie zeigen anhand der Daten von Schüler (1997), daß zwischen 1977 und 1992 das durchschnittlich zu versteuernde Einkommen nahezu verdoppelt hat, zudem ist der Anteil der unteren Einkommensgruppen gesunken. In den fünf „reichsten" Stadtteile hat sich das durchschnittliche zu versteuernde Einkommen seit 1980 erhöht, ist dann von 1989 auf 1992 gesunken - es liegt aber noch immer erheblich über dem der restlichen Stadtteile. Hingegen sind die durchschnittlich zu versteuernden Einkommen in den fünf „ärmsten" Stadtteilen seit 1980 praktisch leicht gesunken. Zudem gab es 1980 nur zwei, 1992 hingegen 14 arme Stadtteile Alisch und Dangschat, 1998: 130f.). Der Boom der Stadt Ende der 80er Jahre ist offenkundig an der ärmeren Bevölkerung vorbei gegangen. Die Autoren (ibid.: 149ff.) stellen auch eine zentrale Bedingung der Zunahme der Armut dar: den Wohnungsmarkt. Steigende Mieten und eine sinke Zahl preiswerter Mietwohnungen führen trotz Ausweitung der Einkommensgrenzen für das Wohngeld zu einem erhöhten Armutsrisiko (vgl. auch Keller, 1999: 59 ff., 75).

1.2 Effekte der Armut im Wohngebiet auf die Bewohner?

Es ist in der Stadtforschung eine bekannte Annahme, das Wohngebiet oder die "Nachbarschaft" (neighborhood) habe einen Einfluß auf das Verhalten ihrer Bewohner. Ein gutes Beispiel sind die beiden inzwischen fast klassischen Aufsätze von Gans (1961a, 1961b), in denen er erörtert, wie groß die soziale Mischung in einem Wohngebiet sein könne und dürfe. Die "balancierte" Gemeinde weist seinen Überlegungen zufolge ein mittleres und moderates Maß an Heterogenität auf. Um diese These zu begründen, verwendet er implizit die Annahme, das Wohngebiet habe einen Effekt auf seine Bewohner: Bei einer zu großen Heterogenität würden sich die Bewohner unwohl fühlen und es käme zu - selektiven - Auszügen. Moderner formuliert, würde seine Annahme lauten, daß eine zu große Spanne unterschiedlicher Lebensstile zu Konflikten führe, diese wiederum dazu, daß die weniger stark vertretenen Lebensstilgruppen ausziehen, sofern sie wahrnehmen, daß ihre Gruppe nicht in stärkerem Maße zuzieht oder zuziehen wird.

Bei einer zu geringen Heterogenität vermutet Gans ebenfalls keine Stabilität. Diese Annahme erscheint schwieriger zu begründen, denn warum sollte ein - relativ - homogenes Wohngebiet weniger stabil sein als ein heterogenes? Die Argumentation von Gans lautet: In einer solchen Umgebung würden die Bewohner zu wenig mit anderen Lebensformen konfrontiert - die Homogenität sei quasi für die Bewohner eines solchen Gebietes ohne Reize. Hierüber mag man streiten, zumal deshalb, weil es sich nur empirisch entscheiden läßt, welche soziale Gruppe wie viele Angehörige anderer Gruppen und welcher Merkmale als toleriert.

Die Diskussion über die Homogenität einer Nachbarschaft bzw. eines Wohngebietes hat nun nicht nur in Deutschland eine erneute Aufmerksamkeit durch die steigende Zahl armer Wohngebiete erfahren. Beispiele hierfür sind das niederländische Programm „Probleemcumulatiegebiedenbeleid" (1985), das dänische „Urban Area Improvement Program" 1996), das belgische „Vlaams Fond voor de Integratie van Kansarmen" (1992), das französische Netzwerk „Quartiers en Crise" (1900) und die deutschen Programme „Benachteiligte Stadtgebiete" für Nordrhein-Westfalen (1993) sowie das im Frühjahr 2000 offiziell begonnene Bund-Länder-Projekt "Stadtteile mit besonderem Entwicklungsbedarf - die soziale Stadt" (www. sozialestadt.de). (Eine Übersicht über eine Teil der Programme geben Froessler, 1994; Froessler u.a., 1994.) Der Sachverhalt selbst, daß sich die arme Wohnbevölkerung in wenigen Gebieten konzentriert, ist nicht neu.

Schon die Studien von Charles Booth über London "Life and Labour of People in London" (1889) sowie die späteren Studien von Rowntree (1901) und Townsend (1979) haben gezeigt, daß es stets (wenige) Wohngebiete gibt, in denen der Anteil Armer sehr hoch ist.

Durch den Prozeß der Deindustrialisierung und die dann verstärkt einsetzende Globalisierung von Märkten hat sich der Wettbewerb der Unternehmen erhöht, dies wiederum hat bei den Unternehmen dazu geführt, ihre Produktivität zu erhöhen, was wiederum unter anderem die Auswirkung hatte, Arbeitnehmer zu entlassen. Als Folge dessen haben in den hochindustrialisierten Ländern Arbeitslosigkeit und Armut zugenommen. Beide haben insbesondere jene Erwerbstätigen betroffen, die eine niedrige Qualifikation hatten und/oder in Unternehmen niedergehender Branchen beschäftigt waren (vgl. hierzu Alisch und Dangschat, 1998: 67ff.; Krätke, 1990). Hierunter wiederum waren überproportional viele Angehörige ethnischer Minderheiten, im Falle der Bundesrepublik die Gastarbeiter. Es trafen zwei Entwicklungen ein: Zum einen vergrößerte sich die Diskrepanz zwischen der Qualifikation der Arbeitskräfte und der nachgefragten Qualifikationen ("mismatch", vgl. Friedrichs, 1985; Kasarda und Friedrichs, 1985), zum anderen wurde Arbeitslosigkeit von einem Individual- zu einem Massenschicksal.

Diese Entwicklung ist in den USA zuerst aufgetreten und wurde in der Publikation von Bluestone und Harrison (1982) dargestellt. Die Minderheit, die es in den USA besonders traf, waren die Schwarzen, vor allem aufgrund ihres hohen Anteils von Erwerbstätigen mit geringer Qualifikation (vgl. die Ausführungen zu Jargowski weiter oben). Es ist daher nicht verwunderlich, daß sich die wichtigste Studie über arme Wohnviertel auf die USA bezieht: die Arbeit von Wilson ("The Truly Disadvantaged", 1987) über Chicago, sowie die spätere Publikation „When Work Disappears" (1996). Vor allem die erstere Studie dient als Ausgangspunkt für den theoretischen Ansatz unserer empirischen Untersuchung. Auf die Bedingungen und Forschungsergebnisse in europäischen Ländern, speziell für Deutschland, gehen wir später ein.

Wilson nimmt zunächst implizit eine Annahme auf, auf der fast alle Studien über Wohnviertel (synonym: neighborhoods) basieren: Wohnviertel haben einen Effekt auf die Lebensbedingungen ihrer Bewohner. Diese Annahme ist in der Literatur zwar umstritten, weil neben Individualmerkmalen u.a. auch Merkmale der Haushalte und der Schulen für die behaupteten Effekte verantwortlich sein können (u.a. Tienda, 1991), sie läßt sich jedoch durch zahlreiche empirische Studien stützen (vgl. Friedrichs, 1998; Jargowski, 1996: 90.). Diese Annahme

Theoretische Ansätze und Hypothesen 19

liegt auch zahlreichen Studien über höhere Kriminalitätsraten in armen Wohngebieten zugrunde Bereits Shaw und McKay (1942) vermuten, Wohngebiete mit einer hohen Kriminalitätsbelastung hätten den Effekt, das abweichende Verhalten der Bewohner zu verstärken. Während sie einen solchen Effekt nur unterstellten, aber nicht gemessen haben, konnten spätere und methodisch aufwendigere Studien den Effekt nachweisen ((u.a. Simcha-Fagan und Schwartz, 1986; Sampson u.a., 1997). Was hier für die Effekte auf die Kriminalität gesagt wird, unterstellen andere Autoren für die Armut, nämlich einen die Armut reproduzierenden Einfluß der Armutsgebiete auf die Bewohner (u.a. Dangschat, 1997b; Häußermann, 1997) - einem „vicious circle" (Jargowski, 1996) oder einer „Abwärtsspirale" (Keller, 1999: 106ff.).

Dieser Kontexteffekt läßt sich im Falle armer Wohnviertel folgendermaßen als Frage formulieren: Machen arme Wohnviertel ihre Bewohner ärmer? Damit wird behauptet, neben den individuellen Effekten armer Personen haben auch die Struktur des Wohnviertels einen zusätzlichen Effekt auf deren Einstellungen und Verhalten.

1.3 Hypothesen

Wenngleich sich die Studie von Wilson auf das Ausmaß der Armut in den USA richtet, so bezieht sie sich doch im engeren Sinne auf Schwarze in Wohngebieten von Chicago. Seine empirischen Daten zeigen, daß arme „schwarze" Wohnviertel folgende Merkmale aufweisen (für eine ähnliche neuere Darstellung vgl. Jargowski, 1996):
- eine höhere Zahl von Schülern, die vorzeitig die Schule abbrechen (drop-outs),
- eine höhere Zahl von schwangeren Teenagern,
- eine höhere Zahl von nicht-ehelichen Geburten,
- einen höheren Anteil von Bewohnern, deren Normen von denen der restlichen Gesellschaft ("mainstream society") abweichen,
- eine höhere Kriminalitätsrate,
- einen höheren Anteil von Personen, die es aufgegeben haben, eine Arbeit zu suchen,
- einen überproportionalen Anteil verschlechterter Bausubstanz (verfallene Häuser).

Diese Sachverhalte sind nach Wilson die Folge (!) des Lebens in einem armen (nordamerikanischen) Wohngebiet mit weitgehender ethnischer Homogenität. Der Kontexteffekt, der sich explizieren läßt, besteht in folgenden Annahmen:

- Deviante Verhaltensmuster im Wohngebiet werden zu dominanten Verhaltensmustern.
- Die Diskriminierung der Bewohner des Gebiets durch die restlichen Bewohner der Stadt trägt zu dem Gebietseffekt bei, u.a. dadurch, daß dem Gebiet ein abfälliger Name gegeben wird oder die Bewohner bei Bewerbungen um einen Arbeitsplatz allein aufgrund des Wohnortes diskriminiert bzw. benachteiligt werden.
- Nicht zuletzt aufgrund der vorgenannten Prozesse tritt eine Resignation der Bewohner ein.

Das Ergebnis dieser Sachverhalte und Prozesse ist nach Wilson eine "soziale Isolation" der Bewohner armer (schwarzer) Wohnviertel und deren Bewohner vom Rest der Stadt (und deren Bewohner). Wilson formuliert seine Annahmen nicht ausdrücklich. Expliziert man sie, so lauten sie in formalisierter Form:

H 1: Das Wohnviertel beeinflußt das Verhalten seiner Bewohner.

H 2: Dieser Effekt beruht auf sozialem Lernen (devianter) Verhaltensmodelle. Diese erscheinen den zunächst (noch) nicht devianten Bewohnern zugänglicher *und* nützlicher. (Dies entspräche den Hypothesen der Theorie sozialen Lernens von Bandura und Walters, 1963, und Akers u.a., 1979, aber auch Annahmen in dem modifizierten Devianz-Modell von Opp, 1974).

H 3: Arme Wohnviertel weisen einen höheren Anteil von Bewohnern auf, deren Verhalten und Normen von denen der Gesellschaft (Wilson: mainstream society) abweichen.

H 4: Die Abweichung von den dominanten Normen in der Gesellschaft wird nicht als Abweichung wahrgenommen. Der Bezugspunkt der Bewertung ist für die Bewohner das Verhalten der anderen Bewohner, d.h. das Wohngebiet und nicht "die Gesellschaft".

H 5: Deviante Normen breiten sich im Wohngebiet aus und werden zu dominanten Normen.

Theoretische Ansätze und Hypothesen

H 6: Wenn die devianten Normen in einem Wohnviertel anderen Einwohnern der Stadt bekannt werden, setzt eine Diskriminierung der Bewohner solcher Viertel ein. Ein möglicher Indikator hierfür ist, daß dem Wohnviertel ein (negativ konnotierter) Name gegeben wird und die Bewohner u.a. bei der Stellensuche diskriminiert werden.

H 7: Je eingeschränkter die Zahl der Opportunitäten der Bewohner solcher Viertel ist, desto stärker resignieren die Bewohner und sind vom Rest der Stadt isoliert.

Wilson (1987: 57, Kap. 3) gibt auch Hinweise auf einen weiteren Kontexteffekt (ohne dies zu so bezeichnen): Frauen haben in solchen Wohngebieten nur eine geringe Chance, einen anderen Partner als einen Schwarzen zu finden, der zudem (ebenfalls) arm ist. Wilson bezeichnet dies als "restricted marriage pool", was sich allgemeiner als restringierter Partnermarkt bezeichnen ließe. Die Folge ist, daß viele Frauen einen Partner haben, der ihnen ein Kind zeugt, danach aber keine Unterhaltszahlungen leistet bzw. leisten kann und die Frau der Sozialhilfe überläßt.

Obgleich Wilsons Aufmerksamkeit nicht einer individualistischen Theorie gilt, können seine Überlegungen doch so interpretiert werden. Zieht man andere Studien aus europäischen Ländern heran, u.a. für Frankreich die von Paugam (1991, 1993) und Wacquant (1993), für Deutschland von Herlyn, Lakemann und Lattko (1991) oder von Riede (1989), so ergäbe sich folgende Sequenz:

Schwarz, Frau → Schulabbruch → geringe Bildung → nicht verheiratet → Geburt eines Kindes → geringes Einkommen → Sozialhilfe.

Gewiß bedarf eine solche hypothetische Abfolge von Ereignissen (bedingten Wahrscheinlichkeiten) genauerer empirischer Analysen. Dennoch hat sie einen heuristischen Wert, weil sie eine Abfolge sinkender Handlungsopportunitäten für die Frau unterstellt.

Diese partielle Interpretation der Befunde und Annahmen von Wilson muß nicht für die Bedingungen in europäischen Städten zutreffen. Sie weisen weder einen derart rigiden Wohnungsmarkt und daraus resultierende Grade der Segregation auf, noch gibt es eine ethnische Minderheit, die in gleichem Maße diskriminiert wird wie die Schwarzen in den USA. Dennoch sind die hier explizierten Hypothesen eine fruchtbare Grundlage für empirische Studien - in unserem Falle für Köln. Wenngleich wir nicht alle Hypothesen im Rahmen unserer Studie testen können, so erschien es uns dennoch sinnvoll, die explizierte Theorie vollständig darzustellen.

Um die Hypothesen empirischen zu überprüfen, sind zuvor zwei Schritte notwendig. Zuerst wollen wir die empirischen Befunde anderer Studien heranziehen, um die Hypothesen einem ersten Test zu unterziehen; dies geschieht im Abschnitt 1.3. Danach werden wir als Folgerung die zentrale Hypothese - negative Effekte des benachteiligten Wohngebietes auf seine Bewohner - in modifizierter Form formulieren.

Die vorangegangene Darstellung zeigt, welche Implikationen die Annahme hat, Nachbarschaften hätten einen Effekt auf das Verhalten ihrer Bewohner. Die impliziten Annahmen seien hier zusammenfassend aufgeführt (vgl. ausführlicher: Friedrichs, 1998):

1. Die Nachbarschaft, der Kontext, muß definiert bzw. räumlich abgegrenzt werden. Das ist eine empirisch fast unlösbare Aufgabe; sie führt auf das alte Problem der Chicagoer Schule zurück, "natural areas" zu bestimmen. Es bestehen vier Möglichkeiten, eine solche Abgrenzung vorzunehmen; keine von ihnen ist befriedigend.

a) Nachbarschaften werden als ein Teil von räumlich größeren Ortsteilen interpretiert, eine relative Homogenität des Ortsteils wird unterstellt. Diese Möglichkeit wird gewählt, weil nur für diese räumliche Einheit statistische Daten aus amtlichen Zählungen vorliegen.

b) Nachbarschaften werden nach wenigen Kriterien aus Daten über Baublöcke konstruiert: Man faßt angrenzende Baublöcke ähnlicher Merkmalsausprägungen zusammen.

c) Nachbarschaften werden als zusammenhängende Wohngebiete definiert, die durch räumliche Barrieren (z.B. Fabrikgelände, größere Grünflächen, breite Straßen) eingegrenzt sind. Dieses Vorgehen entspricht einer Variante der Chicagoer Schule.

d) Nachbarschaften werden subjektiv, durch Befragung der Bewohner abgegrenzt. Die Bewohner eines Gebietes werden aufgefordert, die Grenzen "ihres"

Wohngebietes in einer Karte einzuzeichnen. Der Vorteil des Verfahrens ist, das Gebiet (Kontext), das einen Bewohner beeinflussen konnte, realitätsgerechter zu bestimmen. Der - erhebliche - Nachteil ist, wie die Studie von Reuber (1993) für Köln zeigt, daß die derart von Bewohnern abgegrenzten Gebiete, die subjektiven Landkarten, in ihren Grenzen nicht übereinstimmen. Auch hier muß der Forscher letztendlich die Grenzen festlegen.

In unserer Studie (vgl. Kapitel 2) haben wir eine Variante des Vorgehens (b) gewählt. Wir haben auf die amtlichen Daten für die Ortsteile zurückgegriffen, um "arme" Gebiete auszuwählen. Innerhalb dieser Gebiete haben wir nach einer ausführlichen Begehung räumlich angrenzende Straßen ähnlicher Bebauung und ohne Barrieren ausgewählt. Die hierbei angewendeten Kriterien sind zweifellos eher intuitiv.

Das zweite methodologische Problem ist, die Kontext-Effekte zu spezifizieren. Wie ist der postulierte Einfluß des Gebietes auf dessen Bewohner möglich? Auf dieses Forschungsproblem haben bereits Erbring und Young (1997) und später u.a. Tienda (1991) hingewiesen. Zwei Mechanismen erscheinen plausibel: Interaktion und soziales Lernen einerseits und beobachtetes Verhalten andererseits.

Die Interaktionshypothese geht davon aus, daß Kontakte zwischen den Bewohnern des Gebietes bestehen, genauer: in hohem Maße bestehen, und hierdurch Verhaltensmuster gelernt und übernommen werden. Einen solchen Mechanismus unterstellt zum Beispiel auch die Theorie der differentiellen Assoziation zur Erklärung abweichenden Verhaltens (Sutherland, 1968). Aber die Kontakte reichen als Bedingung für das Auftreten abweichenden Verhaltens nicht aus. Es muß zusätzlich angenommen werden, die Einstellungen und das Verhalten der Bewohner wiesen eine geringe Streuung auf, denn je größer die Heterogenität der Bewohner (und damit die Streuung), desto weniger wahrscheinlich ist es, daß das Gebiet (als Summe der Bewohner) einen Effekt haben kann.

Die Sichtbarkeitshypothese geht davon aus, nicht allein die Interaktion (oder: nicht erst die Interaktion) habe einen Einfluß auf das Verhalten, sondern auch das wahrgenommene Verhalten anderer Bewohner; bereits die Wahrnehmung abweichenden Verhaltens könne das Verhalten in die Richtung der Devianz verschieben. Hierzu können gehören: häufig beobachtete Akte von Gewalt, Drogenkonsum, Schmutz, aber auch der physische Verfall von Gebäuden (Skogan, 1990: 65ff.; Taub, Taylor und Dunham, 1984: 119ff.). Skogan (1990: 43) führt sogar aus, daß ein sichtbarer Verfall von fünf Prozent der Wohngebäude in einem

Wohnviertel ausreicht, um die anderen Hausbesitzer dazu zu veranlassen, auch in ihre Gebäude nicht mehr zu investieren. Zu diesen Erscheinungsformen gehört auch die „broken windows"-Hypothese, der zufolge die Zahl kaputter Fensterscheiben ein Indikator für Armut und Kriminalität in einem Wohngebiet sei (Wilson und Kelling, 1982). Fassen wir diese Überlegungen zusammen, so gelangen wir zu vier Annahmen; sie liegen auch unserer Studie zugrunde.

1. Das Wohnviertel ist eine Gelegenheits-Struktur; sie bestimmt teilweise die Kontakte zwischen den Bewohnern.

2. Räumliche Nähe fördert soziale Kontakte, wobei die Beziehung vermutlich kurvilinear ist.

3. Die im Wohnviertel verfügbaren (vorhandenen) Verhaltensmodelle bestimmen die Einstellungen und das Verhalten der Bewohner. Die Optionen (und Restriktionen), die in einem Wohnviertel vorhanden sind, erweitern (oder verringern) demnach die Verhal-tenschancen der Bewohner.

4. Die Ausbreitung (Diffusion) des Verhaltens und der Normen in einem Wohnviertel erfolgt durch Interaktion und die Wahrnehmung sichtbaren Verhaltens.

Diese Annahmen sind nun ihrerseits nicht voraussetzungslos. Sie unterstellen einen Sozialisationsprozeß der Bewohner des Gebietes durch andere Bewohner, ferner, daß sich dominante Normen und Verhaltensmuster entwickeln. (Ein solcher Prozeß zu untersuchen, würde erfordern, über Paneldaten zu verfügen, was nicht der Fall ist.) Diese Effekte können aber nur eintreten, wenn zwei Bedingungen gegeben sind; die Bewohner verbringen einen großen Teil ihrer Zeit im Wohngebiet und ihre Kontakte beschränken sich weitgehend auf Bewohner des Gebietes. Es gibt, im Sinne der Theorie von Feld (1981), kaum anderen Foci als die Nachbarschaft. Erwerbstätige, die außerhalb des Wohnviertels arbeiten, wären demnach von den Gebietseffekten weniger betroffen als Hausfrauen, Jugendliche, Kinder und Arbeitslose. Die fünfte und entscheidende Annahme lautet daher:

5. Die vermuteten Effekte des Wohnviertels gelten um so stärker, je mehr Zeit ein Bewohner im Wohnviertel verbringt und je stärker seine sozialen Kontakte auf Personen im Wohnviertel beschränkt sind.

Theoretische Ansätze und Hypothesen

Dabei lassen wir zunächst noch offen, welcher Art die Beziehung zwischen der Zeit im Wohngebiet und den Kontakten sein muß, um den Kontexteffekt zu ermöglichen. Es bleibt empirisch zu prüfen, ob der in Annahme 5 spezifizierte Zusammenhang tatsächlich linear ist oder z.B. erst von einem hohen Schwellenwert an auftritt, z.B. wenn eine Person viel Zeit im Gebiet verbringt und fast alle Bekannten im Gebiet wohnen. Bezieht man diese Annahmen und ihre Begründungen auf arme Wohngebiete, so lautet die abschließende sechste Annahme:

6a. Die Netzwerke von armen Personen sind kleiner als die anderer Personen; die Netzwerke sind zudem räumlich weniger ausgedehnt und beschränken sich weitgehend auf das Wohnviertel.
6b. Die Aktionsräume armer Personen sind kleiner als diejenigen anderer Personen, sie beschränken sich weitgehend auf das eigene Wohnviertel.

Um die Übernahme devianter Normen und Verhaltensmuster in einem Wohngebiet zu erklären, unterstellen wir also einen Prozeß sozialen Lernens im Sinne der Theorie von Bandura und Walters (1963; ähnlich: Akers u.a., 1979). Dies erscheint uns die am besten geeignete Theorie, um die vermuteten Kontexteffekte des Wohngebietes auf seine Bewohner zu erklären. Ferner nehmen wir an, die räumliche Nähe begünstige Kontakte, diese Interaktion führe zur Übernahme und somit Diffusion von Verhaltensmustern. (Vgl. hierzu die „Interaktionstheorie" von Thornberry u.a., 1994, die Kriminalität in armen Wohngebieten durch den interaktiven Effekt von sozialem Lernen und sozialen Kontakten erklärt.)

Die Übernahme von Verhaltensmustern, hier: von devianten, ist vergleichsweise einfach zu erklären, wenn man den Schwellenwert-Modellen von Granovetter (Granovetter, 1978; Granovetter und Song, 1988) oder Marwell (Oliver, Marwell und Texeira, 1985; Oliver und Marwell, 1988) folgt. Demnach übernimmt ein Individuum ein Verhaltensmuster oder übt eine Aktivität (z.B. Teilnahme an einer Demonstration) aus, wenn andere in ihrer Nähe es auch tun. Jedes Individuum hat einen Schwellenwert, an dem es das Verhalten anderer übernimmt. Im einfachsten Modell ist es die Zahl derer, die vor ihm ein solches Verhalten ausüben, die diesen Schwellenwert x einer Person darstellt.

Wir müssen schließlich davon ausgehen, daß die Zahl nicht-devianter Verhaltensmodelle in armen Wohngebieten gering ist - zumindest ist dies eine Implikation der Annahmen von Wilson.

Ein solcher Zustand kann in der Tat eintreten, wenn Bewohner, die "positive"

Verhaltensmodelle sein könnten, aus solchen Wohngebieten ausziehen und eher Personen mit "negativem" Vorbild einziehen. Die selektiven Fort- und Zuzüge würden dann die relative Homogenität des Gebiets erhöhen.

1.4 Empirische Befunde über Armutsviertel

Mit "Armutsviertel" oder "armem Wohngebiet" lassen sich Wohngebiete bezeichnen, in denen mehrere der folgenden Merkmale vorliegen: überdurchschnittlicher Anteil von Haushalten, die Sozialhilfe erhalten; überdurchschnittlicher Anteil von Arbeitslosen; schlechte Ausstattung der Wohnungen; niedrige Schulbildung (hoher Anteil von Schulabbrechern); hohe Kriminalität; überdurchschnittlicher Anteil von Teenagern mit Kind. Solche Gebiete werden auch als "Problemgebiet" oder "soziale Brennpunkte" bezeichnet.

Die Armut der Bewohner/innen läßt sich nach Townsend (1979: 31) auch als relative Deprivation bezeichnen:

„Individuals, families, and groups in the population can be said to be in poverty when they lack the resources to obtain the types of diet, participate in the activities and have the living conditions and amenities which are customary, or at least widely encouraged or approved, in the societies to which they belong. Their resources are so seriously below those commanded by the average individual or family that they are, in effect, excluded from ordinary living patterns, customs and ativities".

Eben diese Sachverhalte nennt Hübinger (1989: 177) in seiner Beschreibung von 21 Interviews in Haushalten von Sozialhilfeempfängern: Einschränkungen in der Bekleidung, der Einrichtung, der Ernährung („Büchsenkram"), Störungen der Befindlichkeit (Ängste und Sorgen). Das „Deprivationsprofil" (Hübinger) besteht in einer Kumulation von Problemlagen.

Armutsviertel hat es in großen Städten immer gegeben. Bereits die klassische Studie von Booth "Life and Labour in London" (1889) weist solche Viertel nach, ebenso der "Social Atlas of London" (Shepherd, Westaway and Lee, 1974) und die Studie von Townsend (1979). Dennoch, so scheint es, gibt es zwischen den Armutsstudien der Jahrhundertwende - mit wenigen Ausnahmen - und den neueren Studien eine große zeitliche Lücke. Erst mit den Folgen der Deindustrialisierung, nämlich steigender Arbeitslosigkeit und einer Zunahme der Sozialhilfe-

Theoretische Ansätze und Hypothesen 27

empfänger, hat sich das Interesse erneut auf Armutsviertel gerichtet. Dieses Interesse ist keineswegs nur wissenschaftlich, sondern gilt ebenso für die Kommunen und deren Programme für benachteiligte Viertel. In Deutschland mag hierfür als Indikator der erste kommunale Armutsbericht für München gelten (Landeshauptstadt München, 1991).

Die empirischen Studien aus unterschiedlichen Ländern zeigen, daß es im wesentlichen zwei Typen von Armutsgebieten gibt: Wohnviertel mit einer alten Bausubstanz in der Nähe der Innenstadt und periphere Neubausiedlungen. Belege hierfür finden sich in englischen (Jones, 1996; Shephard, Westaway and Lee, 1974), französischen (Dubet und Lapeyronnie, 1994; Jazouli, 1992; Paugam, 1993; Rhein, 1994, 1996) und deutschen Untersuchungen (Herlyn, Lakemann und Lettko, 1991; Hess und Mächler, 1973; Landeshauptstadt München, 1991; Podzuweit, Schütte und Swiertka, 1992; Stadt Essen, 1993;).

Ein weiterer Befund ist, daß die Armut in benachteiligten Wohngebieten zunimmt. Obgleich auch die Zahl der armen Wohnviertel in deutschen Städten steigt, ist doch die Zunahme der Armut in - bereits - armen Wohnvierteln der bedeutsamere Befund. Vergleichbare Daten und Zeitreihen liegen für Duisburg, München, Hamburg und Köln vor (vgl. Abschnitt 1.1). In allen drei Städten weist keines der "armen" Wohnviertel eine Verringerung des Anteils der Armen auf, gemessen über den Anteil der Sozialhilfeempfänger. Dieser Sachverhalt ist für nordamerikanische Städte und Städte in Frankreich ebenfalls nachgewiesen worden, zumal in den USA diese Entwicklung früher eingesetzt hat (Massey und Denton, 1993; Paugam, 1993; Weicher, 1990; Wilson, 1987).

Wie lassen sich diese Entwicklungen, steigende Zahl der Armutsgebiete und steigende Armut in den Armutsgebieten, erklären? Um die steigende Zahl der Armutsgebiete zu erklären, ziehen wir eine Hypothese heran, die sich aus der Studie von Massey, Gross und Eggers (1991) ergibt. Die Autoren untersuchten die 50 größten nordamerikanischen Stadtregionen mit insgesamt 54.442 Ortsteilen. Je höher der Anteil der Armen in einer sozialen Gruppe in der Stadt war, desto höher war die Zahl der armen Wohngebiete und die ungleiche Verteilung der Armut über die Ortsteile. Verallgemeinert: Die Zahl der Armutsgebiete ist eine Funktion des Ausmaßes der Armut in der Stadt. Ferner: Armut wird in jenen Wohnvierteln verstärkt auftreten, in denen von potentiell von Armut betroffene soziale Gruppen einen hohen Anteil der Bewohner stellen.

Der zweite Befund, die sich selbst verstärkende Armut in Armutsvierteln, ist von Farwick (1996a, b) für Bremen untersucht worden. Die wichtigste Ursache war, daß in diesen Wohngebieten ein über dem städtischen Durchschnitt liegender Anteil von Sozialwohnungen vorhanden war und in diese Wohnungen zunehmend ärmere Haushalte eingewiesen wurden.

Weniger systematisch sind die Befunde über weitere Merkmale von benachteiligten Wohngebieten. Wir führen daher nur solche Befunde auf, die sich auch auf die im vorangegangenen Abschnitt formulierten Hypothesen beziehen.

1. Armutsgebiete haben keine homogene Bevölkerung. Es gibt unter den armen Bewohnern unterschiedliche Strategien, mit der Armut fertig zu werden, - in der Sprache der Psychologie: unterschiedliche Formen des "coping". Zusätzlich gibt es einen mehr oder minder großen Anteil von Haushalten, die nicht unter die Armutsgrenze fallen. Zumindest zwei Gruppen lassen sich unterscheiden: Jene, die sich weiterhin an der "mainstream" Gesellschaft orientieren; Tobias und Boettner (1992) nennen sie "Konsolidierte", Paugam (1991) "Organisierte". Am anderen Ende eines möglichen Kontinuums befinden sich jene Personen bzw. Haushalte, die marginalisiert oder "sozial isoliert" (Wilson, 1987) sind: die "Trinkhallen-Gruppe" im Duisburger Wohnviertel (Tobias und Boettner, 1991) bzw. die "Verbannten" in den Pariser Vororten (Paugam, 1991).

Diese, wenngleich vereinzelten, Befunde lassen es als sehr schwierig erscheinen, daß es "dominante" abweichende Normen in einem benachteiligten Wohngebiet gibt und ebenso, daß diese sich leicht ausbreiten würden - wie es die Hypothese 4 im vorangegangenen Abschnitt unterstellt. Zumindest ist zu prüfen, ob die unterstellte Diffusion in allen sozialen Gruppen im Wohngebiet überhaupt oder gleich stark erfolgt.

2. Im vorangegangenen Abschnitt wurde die Hypothese formuliert, die Übernahme abweichender Verhaltensmuster in einem benachteiligten Wohngebiet erfolge durch die Wahrnehmung solcher Verhaltensmuster, vor allem aber durch Interaktion; es sei ein soziales Lernen.

Den Ergebnissen der Studie von Tobias und Boettner (1992: 68f.) zufolge bestehen jedoch zwischen den einzelnen Gruppen in einem Armutsviertel nur wenige Kontakte. Im Gegenteil: Insbesondere die Mütter in den Gruppen der "Konsolidierten" verhindern Kontakte zwischen ihren Kindern mit denen anderer Gruppen, um sie davor zu bewahren, abweichende Verhaltensmuster zu übernehmen.

Die Gruppen unterscheiden sich auch darin, welche Ursachen sie für ihre Situation, die Armut, verantwortlich machen. In einer empirischen Studie zweier Armutsgebiete in Köln fand Düppe (1995), daß die Bewohner des Gebietes mit geringerer Armut die Ursachen stärker individuellem Versagen zuschreiben, während die Bewohner des Wohngebietes mit höherer Armenquote die Armut auf externe Ursachen, vor allem auf ökonomische Bedingungen, zurückführten.

3. Eine zentrale - wiewohl eher implizite - Annahme über die Effekte des Wohngebietes auf die Bewohner lautet, die Bewohner hätten eingeschränkte Netzwerke, nämlich hauptsächlich Kontakte innerhalb des Wohngebiets. Diese Annahme widerspricht zunächst den empirischen Befunden der Netzwerkanalysen von Städtern. Studien aus unterschiedlichen Ländern stimmen darin überein, daß die Netzwerke von Städtern nur einen kleinen Anteil von Personen enthalten, die in der Nachbarschaft oder im gleichen Wohnviertel wohnen (Böltken, 1987; Fischer, 1982; Pappi und Melbeck, 1988; Wellmann 1979; Wellmann, Carrington und Hall, 1988). Nachbarn sind nur in begrenztem Maße wichtig, und zwar vor allem für elementare Hilfen wie z.B. etwas auszuleihen oder ein Paket anzunehmen (vgl. schon die empirischen Befunde von Pfeil, 1963).

Diese Ergebnisse müssen jedoch nicht den Hypothesen im vorangegangenen Abschnitt widersprechen. Die Studien beziehen sich auf alle Wohnviertel, unter ihnen ist nur eine geringe Zahl von Armutsgebieten.

In diesen Wohngebieten scheint jedoch die vermutete Restriktion des Netzwerkes vorzuliegen. (Wir können hier nicht zwischen Effekten der Dauer der Armut eines Haushaltes und der Dauer des Wohnens im benachteiligten Wohngebiet unterscheiden.) Einen wichtigen Hinweis gibt die Studie von Tobias und Boettner (1992: 70): "Die Konsolidierung von Haushalt und Familie ist mit einer minimalen täglichen Mobilität verbunden und einem fast vollständigen Verlust von sozialen Kontakten, Freizeitaktivitäten und anderen Formen der Partizipation außerhalb des Wohngebietes .... Der Horizont des alltäglichen Lebens schrumpft auf die Wohnviertel und der positive soziale Status, den Individuen sich zuschreiben, hängt fast aussschließlich von Vergleichen mit anderen Personen im Gebiet ab".

Ähnliche Befunde berichten Herlyn, Lakemann und Lettko (1991) für benachteiligte Gebiete in Hannover, die Armutsberichte für Hamburg (BAGS, 1993), München (Landeshauptstadt München, 1991:14) und die französische Studie von Dubet und Lapeyronnie (1994).

4. Die Studien über soziale Netzwerke stimmen darin überein, daß Personen niedrigen sozialen Status a) kleinere Netzwerke und b) einen höheren Anteil von Verwandten unter den Netzwerkpersonen haben. Da man sich von Nachbarn nicht "in den Topf gucken lassen" will, gewinnen die Kontakte zu Verwandten eine besondere Bedeutung für die Hilfe in Notlagen (neben kommunalen Institutionen). Aber die Kapazität dieser Personen mag begrenzt sein, wie in der Untersuchung der Landeshauptstadt München (1991: 17) vermutet wird: "... je länger Personen die Netzwerke beanspruchen, desto gespannter wird es, bis es schließlich zusammenbricht".

5. Je stärker die Netzwerke und der Aktionsraum räumlich begrenzt sind, desto stärker sind die Bewohner benachteiligter Wohngebiete auf die Infrastruktur, die "Gelegenheiten" oder öffentliche und private Einrichtungen angewiesen, die in ihrem Wohngebiet vorhanden sind. Diese Infrastruktur ist in benachteiligten Wohngebieten verglichen mit dem städtischen Durchschnitt weniger vielfältig. Die Bewohner haben weniger Möglichkeiten, einzukaufen, Dienstleistungen in Anspruch zu nehmen oder ihre Freizeit zu verbringen. Dieses Defizit kompensieren sie auch nicht durch Fahrten zu entsprechenden Einrichtungen außerhalb des Wohngebietes (Herlyn, Lakemann und Lettko, 1991; Pincon-Charlot u.a., 1986).

6. Wenn durch die bislang angeführten Bedingungen die Bewohner im Sinne der Hypothesen von Wilson "sozial isoliert" und wahrscheinlich zusätzlich aufgrund ihres Wohnviertels u.a. bei der Arbeitssuche diskriminiert werden, dann wird vermutlich ein weiterer Prozeß eintreten: Die Diskriminierung wird akzeptiert. Sie akzeptieren sich als Randgruppe der städtischen Gesellschaft. Das führt sie dazu, mit Personen der "mainstream society" keinen Kontakt aufzunehmen, um nicht mit den nicht mehr erreichbar scheinenden Handlungsmöglichkeiten konfrontiert zu werden. Die „Ausgrenzung ... ist unmittelbar verbunden mit dem ‚Ruf' der Siedlung, erstreckt sich aber auf alle Bereiche des Alltags, auf Schule, Sport usw. Durch den Wohnort hat man Schwierigkeiten bei der Arbeitssuche; aber mit der Schande wächst auch ein gewisser Stolz, zur Welt der Ausgestoßenen zu gehören, in der das Leben ‚hart' ist" (Häußermann, 1997: 18).

Zusammenfassend stützen die empirischen Ergebnisse zu benachteiligten Wohngebieten die Annahmen 3 bis 6. Benachteiligte Wohngebiete würden demzufolge den Kontexteffekt haben, die Handlungsoptionen, zumindest eines Teils der Bewohner, zusätzlich einzuschränken. Dieser Effekt gilt allerdings, so

Theoretische Ansätze und Hypothesen 31

unsere zentrale Hypothese, nur dann, wenn ein(e) Bewohner(in) ein auf das Wohngebiet begrenztes soziales Netzwerk *und* einen auf das Gebiet weitgehend beschränkten Aktionsraum hat. Beide Hypothesen werden in unserer Studie geprüft.

1.5 Lebensstile: Eine "Kultur der Notwendigkeit"?

Nun richtet sich unsere Studie nicht nur auf die Frage, ob das benachteiligte Wohngebiet einen Einfluß auf die Bewohner hat, sondern auch auf die Frage, wie die Bewohner in dem Gebiet leben, genauer: deren Lebensstile. Um sie zu analysieren, verwenden wir die Theorie von Bourdieu, gehen aber zuvor auf Annahmen von Max Weber ein. Weber widmet sich, ebenso wie Marx, der Analyse der sozialen Ungleichheit. Anders als Marx war Weber weniger an den Ursachen als an den Folgen der sozialen Ungleichheit interessiert. Aus der Ungleichheit im Besitz von Gütern folgt nach Weber auch eine Ungleichheit in der Freiheit zu handeln. In "Wirtschaft und Gesellschaft" (Weber 1972[1920]) trennt er zwischen "Klasse" als ökonomischer Kategorie und "Stand" als sozialer Kategorie. Weber zufolge ergibt sich die "ständische Lage" aus einer spezifischen Art der "Lebensführungs", welche anerzogen und manifestiert wurde durch entsprechende Lebensformen und ein spezifisches Prestige (dieses ergibt sich aus der familiären Abstammung und dem ausgeübten Beruf, vgl. Weber, 1972: 180).

Nach Weber manifestieren sich "Stände" durch "Gemeinschaft", oder genauer: durch eine Verknüpfung von "gemeinsamen Eigenschaften" aufgrund der Zuschreibung von "ständischer Ehre", die ausgedrückt wird in den "Prinzipien ihres Güterkonsums in Gestalt spezifischer Arten der Lebensführung" (Weber, 1972: 538). Äußere Merkmale sind dabei die "Monopolisierung ideeller und materieller Güter oder Chancen", "Vorrecht auf bestimmte Trachten", "Tabuisierung anderen versagter Speisen", "Arten der Amtsausübung", "Monopolisierung der Heiratschancen innerhalb und zwischen bestimmten Berufspositionen und bestimmter Ämter" sowie die Art der "Kunstausübung" (Weber, 1972: 537). Diese Merkmale werden im Prozeß der "Stilisierung des Lebens" zur Schaffung und Aufrechterhaltung von Distanz und Exklusivität verwendet. Die hier skizzierten Ideen von Weber werden auch heute noch als Diskussionsgrundlage verwendet; so übernimmt u.a. Bourdieu die von Weber formulierten Ausprägungen des

Lebensstils, u.a. bezogen auf "Kleidung", "Essen und Trinken" und auf die "Art der Kunstausübung" (Bourdieu, 1974: 58; vgl. auch Blasius und Winkler, 1989: 74).

Lebensstile als Maß zur Beschreibung von sozialer Ungleichheit

Bis vor knapp dreißig Jahren galten die Merkmale "Einkommen", "Bildung" und "Berufsposition" als ausreichend, um die soziale Differenzierung zu beschreiben, diese hatten zusammen eine derart hohe Erklärungskraft, daß andere Variablen wie "Ausstattung mit Konsumgütern" im Verhältnis zu diesen drei untereinander hoch positiv korrelierenden Merkmalen vernachlässigt werden konnten (vgl. z.B. Scheuch 1970[1961]). War es in den 60er Jahren noch nahezu selbstverständlich, daß mit einer höheren Bildung auch eine höhere Berufsposition und ein besseres Einkommen einhergingen, so ist seit etwa 20 Jahren eine zunehmende Differenzierung der Gesellschaft zu beobachten. Eine gute Bildung ist immer seltener eine Garantie für einen guten Beruf und ein gesichertes Einkommen. Mit der zunehmenden Arbeitslosigkeit seit mittlerweile zwanzig Jahren und mit dem zunehmend längeren Verbleib in den Bildungsstätten (und dem daraus resultierenden gestiegenen Anteil an höheren formalen Bildungsabschlüssen) können inzwischen auch Hochschulabsolventen nicht mehr mit einer ihrer Ausbildung entsprechenden Stellung rechnen; ein zunehmender Anteil muß sich - wollen sie nicht arbeitslos sein und von der Sozialhilfe leben - mit Tätigkeiten zufrieden geben, für die bis dato keine Hochschulausbildung, z.T. nicht einmal der Besuch einer weiterführenden Schule erforderlich war.

Dies bedeutet auch, daß auf denjenigen, die bislang diese Stellungen hatten, ein zunehmender Druck lastet, aus diesen Positionen von Personen mit höherer Bildung verdrängt zu werden. Diese Personen müssen sich danach ebenfalls mit Stellen unter ihrem Qualifikationsniveau zufrieden geben, so daß es auf dem Markt der abhängig Beschäftigten zu einer Abwärtsspirale kommt. Eine Möglichkeit, diesem Druck zu entgehen, ist, sich selbständig zu machen - wofür jedoch ein gewisses Startkapital benötigt wird. Handelt es sich um Berufsanfänger, so können sich in der Regel nur jene selbständig machen, bei denen Dritte das Startkapital zur Verfügung stellen können. Bildung ist somit kein ausreichendes Kriterium für beruflichen Erfolg, auch das ökonomische Kapital und die Qualität

Theoretische Ansätze und Hypothesen 33

der eigenen Netzwerke haben immer häufiger einen erheblichen Einfluß.

Diese neue Situation auf dem Arbeitsmarkt läßt sich mit dem älteren Begriff der "Statusinkonsistenz" bezeichnen. Als typische Beispiele können der arbeitslose Lehrer mit einer hohen (formalen) Bildung und einem (zwangsweise) niedrigen Einkommen bzw. der selbständige Facharbeiter oder der Besitzer eines mobilen Lebensmittelstandes mit niedrigem Schulabschluß und hohem Einkommen genannt werden. Die Mehrzahl der Personen, die bei dem Verdrängungswettbewerb auf dem Arbeitsmarkt ganz herausfallen, also jene, die weder einen Beruf unterhalb ihrer formalen Qualifikation erhalten noch sich selbständig machen können, sollten Personen mit niedriger Bildung und ohne Zugang zu finanziellen Ressourcen sein.

Die zunehmenden Statusinkonsistenzen führten bei der Analyse sozialer Ungleichheit dazu, auf der methodologischen Ebene zusätzlich zu der vertikalen Dimension sozialer Ungleichheit auch eine horizontale einzuführen (Bergmann u.a., 1969). Diese horizontale Dimension der sozialen Ungleichheit wird von Hradil (1987) etwas irreführend auch als "neue" soziale Ungleichheit bezeichnet.

Bei der Beschreibung von "Gesellschaft" wird in den Sozialwissenschaften zunehmend von "Lebensstilen" gesprochen, um Bevölkerungsgruppen voneinander unterscheiden zu können. Diese Differenzierung von Personen basiert sowohl auf theoretischen Überlegungen (z.B. Beck, 1986; Müller, 1989) als auch auf empirischen Untersuchungen (z.B. Bourdieu, 1982; Blasius, 1993; Giegler, 1994; Konietzka, 1995; Schneider und Spellerberg, 1999; Schulze, 1992; Spellerberg, 1996). Lebensstile sind ein Teil des Konzeptes der "sozialen Ungleichheit", ein Thema, welchem insbesondere in der Soziologie seit einigen Jahren mehr und mehr Aufmerksamkeit gewidmet wird. (Zur neueren Diskussion siehe die Sammelbände von Berger und Hradil, 1990; Dangschat und Blasius, 1994; Hartmann, 1999.)

Mehrere dieser Ansätze der horizontalen Ungleichheit basieren auf unterschiedlichen Definitionen von "Lebensstilen". Der Lebensstil hat nach Müller (1989: 55) drei Funktionen: Er symbolisiert Identität und signalisiert Zugehörigkeit, er markiert eine klare Abgrenzung zu anderen Lebensweisen, und er wird häufig als Mittel und Strategie zur Schließung sozialer Beziehungen von Statusgruppen verwendet (Parkin, 1979, 1983). Ausprägungen der "Lebensstile" werden u.a. verwendet, um bestimmte Bevölkerungsgruppen zu charakterisieren, sie sind somit auch indirekter Bestandteil von Schichtungstheorien. Im folgenden beziehen wir uns insbesondere auf die Kulturtheorie von Bourdieu (1982, 1983), die von allen Annahmen über das Vorhandensein von Lebensstilen bislang empirisch am besten überprüft wurde.

Die Kulturtheorie von Bourdieu

Wie bereits erwähnt, übernimmt Bourdieu (1982) von Weber die Ausprägungen von Lebensstilen, z.b. bezogen auf Kleidung, Essen und Trinken sowie in der Art der Kunstausübung. Mit Hilfe von Lebensstilmerkmalen beschreibt Bourdieu unterschiedliche Bevölkerungsgruppen, die er zuvor nach berufsbezogenen Merkmalen klassifiziert hat. Auf der ersten Ebene unterscheidet er "grob" nach "herrschenden", "mittleren" und "unteren Klassen", denen er jeweils eine spezifische Geschmackszusammensetzung zuschreibt: den distinguierten (Luxus-)Geschmack den "herrschenden Klassen" (dazu gehören nach Bourdieu u.a. Führungskräfte, selbständige Akademiker, Hochschullehrer, leitende Angestellte), die Bildungsbeflissenheit den "mittleren Klassen" (u.a. Krankenschwestern, mittlere Angestellte und Beamte) und den Notwendigkeitsgeschmack den "unteren Klassen" (u.a. Arbeiter, Facharbeiter). Die Klassen wiederum unterscheidet Bourdieu in Klassenfraktionen entsprechend ihrer sozialen Position, diese sind wiederum durch unterschiedliche Lebensstile gekennzeichnet. Zur Beschreibung der "feinen Unterschiede" bezüglich der Lebensstile zwischen den Klassenfraktionen innerhalb der drei Klassen unterscheidet Bourdieu (1982, 1983) drei Arten von Kapital: das ökonomische Kapital, das kulturelle Kapital und das soziale Kapital.

Das ökonomische Kapital umfaßt alle Arten von verfügbaren Geldmitteln, Einkommen und Besitz; zusätzlich die Sicherheit von Einkommen und Besitz. Die Formen des ökonomischen Kapitals sind unmittelbar und direkt in Geld konvertierbar und können dazu verwendet werden, den Lebensstil praktisch zugestalten. Bezogen auf den Wohnungsmarkt beinhaltet ein hohes ökonomisches Kapital u.a. die Fähigkeit, eine hohe Miete bezahlen bzw. die Wohnung/das Haus kaufen zu können. Je besser diese Fähigkeiten ausgeprägt sind, desto einfacher dürfte es sein, in eine "bessere" Wohngegend ziehen zu können.

Das kulturelle Kapital ist eine Art von Bildungskapital. Zusätzlich zu der rein formalen Bildung (dem Schul- bzw. Hochschulabschluß) beinhaltet es sowohl das Wissen um Kunst (z.B. über Kenntnisse von Malern und Komponisten und deren Werke) als auch die Ausübung eines bestimmten Lebensstils (z.B. Möbelkauf

Theoretische Ansätze und Hypothesen 35

beim Designer bzw. auf dem Flohmarkt). Bezogen auf den Wohnungsmarkt umfaßt das kulturelle Kapital u.a. das Wissen um Rechte und Pflichten von Mietern und Vermietern als auch das "Präsentationsgeschick" gegenüber dem Vermieter bei dessen Auswahl des "geeigneten" Bewerbers für eine freie Wohnung. Auf dem Arbeitsmarkt wird ein relativ hohes kulturelles Kapital z.b. bei der Bewerbung auf eine neue Stellung benötigt - vom Verfassen eines geeigneten Anschreibens bis zum Vorstellungsgespräch. Das kulturelle Kapital kann somit verwendet werden, um das zukünftige ökonomische Kapital zu erhöhen und damit unter Umständen sogar Armut zu überwinden. Kulturelle Fähigkeiten können auch direkt zum Geldverdienen eingesetzt werden; z.b. wenn jemand Elektroarbeiten erledigen, tapezieren oder nähen kann, so sollte zumindest die Möglichkeit bestehen, Verwandten oder Bekannten in diesen Dingen - auch gegen Entgelt - behilflich zu sein. Ähnliches gilt für musikalische Personen, die auf privater Basis auf Hochzeiten oder anderen Feiern engagiert werden und damit die Haushaltskasse aufbessern können.

Das soziale Kapital basiert auf der Menge, der Art und der Intensität der sozialen Kontakte. Es umfaßt u.a. die Integration in "wichtigen" Netzwerken, z.B. die Mitgliedschaft in Vereinen, in denen auch Makler und Hausbesitzer bzw. Arbeitgeber oder andere "Arbeits-" bzw. "Wohnungsvermittler" anzutreffen sind. Diese Personen sind wichtig, wenn eigene Interessen in Konkurrenz zu anderen durchgesetzt werden sollen, in den angeführten Beispielen: bei der Suche nach - einer Wohnung oder der Bewerbung um eine neue Stellung. Die Arbeitssuche selbst kann sowohl in einer neuen festen Stellung als auch in kurzfristigen Aufträgen enden, z.B. der Reparatur eines privaten Autos, dem Umnähen von Gardinen oder der Renovierung einer Wohnung. Die Qualität der gefundenen Arbeit - feste Stelle (u.a. wo und welche Arbeitsbedingungen?) versus kurzfristiger Job (u.a. zu welchen Bedingungen?) - und damit die Höhe des Erlöses im ökonomischen Kapital, ist abhängig von der "Qualität" des sozialen Netzwerkes. Haben z.B. sozial benachteiligte Personen ausschließlich (oder überwiegend) Kontakte zu anderen sozial Benachteiligten, so sind die Aussichten auf die Vermittlung von (zusätzlichen) Arbeitsmöglichkeiten und damit auf die Möglichkeit des (Neben-)Verdienstes gering. Besteht hingegen das soziale Netzwerk aus gut situierten Personen, so können innerhalb des Netzwerkes Aufträge weitervergeben werden; die Liste der Beispiele reicht hier von der regulären Auftragsvermittlung bis hin zu vorherigen Absprachen über Auftragnehmer von staatlichen und kommunalen

Projekten und den zu zahlenden Preisen bzw. welche Partei in welchem Jahr welche gut dotierte Position in (halb)staatlichen Monopolbetrieben besetzen darf (vgl. hierzu u.a. die Praktiken des "Kölschen Klüngel"; Scheuch und Scheuch 1992).

Die drei Kapitalarten sind - wie auch schon anhand der Beispiele verdeutlicht - ineinander überführbar, d.h. sie stehen in einem Abhängigkeitsverhältnis zueinander. Im allgemeinen sowie auch in dem speziellen Fall des "Ausstiegs aus der Armut" dürfte das ökonomische Kapital in westlichen Gesellschaften das wichtigste sein. Es sollte somit erwartet werden, daß von Armut betroffene Bewohner ihre sozialen Netzwerke als auch ihre kulturellen Fähigkeiten dazu nutzen, diese in ökonomisches Kapital umzuwandeln. Zu den Möglichkeiten der Kompatibilität der Kapitale siehe z.B. Bourdieu (1983), Krais (1983) und Lüdtke (1989).

Im empirischen Teil seiner "Feinen Unterschiede" beschreibt Bourdieu (1982) die Klassenfraktionen innerhalb eines "Raumes der sozialen Positionen", der den objektiven, materiellen Lebensbedingungen entspricht. Des weiteren definiert Bourdieu einen "Raum der Lebensstile", der durch das Verhalten der Akteure gekennzeichnet ist.

Die Dimensionen des "Raumes der Lebensstile" entsprechen den Ausprägungen der Variablen der Lebensstile. Zur Determination dieses Raumes verwendet Bourdieu als manifeste Variable u.a. die Frage "Mit welchen Arten von Speisen bewirten Sie Ihre Gäste?" Ausprägungsmerkmale - und damit Dimensionen des "Raumes der Lebensstile" - sind z.B. "nach guter französischer Küche", "reichhaltig und gut" sowie "exotisch". Die Ausprägungen (Ausprägungshäufigkeiten) sind bestimmt durch ihr empirisch gemessenes Vorkommen in den korrespondierenden Variablen. Bourdieu verwendet hierfür die "soziale Position", welche er mit Hilfe der "Berufsposition" operationalisiert, d.h., die Dimension (oder der Vektor) "Servieren von exotischen Speisen für Gäste" hat Ausprägungen in den Kategorien der Variable "Berufsposition".

Die Dimensionen des "Raumes der sozialen Positionen" sind die unterschiedlichen Berufspositionen, deren Ausprägungen u.a. die Merkmale der Lebensstile sind. So hat die Dimension "leitender Angestellter" z.B. Ausprägungen in den von Bourdieu verwendeten Lebensstilkategorien "Servieren von exotischen Speisen für Gäste" und "Servieren von Speisen nach guter französischer Küche für Gäste" (vgl. auch Blasius und Winkler, 1989; Blasius, 1993).

Bourdieu (1982) verbindet den "Raum der Lebensstile" und den "Raum der sozialen Positionen" auf der methodischen Ebene zu einem Raum, den er als "Sozialen Raum" (Bourdieu, 1985: 9) bezeichnet. Mittels eines OLS-Verfahrens legt er orthogonale Achsen in diesen "sozialen Raum", die er faktorenanalytisch als Dimensionen des ökonomischen und des kulturellen Kapitals interpretiert; die Koordinaten der Merkmale der "sozialen Positionen" und der "Lebensstile" in diesem Raum entsprechen deren Ausprägungen auf den latenten Variablen (ökonomisches Kapital, kulturelles Kapital). Bezogen auf die herrschenden Klassen sind die "phantasievolle Wohnungseinrichtung" und das "Servieren von improvisierten Speisen für Gäste" Merkmale eines relativ hohen kulturellen Kapitals, während das "Servieren von erlesenen Speisen" als Merkmal eines relativ geringen kulturellen Kapitals zu interpretieren ist (vgl. Bourdieu, 1982: 409). Die Interpretation erfolgte anhand der Zuordnung der Merkmale zum "kulturellen Kapital", welches durch die erste Dimension wiedergegeben wird).

Es sei festgehalten, daß der "Raum der Lebensstile" und der "Raum der sozialen Positionen" ineinander überführbar sind: Beide "Räume" haben die gleichen Komponenten. Dabei stehen die Ausprägungen der Lebensstile in den Zeilen, die der Berufspositionen in den Spalten der (empirisch erhobenen) Multi-Response-Tabellen. Unterschiedlich ist lediglich die Betrachtungsweise: Bei der Darstellung des "Raumes der Lebensstile" erfolgt die Beschreibung der Daten zeilenweise, bei der Darstellung des "Raumes der Sozialen Positionen" spaltenweise. Beide "Räume" basieren auf den gleichen Ausgangsdaten; die zu beschreibende Kontingenztabelle wird lediglich einmal spaltenweise und einmal zeilenweise prozentuiert. Bei der Zusammenführung beider Räume entsteht der "Soziale Raum", dessen Achsen (Dimensionen) ähnlich wie in der Faktorenanalyse als latente Variablen interpretiert werden können, z.B. als ökonomisches und kulturelles Kapital (vgl. auch Blasius, 1993).

Bei der empirischen Anwendung der Bourdieuschen Theorie auf arme Personen, d.h. Personen in benachteiligten Wohngebieten, kann für die Personen bzw. für die Haushalte davon ausgegangen werden, daß die einzelnen Kapitalsorten unterschiedliche Gewichte haben. Bezogen auf den freien Wohnungsmarkt dürfte es z.B. sehr schwierig sein, eine Wohnung in einer als "besser" oder als "nicht verrufen" zu klassifizierenden Wohngegend zu erhalten, wenn bei dem ökonomischen Kapital das Einkommen bzw. die Einkommenssicherheit derart niedrig ist, daß die Mietzahlungsfähigkeit gefährdet sein könnte. Bei dem Entscheidungsprozeß über die Wohnungsvergabe sollte das ökonomische Kapital aber nicht als Kontinuum betrachtet werden (auch wenn die entsprechende latente Variable kontinuierlich skaliert ist), d.h. der Bewerber, der das größte ökonomische Kapital hat, erhält die Zusage, sondern als "Schwellenwert", d.h. der Vermieter bestimmt lediglich eine "Mindesthöhe" bzw. eine "Mindestsicherheit" des Einkommens für die Vergabe des Mietvertrages. Damit werden weitere Kriterien zur Beschreibung der Wohnbevölkerung in unterschiedlichen städtischen Gebieten bedeutsam. Es könnten Merkmale des kulturellen Kapitals sein, wie "Präsentationsgeschick" bei der Nachfrage nach Wohnraum und "handwerkliche Fähigkeiten" zur Instandsetzung der Wohnung, bzw. des sozialen Kapitals, wie "Bekannter des Vermieters". Auf diese Fragen gehen wir im empirischen Teil dieser Studie genauer ein.

Wir verwenden die Indikatoren des Lebensstils zum einen, um Bourdieus Theorie des Geschmacks der Notwendigkeit zu testen und zum anderen, um zu prüfen, ob sich die Bewohner der vier benachteiligten Wohngebiete anhand ihrer Lebensstile unterscheiden. Gibt es keine Unterschiede, so ist das nicht nur ein Beleg dafür, daß die Bewohner der Gebiete über ähnliche Lebensstile verfügen, sondern auch dafür, daß Zusammenhänge des Gebietes mit anderen Variablen, wie z. B. die Einstellung zu devianten Verhaltensweisen, nicht auf ein unterschiedliches kulturelles Kapital zurückgeführt werden können.

2. Stichprobe und Methoden

2.1 Untersuchungsgebiete

Die Untersuchung sollte in Wohnvierteln mit einem überdurchschnittlich hohen Anteil an armen Bewohnern durchgeführt werden. Als Indikator hierfür diente - wie in anderen Studien auch - der Anteil der Sozialhilfeempfänger; für andere Indikatoren waren keine Daten verfügbar. Da auch für diesen Indikator die Daten nicht auf der Ebene von Wohnvierteln vorlagen, sondern nur auf der höher aggregierten Ebene von Stadtteilen, haben wir im ersten Schritt Stadtteile mit sehr hohen Anteilen an Sozialhilfeempfängern ausgewählt. Im zweiten Schritt wurden auf der Basis von Expertenurteilen (Sozialarbeitern) innerhalb dieser Stadtteile jeweils die Viertel, in denen die Armut wahrscheinlich konzentriert ist, ausgewählt. Wie durch Abbildung 1.1 (im Kapitel 1) belegt werden konnte, sind es Gebiete mit überdurchschnittlichen Anteilen von Sozialhilfeempfängern. Des weiteren war es erforderlich, mit den ausgewählten Gebieten eine Streuung der „Armutsquoten" zu haben, um die vermuteten Gebietseffekte prüfen zu können. Die entsprechenden Daten enthält Tabelle 2.1.

Die vier Wohngebiete zeichnen sich auch durch hohe Arbeitslosenquoten und einen hohen Anteil von öffentlich geförderten Wohnungen aus. Der Anteil öffentlich geförderter Wohnungen erscheint deshalb wichtig, weil diese Wohnungen für ärmere Haushalte die einzige Möglichkeit bieten, eine preiswerte Wohnung zu erlangen. Wenn nun öffentlich geförderte Wohnungen mit kommunalem Belegungsrecht sich in wenigen Stadtteilen konzentrieren - was auch in Köln der Fall ist -, dann stellt das auch einen (ungeplanten) Mechanismus der Konzentration von Armut dar. Die Bremer Studie von Farwick (1996a, b) liefert hierfür empirische Belege.

Anhand des Anteils der Sozialhilfeempfänger wählten wir acht Gebiete aus. Zwei davon (beides Teile von Köln-Vingst) konnten wir nicht einbeziehen, weil dort bereits eine andere empirische Erhebung lief, ein drittes (Köln-Chorweiler), haben wir ebenfalls nicht einbezogen, weil sie schon sehr oft untersucht wurde. Schließlich haben wir Ehrenfeld ausgenommen, weil für dieses Gebiet bereits eine Studie vorlag (Düppe, 1995). Es verblieben vier Gebiete: Bilderstöckchen, Kalk-Nord (im folgenden: Kalk1), Kalk-Süd (im folgenden: Kalk2) und Kölnberg. Die genauen Grenzen der Gebiete wurden von uns auf der Basis der Ergebnisse einer Begehung festgelegt. Unser Vorgehen entspricht in diesem zweiten Schritt dem in der Chicagoer Schule vorgeschlagenen, anhand von räumlichen Barrieren ein wahrscheinlich auch sozial relativ homogenes Gebiet abzugrenzen. Die Lage dieser Gebiete ist bereits in Abbildung 1.1 wiedergegeben; die genaue Abgrenzung der Untersuchungsgebiete zeigt Abbildung 2.1.

Tabelle 2.1: Ausgewählte Merkmale der vier Untersuchungsgebiete, 1996*

Merkmal	Bilder-stöckchen	Kalk	Köln-berg	Köln
Einwohner	13.707	21.168	3.947	1.011.504
Haushalte	6.338	10.440	1.243	501.956
⌀ Haushaltsgröße	2,2	2,0	3,2	2,0
% Ausländer	22,5	38,5	83,7	18,5
Arbeitslosenquote	13,9	22,2	19,0	13,3
% Sozialhilfeempfänger	9,6	11,7	23,0	6,7
% öff. gef. Wohnungen	32,0	22,8	5,3**	15,0
% Ausländer in der Stichprobe	24,4	23,5	83,2	-

* Für Bilderstöckchen und Kalk liegen keine kleinräumigen Daten vor. Deshalb sind die statistischen Gebiete größer als die Untersuchungsgebiete; es kann auch nicht zwischen Kalk1 und Kalk2 unterschieden werden. Quoten der Sozialhilfeempfänger: ohne Asylbewerber.
** Bezogen auf den Stadtteil Meschenich.
Quellen: Amt für Einwohnerwesen, Statistik und Europaangelegenheiten der Stadt Köln; Stadt Köln: Statistisches Jahrbuch 1996/1997.

Wie die Daten belegen, unterscheiden sich die vier Wohngebiete erheblich. Mit Hilfe der Ergebnisse der Begehung und des Indikators „Anteil der Sozialhilfeempfänger" gelangten wir zu folgender Reihenfolge der Wohngebiete nach dem Grad der Benachteiligung: Bilderstöckchen - Kalk2 - Kalk1 - Kölnberg. In dieser Reihenfolge werden auch die vier Gebiete in allen Tabellen aufgeführt. Die vier Wohngebiete unterscheiden sich nicht nur in dem Ausmaß, zu dem ihre Bewohner von Armut betroffen sind, sondern auch in ihrer baulichen Struktur.

Stichproben und Methoden 41

Abbildung 2.1: Die Abgrenzung der vier Untersuchungsgebiete

Bilderstöckchen

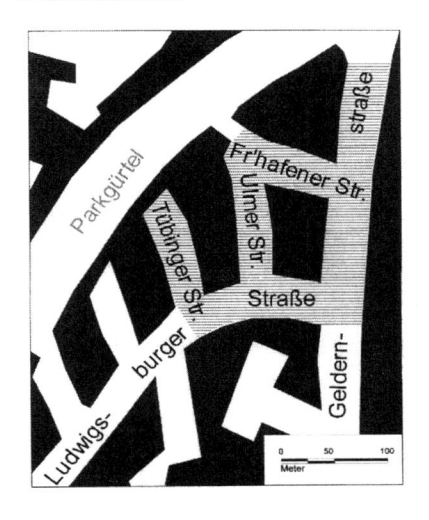

Kalk2

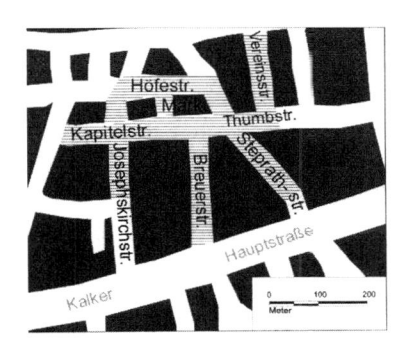

Kalk1

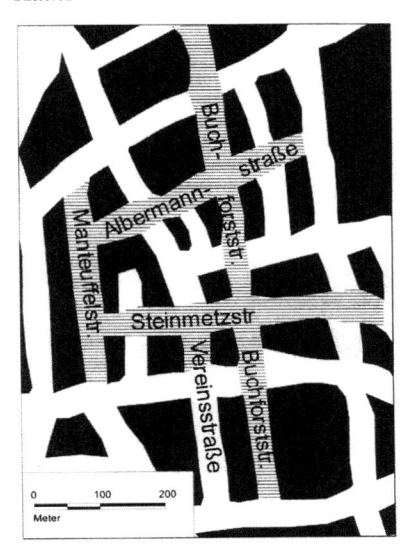

Kölnberg

Bilderstöckchen liegt im Nord-Nord-Westen von Köln, in der Nähe eines Stadtrings und Autobahnzubringers und ist sowohl über eine Straßenbahn- und eine Buslinie als auch über eine S-Bahnverbindung an die Innenstadt angebunden. Das Gebiet ist etwa fünf Kilometer vom Stadtzentrum entfernt: Der Wohnbestand umfaßt - ähnlich wie in Kalk1 - dreigeschossige Laubenganghäuser und viergeschossige Mehrfamilienhäuser aus den späten 50er und 60er Jahren, die zum Teil saniert und modernisiert sind. Vereinzelt finden sich auch Häuser, die später gebaut worden sind und sich vom Rest der Siedlung abheben. Hinsichtlich der Ausstattung mit Geschäften für Güter des täglichen Bedarfs kann gesagt werden, daß die wichtigsten Einzelhandelsgeschäfte im Gebiet vorhanden sind.

Der Stadtteil *Kalk* im rechtsrheinischen Köln ist von der Nähe zu einem angestammten Kölner Industrieunternehmen geprägt. Ehemals ein traditionelles Arbeiterviertel, sind das Gebiet und seine Bewohner unmittelbar von der Schließung umliegender Unternehmen - wie 1993 der Chemischen Fabrik Kalk - sowie Entlassungen in vierstelliger Höhe betroffen. Das Viertel gehört zu den Wohngebieten in Köln mit den höchsten Ausländeranteilen und Arbeitslosen- bzw. Sozialhilfeempfängerquoten. Das Gebiet gehört auch zu der NRW-Gemeinschaftsinitiative „Stadtteile mit besonderem Erneuerungsbedarf". Die Ausstattung des Viertels mit Einkaufsmöglichkeiten und Infrastruktureinrichtungen kann als gut bezeichnet werden. Über den öffentlichen Personennahverkehr ist Kalk durch zwei Straßenbahnlinien mit der Innenstadt verbunden.

Die ausgewählten Wohngebiete in Kalk liegen in unmittelbarer Nähe zu einem stadtbekannten Drogenumschlagplatz. Sie liegen außerdem im Einzugsbereich der Kalker Moschee und des Kalker Bürgerzentrums, das in Zusammenarbeit mit anderen Einrichtungen etliche Gemeinwesenprojekte für diese deprivierten Gebiete organisiert.

Kalk1 umfaßt einen großen Teil einer alten Eisenbahnersiedlung, die in den 1950er Jahren für Bedienstete aus den Flüchtlingsgebieten gebaut wurde (Heinen und Pfeffer, 1988: 97). Die Siedlung besteht aus drei- bis viergeschossigen Gebäuden für sechs bis acht Familien in einfacher Bauweise, die heute in relativ schlechtem, vernachlässigtem Zustand sind. Zu den alteingesessenen Bewohnern sind in den letzten Jahren hauptsächlich türkische und marokkanische Familien zugezogen.

Das angrenzende Gebiet *Kalk2* hingegen ist ein Mischgebiet mit Mehrfamilienhäusern, zum Teil aus Altbaubestand. Es liegt zwischen der Eisenbahnersiedlung und dem Einkaufsbereich an der Kalker Hauptstraße und ist - äußerlich

Stichproben und Methoden 43

sichtbar - etwas weniger von Armut betroffen als Kalk1.

Kölnberg gehört zum Stadtteil Meschenich im Süd-Süd-Westen von Köln und grenzt unmittelbar an dessen alten gewachsenen und von Einfamilienhäusern dominierten Ortskern. Er besteht aus einer Hochhaussiedlung aus der Mitte der 70er Jahre, die sich in relativ kurzer Zeit zum wohl bekanntesten sozialen Brennpunkt der Stadt entwickelt hat. Die Gebäude machen innen einen etwas verwahrlosten Eindruck, zudem finden sich in den hinteren Treppenhäusern u.a. Müll und abgestellte Möbel. Die Briefkästen sind mit Nummern versehen, nur wenige haben das zusätzliche Namensschild, weil die Hausverwaltung hierfür DM 75,- verlangt. Daher kommt die Post nicht bei allen an, z. B. auch die Wahlunterlagen. Name und Hausnummer reichen nämlich nicht aus, um die Post in den richtigen Briefkasten zu legen.

Die Ausstattung der Siedlung ist mit einer Trinkhalle, einem Kinderspielplatz und einem Stadtteilbüro ungenügend. Über den öffentlichen Personennahverkehr ist die Siedlung lediglich mit einer Buslinie an die Innenstadt Stadt angeschlossen. Kölnberg hat zum Untersuchungszeitpunkt den höchsten Ausländeranteil, die höchste Sozialhilfeempfänger- und die höchste Arbeitslosenquote in Köln.

2.2 Der Fragebogen

Der standardisierte Fragebogen umfaßt vier große Fragenkomplexe (vgl. Kapitel 1):
1. den "Bourdieu"-Komplex: Fragen zu den Fertigkeiten der Personen, zu ihren Lebensstilen, zu einigen Konsumgewohnheiten und einen nach dem Ende des Interviews von dem/der Interviewer/in auszufüllenden Beobachtungsbogen zur Wohnungseinrichtung;
2. den "Wilson"-Komplex: Fragen, die sich a) auf die Aktionsräume, b) das soziale Netzwerk und c) die Normen der Befragten richteten;
3. Fragen zur Wohndauer und Wohnzufriedenheit;
4. die Standarddemographie.

So weit es möglich war, haben wir auf Instrumente zurückgegriffen, die sich in anderen Studien bereits bewährt hatten. Bei den Fragen zu den Lebensstilen und für den Wohnungs-Beobachtungsbogen griffen wir auf die Studie von Blasius (1993) und von Blasius und Winkler (1989) zurück. Die Aktionsräume wurden mit einem Instrument erfaßt, das in einer Hamburger Studie mit über 3.000 Befragten verwendet worden war (Dangschat u. a. 1982). Die Netzwerke wurden mit dem Burt-Generator erhoben; das Instrument wurde aus der Kölner Studie von Kecskes und Wolf (1996) übernommen. Die Standarddemographie folgt weitgehend den Empfehlungen des ZUMA.

Neu entwickelt wurden die Fragen zu den Fertigkeiten und die Situationen zur Messung sozialer Normen. Diese und die anderen Fragen wurden in einem Pretest mit 25 Befragungen getestet und aufgrund der Ergebnisse umformuliert, zumeist vereinfacht. Der vollständige Fragebogen ist im Anhang abgedruckt.

Der deutsche Fragebogen wurde dann ins Türkische übersetzt. Die Befragung der türkischen Haushalte wurde von türkischen Studentinnen der zweiten Generation durchgeführt. Die zunächst auch beteiligten türkischen Interviewer waren im Gegensatz zu ihren Kolleginnen wenig erfolgreich, zahlreiche Befragte verweigerten und erheblich weniger Türkinnen als Türken waren bereit, ein Interview mit einem Interviewer zu führen.

2.3 Ausfallstatistik

Für die Straßen der vier Gebiete wurden vom Amt für Statistik, Einwohnerwesen und Europaangelegenheiten eine Wahrscheinlichkeitsauswahl der Bewohner über 18 Jahren gezogen. Die erste Stichprobe enthielt nur deutsche Bewohner in den vier Gebieten. Eine zweite Stichprobe enthielt nur türkische Bewohner in zwei der Gebiete: Kölnberg und Kalk-Nord (Kalk1). Die Zielpersonen wurden angeschrieben und um ihre Mitarbeit gebeten; türkische Befragte erhielten das Anschreiben in türkischer Sprache.

Die Ausschöpfung der Stichproben der Deutschen (Tabelle 2.2) kann mit 47,3% als befriedigend bezeichnet werden, zumal in den letzten Jahren die Ausschöpfungsquoten empirischer Studien mit face-to-face-Befragungen meist nur um die 50% lagen. Hinzukommt, daß wir es mit Gebieten zu tun haben, in denen ein überdurchschnittlich hoher Anteil sozial Benachteiligter wohnt und bei dieser Befragtengruppe die Verweigerungsquoten gemeinhin überdurchschnittlich hoch sind. Besser ist die Ausschöpfung in der Stichprobe der Türken mit 76,4% (Tabelle 2.3). Hier waren auch im Schnitt weniger Besuche erforderlich, um das Interview zu erhalten.

Tabelle 2.2: Ausfallstatistik, Stichprobe der Deutschen

Merkmale der Stichprobe	Gebiet									
	Insgesamt		Bilderst.		Kalk2		Kalk1		Kölnberg	
	N	%	N	%	N	%	N	%	N	%
Bruttostichprobe	1.043	100,0	251	100,0	280	100,0	258	100,0	254	100,0
Neutrale Ausfälle										
Unbekannt, verzogen	132	12,7	18	7,2	24	8,6	20	7,8	70	27,6
Bereinigte Bruttost.	911	87,3	233	92,8	256	91,4	238	92,2	184	72,4
Bereinigte Bruttostichprobe										
Nicht erreicht	170	18,7	42	18,0	61	23,8	42	17,6	25	13,6
Krank	27	2,9	4	1,7	11	4,3	8	3,4	4	2,2
Verweigerung	283	31,1	78	33,5	64	25,0	76	31,9	65	35,3
Interview	431	47,3	109	46,8	120	46,9	112	47,1	90	48,9
Insgesamt	911	100,0	233	100,0	256	100,0	238	100,0	184	100,0

In beiden Stichproben ist die Verweigerungsquote in dem besonders problematischen Gebiet "Kölnberg" am höchsten, weil nach Aussagen der Interviewer/innen die Bewohner aufgrund schlechter Erfahrungen mit Vertretern besonders mißtrauisch waren.

Tabelle 2.3: Ausfallstatistik, Stichprobe der Türken

Merkmale der Stichprobe	Gebiet					
	Insgesamt		Kalk1		Kölnberg	
	N	%	N	%	N	%
Bruttostichprobe	332	100,0	159	100,0	173	100,0
Neutrale Ausfälle						
Unbekannt, verzogen	31	9,4	8	5,0	23	13,3
Bereinigte Bruttost.	301	90,6	151	95,0	150	86,7
Bereinigte Bruttostichprobe						
Nicht erreicht	29	9,6	19	12,6	10	6,7
Krank	3	1,0	2	1,3	1	0,6
Verweigerung	39	13,0	18	11,9	21	14,0
Interview	230	76,4	112	74,2	118	78,7
Insgesamt	301	100,0	151	100,0	150	100,0

3. Die vier Wohngebiete

3.1 Strukturmerkmale

Im vorangegangenen Kapitel sind die vier Gebiete beschrieben worden. Wir wenden uns nun einigen sozio-demographischen Unterschieden zwischen den vier Wohngebieten und der Bewertung der Gebiete durch die Bewohner zu. In Tabelle 3.1 sind die wichtigsten sozio-demographischen Merkmale aufgeführt. Als Vergleich werden die Daten aus einer früheren Untersuchung für den Stadtteil Nippes einbezogen (Blasius, 1993), ein Gebiet, in dem sich Gentrification nachweisen läßt. Dadurch können Unterschiede und Gemeinsamkeiten der Wohngebiete herausgefunden, aber auch Hypothesen über Armut, z.B. zur „Kultur der Notwendigkeit" oder zum Zustand der Wohnung, getestet werden. Auffällig sind die höheren Anteile der Ledigen in Kalk2 und Kölnberg, ferner die höheren Anteile von Geschiedenen in Bilderstöckchen und Kölnberg. Die vier Gebiete unterscheiden sich auch in der Altersstruktur: Die Jüngeren sind stärker in Kalk2, die Älteren stärker in Kalk1 vertreten.

Für die Indikatoren des sozialen Status ergeben sich beträchtliche Unterschiede. Kalk2 und auch Kölnberg haben die höchsten Anteile von Bewohnern mit geringer Schulbildung, Kölnberg zudem den höchsten Anteil von Befragten mit niedrigem Einkommen.

Auf Transferzahlungen sind relativ viele Bewohner von Kölnberg angewiesen, in Bilderstöckchen nur relativ wenige. Die Rangreihe der Benachteiligten: Bilderstöckchen - Kalk2 - Kalk1 - Kölnberg besteht nicht für alle Indikatoren, wohl aber für das Wohngeld und das Arbeitslosengeld. Sie ergibt sich im übrigen auch, wenn man als Indikator den Anteil derjenigen Haushalte wählt, deren Äquivalenzeinkommen über DM 2.000 liegt - auffällig ist des weiteren, daß die Verfügung über einen Pkw nicht von der Entfernung des jeweiligen Wohngebietes von der Stadtmitte abhängig ist, sondern vom Einkommen des Haushaltes.

Tabelle 3.1: Sozio-demographische Merkmale der Untersuchungsgebiete und von Köln-Nippes, deutsche Befragte, in Prozent

Merkmal	Bilder-stöckchen	Kalk2	Kalk1	Köln-berg	Insge-samt	Nippes
Familienstand						
Verheiratet	59,6	47,9	53,6	45,2	51,9	45,7
Ledig	13,8	21,8	17,0	23,8	18,9	32,0
Zusammenlebend	8,3	13,4	6,3	19,0	11,3	6,0
Geschieden	12,8	9,2	9,8	10,7	10,6	7,9
Verwitwet	5,5	7,6	13,4	1,2	7,3	8,4
Alter						
18 bis 25 Jahre	7,4	7,6	7,1	13,1	8,5	14,1
26 bis 35 Jahre	15,7	23,5	18,8	14,3	18,4	30,2
36 bis 45 Jahre	20,4	26,1	17,0	36,9	24,3	19,1
46 bis 55 Jahre	14,8	9,2	8,9	15,5	11,8	15,1
56 bis 64 Jahre	23,1	16,0	18,8	9,5	17,3	7,8
65 Jahre und älter	18,5	17,6	29,5	10,7	19,6	13,5
Schulabschluß						
Hauptschule	48,6	55,5	68,2	52,8	56,4	39,3
Mittlere Reife	31,8	17,6	18,7	33,7	24,9	20,2
Abitur	19,6	26,9	13,1	13,5	18,7	40,5
Äquivalenz-einkommen (DM)						
unter 500	5,3	3,5	5,0	16,4	6,7	-
500 bis u.1000	10,6	11,5	18,0	28,4	16,0	-
1000 bis u.1500	23,4	27,4	28,0	31,3	27,3	-
1500 bis u. 2000	20,2	23,9	20,0	13,4	20,1	-
2000 und mehr	40,4	33,6	29,0	10,4	29,9	-
Transferzahlungen						
Kindergeld	25,9	20,3	17,9	45,5	26,3	-
Wohngeld	6,4	8,4	13,5	34,9	14,5	-
Unterhalt	6,5	8,5	2,7	6,1	6,0	-
Arbeitslosengeld	0,9	7,0	8,1	8,5	6,0	-
Arbeitslosenhilfe	6,5	1,7	8,9	20,7	8,6	-
Sozialhilfe	8,3	4,2	12,5	37,3	14,0	-
N	109	120	112	89	430	825

Die vier Wohngebiete

Tabelle 3.2: Sozio-demographische Merkmale der Untersuchungsgebiete, türkische Befragte, in Prozent

Merkmal	Kalk1	Kölnberg	Insgesamt
Familienstand			
Ledig	13,4	9,3	11,3
Zusammenlebend	0,0	1,7	0,9
Verheiratet	83,0	84,7	83,9
Geschieden	1,8	2,5	2,2
Verwitwet	1,8	1,7	1,7
Alter			
18-24 Jahre	13,1	16,5	14,9
25-34 Jahre	38,3	48,7	43,7
35-49 Jahre	27,1	23,5	25,2
50 Jahre und älter	21,5	11,3	16,2
Schulabschluß			
Hauptschule	74,1	78,0	76,1
Mittlere Reife	14,3	12,7	13,5
Abitur	11,6	9,3	10,4
Äquivalenzeinkommen (DM)[1]			
unter 500	11,1	19,4	14,3
500 bis u. 1000	53,7	46,3	50,9
1000 bis u. 1500	28,7	31,3	29,7
1500 bis u. 2000	5,6	1,5	4,0
2000 und mehr	0,9	1,5	1,1
Transferzahlungen			
Kindergeld	73,9	83,0	79,0
Wohngeld	3,6	20,7	43,0
Unterhalt	0,9	0,0	0,4
Arbeitslosengeld	6,4	24,6	15,9
Arbeitslosenhilfe	2,7	6,8	4,8
Sozialhilfe	7,2	22,9	15,3
N (ohne fehlende Werte)	110	118	228

[1] Das Äquivalenzeinkommen ist das gewichtete bedarfsgerechte Netto-Einkommen eines Haushaltes. Dabei wird der ersten erwachsenen Person das Gewicht 1,0, den restlichen erwachsenen Personen das Gewicht 0,8, den 15-18jährigen das von 0,9, den 8-14jährigen das von 0,7 und den jüngeren das von 0,45 gegeben.

Wie auch in anderen deutschen Städten, weisen benachteiligte Wohngebiete in Köln, hier definiert über den Anteil von Sozialhilfeempfängern, einen überdurchschnittlich hohen Anteil von ethnischen Minoritäten auf. Dies trifft auch für die vier Kölner Wohngebiete zu, insbesondere für Kölnberg, es ist ein multinationales Wohngebiet mit einer deutschen Minorität (Tabelle 3.3). In allen vier Gebieten sind die Türken die größte ethnische Minorität.

Tabelle 3.3: Ethnische Zusammensetzung der vier Wohngebiete, 1996

Nationalität	Bilderstöckchen.	Kalk2	Kalk1	Kölnberg	Insgesamt
Deutschland	778	884	847	336	2845
Bosnien-Herzegowina	0	12	16	83	111
Italien	5	51	65	18	139
Republik Polen	0	3	7	183	193
Sowjetunion	7	0	0	79	86
Russ. Föderation	4	0	0	86	90
Türkei	188	111	652	651	1602
Ukraine	0	0	0	118	118
Marokko	0	2	45	4	51
Afghanistan	0	1	0	84	85
Iran	1	8	6	55	70
Andere	44	84	90	292	510
Insgesamt	1027	1156	1728	1989	5900

Quelle: Amt für Statistik, Einwohnerwesen und Europaangelegenheiten der Stadt Köln. Stand: August 1996.

Es ist zu vermuten, daß mit steigendem Anteil der ausländischen Bevölkerung und einem steigenden Anteil von deutschen Arbeitern in einem Wohngebiet auch die sozialen Konflikte zunehmen. Das belegen zum einen unsystematische Berichte von Experten, vor allem Sozialarbeitern, über benachteiligte Wohngebiete in Hamburg (BAGS, 1993: 79, 87f.). Zum anderen zeigt die Studie von Jagodzinski, Friedrichs und Dülmer (1993), daß in Gebieten mit einem hohen Anteil von deutschen Arbeitern oder Personen mit Hauptschulabschluß *und* einem hohen Anteil von Ausländern bei Kommunalwahlen rechtsextreme Parteien („Re-

Die vier Wohngebiete 51

publikaner", DVU, NL) weit überdurchschnittliche Stimmanteile erhalten. Dies wurde am Beispiel der Bürgerschaftswahlen in Hamburg nachgewiesen, erwies sich aber auch in Analysen der Wahlen zu den Parlamenten in Berlin und Frankfurt/Main. Die Erklärung der Autoren lautet, es läge ein Wettbewerb zwischen Deutschen und Ausländern um Arbeitsplätze und Wohnungen vor, der zu Neid und Ressentiments gegenüber den Ausländern führe, dies wiederum zur Wahl rechtsextremer Parteien.

3.2 Beurteilung der Wohngebiete

Benachteiligte Wohnviertel werden nicht nur von ihren Bewohnern negativ beurteilt, sondern die Bewohner vermuten zusätzlich eine negative Beurteilung ihres Wohnviertels durch Personen, die nicht im Wohnviertel wohnen. Es dürfte für die hier untersuchten Gebiete gelten, was sich in zwei Studien über Neubausiedlungen in Hamburg ergab: In beiden Studien wurden die Befragten aufgefordert, auf einer siebenstufigen Skala das Wohngebiet zunächst aus ihrer Sicht, dann aus der ihrer Freunde und Bekannten sowie schließlich aus der Sicht der Hamburger Bevölkerung zu beurteilen. In beiden Fällen waren die bei Freunden und Bekannten vermuteten Bewertungen schlechter als die eigene und die bei den Hamburgern vermutete nochmals schlechter als die der Freunde und Bekannten (Friedrichs, 1991; Friedrichs und Dangschat, 1986). Die Bewohner benachteiligter Wohngebiete sind sich demnach der negativen Bewertung oder gar Diskriminierung ihres Gebietes bewußt. Das ist bedeutsam, denn selbst wenn sich ihre Vermutungen als falsch erwiesen, so wären sie doch bis dahin bedeutsam für ihr Verhalten. Diese Annahme entspricht dem Thomas-Theorem, daß Personen aufgrund dessen handeln, was sie für real halten und nicht aufgrund dessen, was objektiv zutrifft.

Wie beurteilen nun die Bewohner ihr Wohngebiet, welche Vor- und Nachteile führen sie auf? Was den Bewohnern gefällt, variiert stark nach der Siedlung (Tabelle 3.4). In Bilderstöckchen und Kalk2 ist es die zentrale Lage, in Bilderstöckchen kommen die „Grünflächen" und die „Nachbarn" hinzu. In Kalk2 sind es zusätzlich die Einkaufsmöglichkeiten, die Infrastruktur und die Nachbarn bzw. anderen Bewohner des Gebietes. In Kalk1 sind es ebenfalls die Einkaufsmöglichkeiten, die Nachbarn und die Infrastruktur. Für die Bewohner von Kölnberg sind es zwar auch die Einkaufsmöglichkeiten und die Nachbarn, die häufiger als positive Merkmale genannt werden, aber hier liegen die Werte unter denen der anderen drei Wohngebiete. Auffällig ist, daß in allen vier Wohngebieten weder die Merkmale der Wohnung, noch die Höhe der Miete, noch die Freizeitmöglichkeiten häufig als positive Merkmale genannt werden. Auffällig ist des weiteren, daß mehr als jeder vierte Befragte in Kalk1 und mehr als jeder dritte Befragte am Kölnberg antwortete, es gäbe gar keine positiven Merkmale der Wohnumgebung.

Tabelle 3.4: Was den deutschen Befragten an ihrem Wohngebiet gefällt, in Prozent (Mehrfachnennungen)

Merkmal	Bilderst.	Kalk2	Kalk1	Kölnberg	Insg.
Merkmale der Wohnung	1,9	6,0	7,8	12,7	6,6
Zentrale Lage	55,3	56,9	25,5	7,0	39,3
Nachbarn, Leute	25,2	19,8	28,4	16,9	23,0
Grünflächen	28,2	6,9	10,8	4,2	13,0
Kinderfreundlichkeit	4,9	2,6	0,0	1,4	2,3
Ruhe	20,4	9,5	3,9	2,8	9,7
Niedrige Miete	1,0	5,2	8,8	7,0	5,4
Gute Infrastruktur	12,6	22,4	15,7	2,8	14,5
Gute Freizeitmöglichkeiten	1,0	1,7	0,0	1,4	1,0
Gute Einkaufsmöglichkeiten	21,4	63,8	29,4	18,3	35,5
Ausländer	0,0	1,8	2,7	1,1	1,5
Sonstiges	14,6	12,1	19,6	15,5	15,3
Gar nichts	8,7	7,8	28,4	36,6	18,6
N	109	118	111	89	427

Die Liste der negativen Merkmale ist gegenüber der positiven erheblich länger. Auf die Frage "Was gefällt Ihnen nicht an ihrem Wohngebiet?" kamen nicht nur mehr negative Nennungen, sondern auch die Zahl der negativen Merkmale ist größer als die der positiven (Tabelle 3.5). Dies schlägt sich nicht zuletzt in einer Vielzahl spezieller Kritikpunkte nieder, die dann zu einem hohen Anteil von „sonstigen" Nennungen führten.

Eindeutig sind Lärm/Verkehr die am häufigsten kritisierten Eigenschaften aller vier Siedlungen. Es folgen Merkmale, die sich auf die Bewohner beziehen: "Leute" (vor allem in Kalk2) und wichtiger noch: die Ausländer. Dieser Befund

Die vier Wohngebiete 53

entspricht der Annahme über soziale Konflikte in benachteiligten Wohngebieten, die im vorangegangenen Kapitel formuliert wurde. Der Anteil negativer Äußerungen („Ausländer") hängt im übrigen nicht mit dem tatsächlichen Anteil der Ausländer in dem jeweiligen Wohngebiet zusammen (Tabelle 3.3).

Ferner werden „Gefahr" und „Kriminalität" häufiger genannt. Ein letztes häufig aufgeführtes negatives Merkmal ist „Schmutz/Dreck" (ausgenommen Bilderstöckchen). In Kölnberg führt dies fast die Hälfte der Befragten an. Es ist daher lohnend, zu überlegen, was die Befragten damit gemeint haben. Dazu sei zunächst erwähnt, daß in einer Studie über die Bewertung der Innenstadt von Köln (Friedrichs, Hüsing und Türk, 1997) am häufigsten „Schmutz/Dreck" bemängelt wurde.

Tabelle 3.5: Was den deutschen Bewohnern an ihrem Wohngebiet nicht gefällt, in Prozent (Mehrfachnennungen)

Merkmal	Bilderst.	Kalk2	Kalk1	Kölnberg	Insg.
Merkmale der Wohnung	5,4	3,5	8,2	8,0	6,2
Schmutz, Dreck	8,6	23,9	38,2	44,8	28,8
Vandalismus	3,2	1,8	2,7	2,3	2,5
Keine Grünflächen	4,3	13,3	9,1	2,3	7,7
Kinderfeindlichkeit	4,3	9,7	4,5	2,3	5,5
Lärm, Verkehr	32,3	33,6	23,6	37,9	31,5
Miete	3,2	2,7	0,0	3,4	2,2
Fehlende Infrastruktur	9,7	11,5	0,9	4,6	6,7
Gefahr, Kriminalität	7,5	28,3	21,8	35,6	23,3
Einkaufsmöglichkeiten	8,6	3,5	3,6	6,9	5,5
Fehlende Parkplätze	3,2	6,2	5,5	5,7	5,2
Leute	16,1	22,1	17,3	16,1	18,1
Asoziale (wörtlich)	4,3	1,8	3,6	0,0	2,5
Ausländer	18,3	24,8	44,5	20,7	27,8
Drogen	2,2	10,6	6,4	4,6	6,2
Fehlende Verkehrsanbdg.	6,5	4,4	1,8	12,6	6,0
Sonstiges, Umgebung	20,4	19,5	22,7	32,2	23,3
Gar nichts	11,8	4,4	1,8	1,1	4,7
N	109	118	111	89	427

Diese Äußerungen sollten als subjektiver Eindruck der Befragten gewertet werden, das Wohngebiet werde vernachlässigt und/oder es gäbe in mangelndes Interesse der Bewohner und der Stadt an dem Wohngebiet. Den kritischen Urteilen zufolge ist Kölnberg das am stärksten negativ beurteilte und Bilderstöckchen das am relativ besten beurteilte Wohngebiet; die beiden Teile von Kalk nehmen je nach Merkmal die zweite oder dritte Position ein.

Die positiven und die negativen Urteile hängen nur z. T. von den Merkmalen der Befragten oder der Wohndauer ab. Die positiven Äußerungen weisen einen kurvilinearen Zusammenhang mit der Wohndauer auf: Befragte, die unter drei und solche, die über 25 Jahre in dem Wohngebiet wohnen, geben weniger positive Urteile als jene mit einer mittleren Wohndauer.

Tabelle 3.6: Was den türkischen Befragten an dem Wohngebiet gefällt, in Prozent (Mehrfachnennungen)

Merkmal	Kalk1	Kölnberg	Insg.
Merkmale der Wohnung	3,8	11,4	7,7
Zentrale Lage	6,6	6,1	6,4
Nachbarn, Leute	63,2	42,1	52,3
Grünflächen	2,8	0,0	1,4
Kinderfreundlichkeit	1,9	1,8	1,8
Ruhe	6,6	0,9	3,6
Niedrige Miete	0,0	0,9	0,5
Gute Infrastruktur	10,4	13,2	11,8
Gute Freizeitmöglichkeiten	0,0	0,9	0,5
Gute Einkaufsmöglichkeiten	31,1	27,2	29,1
Ausländer	6,7	4,2	5,4
Sonstiges	7,5	6,1	6,8
Gar nichts	12,3	31,6	22,3
N	106	114	220

Die Urteile der türkischen Befragten darüber, was ihnen an dem Wohngebiet gefällt, stimmen mit denen der deutschen Befragten kaum überein (Tabelle 3.6). Ihnen gefallen die Nachbarn (52,5%), dabei ist ihr Urteil für beide Wohngebiete positiver als das der deutschen Befragten. Deutlich seltener werden die Einkaufsmöglichkeiten (29,5%) und die Infrastruktur (11,8%) als gut bewertet. Die beiden

Die vier Wohngebiete

Wohngebiete werden allerdings sehr unterschiedlich beurteilt: Insgesamt fällt das Urteil über Kalk1 positiver aus als das über Kölnberg. So meinen 31,6%, es gefalle ihnen "gar nichts" an Kölnberg. (Bei den Deutschen waren es sogar 36,6%.). Hingegen sagen dies nur 12,3% von Kalk1, womit das Urteil der türkischen Befragten positiver ausfällt als das der Deutschen, von denen 28,4% angaben, es gefiele ihnen gar nichts an Kalk1.

Wie bereits bei den deutschen Befragten, so werden auch von den türkischen Bewohnern mehr Merkmale genannt, die ihnen nicht gefallen (Tabelle 3.7) als solche, die ihnen gefallen. Hier ergeben sich auch aufschlußreiche Unterschiede in der Beurteilung der beiden Wohngebiete durch die beiden Bevölkerungsgruppen.

Tabelle 3.7: Was den türkischen Befragten an dem Wohngebiet nicht gefällt, in Prozent (Mehrfachnennungen)

Merkmal	Kalk1	Kölnberg	Insg.
Merkmale der Wohnung	32,4	17,8	24,7
Schmutz, Dreck	27,4	54,2	41,7
Vandalismus	1,0	4,2	2,7
Keine Grünflächen	10,5	6,8	8,5
Kinderfeindlichkeit	1,9	6,8	4,5
Lärm, Verkehr	16,2	17,8	17,0
Miete	0,0	28,8	15,2
Fehlende Infrastruktur	4,8	16,9	11,2
Gefahr, Kriminalität	3,8	46,6	26,5
Einkaufsmöglichkeiten	0,0	6,8	3,6
Fehlende Parkplätze	1,9	5,9	4,0
Leute	16,2	22,0	19,3
Asoziale (wörtlich)	2,9	2,5	2,7
Ausländer	1,9	5,9	4,0
Drogen	11,4	11,9	11,7
Fehlende Verkehrsanbindung	0,0	4,2	2,2
Sonstiges, Umgebung	10,5	39,8	26,0
N	105	118	223

Der größte Nachteil ist der "Schmutz/Dreck" (41,7%), gefolgt von "Gefahr oder Kriminalität" (26,5%). Dies wird vor allem in Kölnberg bemängelt. Es ist auch ein größerer Anteil der türkischen als der deutschen Bewohner, die dies kritisieren. Die türkischen Befragten kritisieren auch den Drogenhandel bzw. die Drogensüchtigen häufiger, als die deutschen Bewohner es tun. Umgekehrt sehen weniger Türken als Deutsche Kalk1 als gefährlich an.

Eine weitere Kritik richtet sich auf die Wohnung, vor allem diejenigen in Kalk1 (32,4%); hingegen wird an den Wohnungen in Kölnberg die Höhe der Miete kritisiert (28,8%). Beides wird von erheblich weniger Deutschen bemängelt - vermutlich legen sie andere Maßstäbe an die Höhe der Miete und bemängeln die Qualität der Wohnung weniger, weil die Haushalte kleiner sind und damit die Dichte niedriger (vgl. weiter unten). Im Gegensatz zu den Deutschen werden von den Türken "Lärm/Verkehr" nicht so häufig bemängelt, auch kritisieren nicht so viele von ihnen die mangelnde Verkehrsanbindung von Kölnberg. Die im Vergleich zu den deutschen Befragten sehr geringe Kritik an den Ausländern ist kaum verwunderlich.

Es ist naheliegend, einen Zusammenhang zwischen der Kritik an einem Wohngebiet und der Wohndauer zu vermuten. Dazu untersuchen wir zuerst die Wohndauer in den vier Gebieten (Tabellen 3.8 und 3.9).

Tabelle 3.8: Wohndauer nach Wohngebiet, deutsche Befragte, in Prozent

Wohndauer	Bilderst.	Kalk2	Kalk1	Kölnberg	Insgesamt
Bis 3 Jahre	20,4	21,7	16,1	20,0	19,5
4 bis 9 Jahre	19,4	33,3	21,4	48,9	30,0
10 bis 24 Jahre	28,7	23,3	30,4	30,0	27,9
25 und mehr Jahre	31,5	21,7	32,1	1,1	22,5
%	100,0	100,0	100,0	100,0	100,0
N	108	120	112	90	430

$chi^2=47,0$, df=9, p<.001, Cramer's V=.19

Die deutschen Befragten wohnen signifikant länger in Bilderstöckchen und Kalk1 als in Kalk2 und vor allem in Kölnberg. Der wichtigste Grund hierfür ist, daß die Siedlung Kölnberg erst ab 1975 bezogen werden konnte, entsprechend

Die vier Wohngebiete

dort zum Zeitpunkt der Befragung niemand länger als 20 Jahre wohnen konnte. Ungeachtet dieser Randbedingungen ist die Wohndauer ein wichtiges Merkmal von Wohngebieten: Unterstellt man mit Burgess (1925), es gebe einen positiven Zusammenhang zwischen der Fluktuation in einem Wohngebiet und dem Ausmaß sozialer Kontrolle, sowie ferner, es bestehe eine hohe negative Korrelation zwischen Wohndauer und Fluktuation, dann sollte die geringere Wohndauer sowohl deutscher als auch türkischer Befragter in Kölnberg zur Folge haben, daß die (informelle) soziale Kontrolle gering und das Ausmaß abweichenden Verhaltens hoch sei. Wie wir später zeigen werden (Kapitel 6), ist das in der Tat der Fall.

Tabelle 3.9 Wohndauer nach Gebiet, türkische Befragte, in Prozent

Wohndauer	Kalk1	Kölnberg	Insgesamt
Bis 3 Jahre	26,8	23,7	25,2
4 bis 9 Jahre	24,1	39,0	31,7
10 und mehr Jahre	49,1	37,3	43,0
N	112	118	230

chi^2=6,1, df=2, p<.05, Cramer's V=.16

Generell kann man annehmen, mit steigender Wohndauer nehme die Kritik ab, denn sonst wäre der Haushalt längst ausgezogen. Allerdings ist nicht sicher, ob diese Annahme für alle Kritikpunkte gilt, die in Tabelle 3.5 und 3.7 aufgeführt sind. Die Daten zeigen, daß die negativen Äußerungen für einige Kritikpunkte einen deutlichen Zusammenhang mit der Wohndauer aufweisen.

Bei den deutschen Befragten nimmt die negative Beurteilung der Ausländer mit der Wohndauer zu, ebenso die Kritik an Lärm und Verkehr. Hingegen nimmt die Kritik an der fehlenden Infrastruktur mit der Wohndauer ab, sowie auch die vereinzelten, unter „Sonstiges" rubrizierten Kritikpunkte. Die Kritik an „Schmutz und Dreck" ist bei geringer und sehr hoher Wohndauer seltener als bei mittlerer Wohndauer. Bei den türkischen Befragten ist hingegen kein Zusammenhang mit der Wohndauer festzustellen.

3.3 Fortzugsabsichten

Angesichts der eher negativen Beurteilung der Siedlungen ist zu erwarten, daß ein hoher Anteil von Befragten beabsichtigt, aus dem Wohngebiet fortzuziehen. Nun sind Umzugsabsichten, wie bereits die Studie von Rossi (1955) gezeigt hat, nicht einfach zu erfassen, weil viele Befragte irgendwann einmal an einen Fortzug gedacht haben, aber nur ein Teil von diesen auch tatsächlich etwas unternommen hat, um eine neue Wohnung zu finden. Wir haben daher die gleiche Frage verwendet wie in früheren Untersuchungen. Es wurde zunächst gefragt, ob man schon an einen Fortzug gedacht habe, sodann wurden diejenigen, die dies bejahten, weitergefragt, ob sie schon etwas unternommen hätten und wenn ja, was dies gewesen sei. Es ist im engeren Sinne nur die Gruppe derer, die auch schon etwas unternommen hat, auf die sich die Aussage über Fortzugsabsichten stützen sollte. Anhand von Tabelle 3.10 wird ersichtlich, daß die Fortzugsabsichten in Kölnberg mit 55,1% am höchsten und in Bilderstöckchen mit 19,3% am niedrigsten sind. Die Gebietsunterschiede sind hoch signifikant (p<.001).

Tabelle 3.10: Fortzugsabsichten, deutsche Befragte, in Prozent

Fortzugsabsicht	Bilderst.	Kalk2	Kalk1	Kölnberg	Insgesamt
Nein	52,3	41,4	33,9	22,5	38,2
Ja, aber keine Aktivität	28,4	27,9	28,8	22,5	27,2
Aktivität	19,3	30,6	37,3	55,1	34,7
%	100,0	100,0	100,0	100,0	100,0
N	109	111	118	89	427

chi^2=32,1, df=6, p<.001, Cramer's V=.19

Auch unter den türkischen Bewohnern beabsichtigen mehr Befragte, aus Kölnberg fortzuziehen als aus Kalk1. Fast zwei Drittel der türkischen Bewohner von Kölnberg haben bereits etwas unternommen, um aus der Siedlung fortzuziehen (Tabelle 3.11).

Umzugsabsichten und Kritik an der Siedlung weisen einen Zusammenhang auf. Von denjenigen, die nicht nur eine Absicht äußern umzuziehen, sondern auch

Die vier Wohngebiete

schon etwas unternommen haben, antworten 29,6% auf die Frage, was ihnen im Wohngebiet gefällt, mit „gar nichts", bei denen, die noch nichts unternommen haben oder bleiben wollen, sind es nur 13,0%. Nur 14,1% von ihnen äußern sich positiv über ihre Nachbarn, im Vergleich zu 27,6% derjenigen, die nicht fortziehen wollen. Die Befragten mit Fortzugsabsichten nennen auch häufiger als Kritikpunkt Merkmale der Wohnung, "die Leute" oder "Schmutz/Dreck".

Tabelle 3.11: Fortzugsabsichten, türkische Befragte, in Prozent

Fortzugsabsicht	Kalk1	Kölnberg	Insgesamt
Nein	52,3	26,5	39,0
Ja, aber keine Aktivität	7,2	11,1	9,2
Aktivität	40,5	62,4	51,8
%	100,0	100,0	100,0
N	111	117	228

chi^2=15,9, df=2, p<.05, Cramer's V=.26.

Untersucht man nun, ob die Fortzugsabsichten mit der Wohndauer zusammenhängen (Tabelle 3.12), so ergibt sich zwar nicht für die türkischen, wohl aber für die deutschen Befragten ein signifikanter Zusammenhang (p<.001). Die Fortzugsabsichten sind bei der Gruppe mit der geringsten Wohndauer nur bei 26,5% der Befragten vorhanden, bei denen, die 4 bis 9 Jahre im Gebiet wohnen, steigt der Wert auf 48,8%. In dieser Phase tritt also bei der Hälfte der Bewohner die Absicht auf, aus dem Gebiet fortzuziehen. Vermutlich fällt sie danach bei denjenigen, die nicht fortgezogen sind, wieder ab. In der Gruppe mit einer Wohndauer von 11 bis 24 Jahren sind es dann noch 38,7%, die ausziehen wollen, in der letzten Gruppe mit einer Wohndauer von 25 und mehr Jahren sind es dann noch 18,6%, was nicht verwundert, denn es sind vor allem die älteren Befragten, die so lange im Gebiet wohnen und daher die monetären und sozialen Kosten eines Fortzugs fürchten.

Dennoch weisen die Umzugsabsichten keinen signifikanten Zusammenhang mit dem Alter und der Schulbildung auf, ferner auch nicht das Äquivalenzeinkommen. Das ist erstaunlich, denn es ist naheliegend, anzunehmen, das Einkommen bestimme in einem erheblichen Maße die Chance, aus einem Wohngebiet, das man verlassen möchte, auch tatsächlich auszuziehen. Wir haben daher den Zusammenhang zwischen Einkommen und Fortzugsabsicht für jedes der vier Gebiete getrennt untersucht, was zu aufschlußreichen Ergebnissen führte: In Kalk1 und Kölnberg sind es eher die Haushalte mit einem geringen Einkommen (bis DM 1.000), die ausziehen wollen, in Bilderstöckchen und Kalk2 hingegen jene mit höherem Einkommen (ab DM 1.500), die aktiv einen Fortzug planen. Higegen besteht kein Zusammenhang zwischen der Zahl der Netzwerkpersonen im Wohngebiet und den Fortzugsabsichten.

Wird berücksichtigt, daß die Bezieher von Transferzahlungen signifikant häufiger ausziehen wollen („Aktivität") als die Nicht-Bezieher (54,3% versus 29,3%) und daß vermutlich viele der Bezieher in die Wohnungen eingewiesen wurden, so ist diese überdurchschnittlich häufige Unzufriedenheit leicht zu erklären. Da in Kalk2 und vor allem in Bilderstöckchen relativ wenige Bezieher von Transferleistungen leben, bewährt sich hier die Hypothese, daß eher die einkommenshöheren Haushalte ausziehen wollen.

Tabelle 3.12: Wohndauer und Fortzugsabsicht, deutsche (D) und türkische (T) Befragte, in Prozent

Fortzugssabsicht	Wohndauer					
	bis 3 Jahre		4- 9 Jahre		10+ Jahre	
	D	T	D	T	D	T
Kein Gedanke	44,6	39,7	25,2	28,8	43,5	46,4
Gedanke, aber keine Aktivität	28,9	12,1	26,0	6,8	26,9	9,3
Aktivität	26,5	48,3	48,8	64,4	29,6	44,3
%	100,0	100,0	100,0	100,0	100,0	100,0
N	83	58	127	73	216	97

Deutsche: chi^2=18,7, df=4, p<.001, Cramer's V=.15.
Türken: chi^2=7,7, df=4, p= n.s.

Ferner besteht - und das ist ein wichtiger Befund -, ein signifikanter Zusammenhang mit dem Bezug von Sozialhilfe oder Arbeitslosenhilfe (vgl. Tabelle 3.13). Es sind stärker die auf Transferzahlung angewiesenen Personen, die fortziehen wollen (54,3%) und nicht die Bewohner ohne Transferzahlungen (29,3%).

Die vier Wohngebiete

Das gilt sowohl für die deutschen als auch die türkischen Befragten.

Die Bezieher von Transfereinkommen geben auch weniger positive und zugleich mehr negative Urteile über die Wohngebiete. So beurteilen die zentrale Lage 43,5% der Nicht-Bezieher, aber nur 23,2% der Bezieher positiv; die Nachbarn 25,9% vs. 14,6%. Bei den türkischen Befragten gibt es keine Unterschiede bei den positiven Nennungen. Von denen, die keine Transferzahlungen benötigen, geben 16,6% an, ihnen gefielen die Mitbewohner nicht, hingegen sagen dies 24,7% der Bezieher von Transfereinkommen. Ferner kritisieren 21,2% der Nicht-Bezieher "Gefahr und Kriminalität", aber 30,3% der Bezieher. Schließlich gefällt 13,3% der Nicht-Bezieher "gar nichts", von den Beziehern sagen dies hingegen 36,6%. Bei den türkischen Befragten sind es vor allem zwei Merkmale, in denen sich die beiden Gruppen unterscheiden: "Gefahr und Kriminalität" 16,4% vs. 49,3%) sowie die Miete (12,5% vs. 21,7%).

Tabelle 3.13: Auszugspläne, nach Bezug von Transferleistungen, in Prozent

Auszugspläne	Bezug	Kein Bezug
Kein Gedanke	42,6	21,7
Gedanke, aber keine Aktivität	28,1	23,9
Aktivität	29,3	54,3
%	100,0	100,0
N	324	92

chi^2=21,5, df=2, p<.001, Cramer's V=.23

Die Befunde sind insofern erstaunlich, als wir in Untersuchungen über Neubausiedlungen feststellten, daß es signifikante Zusammenhänge mit dem Status der Haushaltes gab: Je höher der Status des Haushaltes war, desto eher äußerte er Fortzugsabsichten. (In diesen Studien wurde die Frage nach den Fortzugsabsichten in der gleichen Form gestellt.)

Diese Absichten hätten zu selektiven Auszügen aus der Siedlung geführt und es wäre nach und nach die jeweils oberste Statusgruppe der Siedlung ausgezogen. Dieser Befund entspricht auch dem tatsächlichen Auszugsmuster in solchen Siedlungen (Friedrichs, 1991; Friedrichs und Dangschat, 1986). Das scheint hier jedoch nicht der Fall zu sein, denn es würden eher die Bezieher von Transferzahlungen, also die ärmeren Bewohner, ausziehen. Die am ehesten wahrscheinliche Erklärung ist, daß diese Haushalte in die öffentlich geförderten Wohnungen dieses Gebietes eingewiesen wurden, sie aber gar nicht hier wohnen wollten und starke Anstrengungen unternehmen, fortzuziehen. Die Absicht, das Wohnviertel zu verlassen, hängt im übrigen nicht davon ab, ob wenige oder viele Personen des Netzwerks im Wohnviertel wohnen - mithin nicht von den Bindungen an Personen im Gebiet.

4. Netzwerke

Die Netzwerke der Befragten sind für die Annahmen unserer Studie in mehrfacher Hinsicht bedeutsam. Zum ersten aufgrund der Hypothese, daß mit steigender Armut das Netzwerk insgesamt kleiner wird, sich stark auf Verwandte beschränkt und auf Personen, die im Gebiet wohnen. Die Restriktion auf Personen im Gebiet ist dabei nicht freiwillig, sondern vor allem die Folge fehlender Arbeit, d.h. eines Arbeitsplatzes außerhalb des Wohngebietes. Ist die Person nicht erwerbstätig, so hat sie auch geringere finanzielle Ressourcen, was u.a. zur Folge hat, seltener andere Personen einladen zu können. Wichtig ist auch eine andere Annahme, die mit diesen Sachverhalten zusammenhängt: Wer arm und ohne Arbeit ist, stellt für andere Personen auch keine „Ressourcen" dar, kann, umgangssprachlich formuliert, "wenig bieten". Somit verringert sich die Größe des Netzwerks sowohl von der Zahl der Alteri her als auch räumlich. Es ist diese doppelte Reduktion des Verkehrskreises, die als wichtige Folge der Armut angesehen werden kann.

Zum zweiten sind die Netzwerke bedeutsam, weil sie über die Chancen einer Person, ihre gegenwärtigen Lebensbedingungen zu verlassen, mit entscheiden. Netzwerke sind auch Bestandteile des sozialen Kapitals (Bourdieu, 1983), die in andere Kapitalformen, insbesondere ökonomisches Kapital (hierzu gehören alle Formen von Einkommen) umgewandelt werden können (vgl. dazu ausführlich Abschnitt 1.4 und Kapitel 7). Zum anderen kann man die Theorie der schwachen Beziehungen von Granovetter (1973; vgl. Wegener, 1989) heranziehen. Ihr zufolge dienen schwache Beziehungen (zu statushöheren Personen) eher als starke (zu statusniedrigeren) dazu, eine neue Arbeit oder einen statushöheren Job zu finden. Nun dürfte es ein Kennzeichen von Armut sein, daß die überwiegende Zahl der Kontakte zu Personen gleichen Status besteht. Das ohnehin hohe Ausmaß der Ähnlichkeit zwischen Ego und Alter hinsichtlich einzelner Merkmale (Homophilie) in den Netzwerken (Wolf, 1996) ist vermutlich bei ärmeren Personen noch höher. Damit haben sie nur geringe Möglichkeiten, durch schwache Beziehungen zu statushöheren Personen einen (neuen) Zugang zum Arbeitsmarkt zu finden.

Um die Netzwerke zu beschreiben und diese Hypothesen zu testen, wurden mehrere Fragen zu den Netzwerken der Befragten gestellt. Als Namensgenerator, um das ego-zentrierte Netzwerk zu ermitteln, dient eine Kombination der von Burt (1984) und von Fischer (Fischer, 1982; McCallister und Fischer, 1978) vorgeschlagenen Verfahren. (Zu einem Vergleich beider Verfahren vgl. Pfennig und Pfennig, 1987.) Um die Multiplexität der Beziehungen von Ego zu den Netzwerkpersonen (Alteri) zu erheben, wurden insgesamt drei Fragen gestellt; für die genannten Alteri haben wir dann neun Deskriptoren (u.a. Alter, Geschlecht, Wohnort) ermittelt (siehe Fragebogen, Fragen 33 bis 42). Das Vorgehen folgt weitgehend dem von Kecskes und Wolf (1996: 36-43, Anhang S. 4-15). Obgleich wir demnach mehrere Merkmale (Namens-Deskriptoren oder -Interpretatoren) der Netzwerkpersonen erhoben haben, beschränken wir uns hier vor allem auf drei Merkmale der Netzwerke die Größe, den Anteil der Verwandten und den Anteil der Netzwerkpersonen, die im eigenen Wohngebiet wohnen.

4.1 Die Netzwerke der deutschen Bewohner

Wir stellen zunächst die Ergebnisse für die deutschen Befragten dar. Die Mittelwerte bzw. prozentualen Häufigkeiten sind in Tabelle 4.1 aufgeführt, zusätzlich die Differenzen der Mittelwerte, die mit Hilfe von ein- und zweifaktoriellen Varianzanalysen auf Signifikanz überprüft wurden, wobei die zweifaktoriellen Analysen auch Aufschlüsse über die Interaktionseffekte zwischen zwei Variablen gestatten.

Insgesamt haben wir von den deutschen Befragten Angaben über 2.007 Netzwerkpersonen ("Alteri") erhalten. Die meisten Alteri nannten die Befragten in Bilderstöckchen, gefolgt von Kalk2 und Kalk1, die weitaus wenigsten in Kölnberg. Bei den deutschen Befragten sind die Alteri zu meist ebenfalls Deutsche (91,5%), nur sehr wenige sind Türken (2,1%). Den größten Anteil unter den Alteri stellen die (nahen und fernen) Verwandten mit 30,2%, gefolgt von Freunden oder Freundinnen (25,9%), Kolleginnen und Kollegen mit 9,2% und schließlich Nachbarn (6,5%). (Wo sich die Kategorien überschneiden, z.B. Nachbar *und* Kollege, wurden sie auch zweifach codiert.) Die meisten Alteri wohnen im gleichen Haus oder zumindest im gleichen Wohngebiet (23,8%), außerhalb Kölns immerhin 22,1%.

Netzwerke

Die Kontakthäufigkeit ist relativ hoch: 52,2% der 2.007 genannten Alteri werden mehr als ein Mal in der Woche getroffen, was vermutlich auch damit zusammenhängt, daß 57,4% als „nahestehend" bezeichnet werden.

Von den Befragten haben 55,3% einen Hauptschulabschluß, 18,4% Abitur. Die Schulbildung der Alteri sind demgegenüber höher: 44,0% haben einen Hauptschulabschluß, 24,8% das Abitur. Dies erlaubt jedoch nicht den Schluß, die Befragten hätten überdurchschnittlich oft statushöhere Personen angegeben. Vielmehr kommen die Unterschiede dadurch zustande, daß Personen mit höherer Bildung relativ viele Netzwerkpersonen haben. Um zu einem Vergleich der Bildungsabschlüsse von Ego und Alteri zu kommen, wurde auf der Basis der 2.007 Befragten die entsprechende Kreuztabelle gebildet (Tabelle 4.1).

Wie der Tabelle zu entnehmen ist, besteht eine hohe Homophilie bei dem Schulabschluss: 61,1% der angegebenen Alteri haben den gleichen Schulabschluß wie die Befragten (Summe der kursiv gesetzten Werte in der Hauptdiagonale).

Tabelle 4.1: Schulabschlüsse der deutschen Befragten und deren Alteri, Angaben in Prozent, bezogen auf die Schulabschlüsse der Befragten und bezogen auf alle Befragten (kursiv)

Schulabschluß Alteri	Schulabschluß Befragte/r					
	Hauptschule		Mittlere Reife		Abitur	
Hauptschule	69,0	*31,9*	30,9	*8,7*	15,1	*3,9*
Mittlere Reife	16,9	*7,8*	40,8	*11,5*	16,2	*4,2*
Abitur	14,1	*6,5*	28,3	*7,9*	68,8	*17,7*
Summe	100,0		100,0		100,0	
N	830		505		464	

chi^2=594,2; df=4; p<.001; Cramer's V=.41.

Aufschlußreich ist auch, dass die Erwerbstätigen auch zu knapp 70% Alteri nennen, die ebenfalls erwerbstätig sind, aber lediglich 5% Arbeitslose als Netzwerkpersonen nannten. Demgegenüber haben die Arbeitslosen 45% erwerbstätige Netzwerkpersonen angegeben und 26,5% Arbeitslose (Tabelle 4.2). Wird dieser Zusammenhang nach den vier Wohngebieten aufgeschlüsselt, so bleiben die Ergebnisse erhalten. Erwerbstätige nennen überdurchschnittlich viele Erwerbstätige als Netzwerkpersonen, Arbeitslose überdurchschnittlich viele Arbeitslose.

Tabelle 4.2: Erwerbsstatus der deutschen Befragten und deren Alteri, Angaben in Prozent, bezogen auf die Schulabschlüsse der Befragten und bezogen auf alle Befragten (kursiv)

Erwerbsstatus Alteri	Erwerbsstatus Befragte/r					
	Erwerbstätig		Arbeitslos		Sonstiges	
Erwerbstätig	69,1	*32,3*	45,1	*3,7*	42,8	*19,3*
Arbeitslos	5,0	*2,3*	26,5	*2,2*	6,3	*2,8*
Sonstiges	25,9	*12,1*	28,4	*2,3*	50,9	*22,9*
Summe	100,0		100,0		100,0	
N	920		162		888	

chi^2=228,9; df=4; p<.001; Cramer's V=.24.

Für die letztgenannte Gruppe von Befragten lauten die Werte für die von ihnen genannten Anteile der arbeitslosen vs. erwerbstätigen Netzwerkpersonen: Kalk1: 47,1% vs. 25,7%; Kölnberg: 39,4% vs. 33,3%. (Da die Anzahl der befragten Arbeitslosen in Bilderstöckchen und in Kalk2 sehr niedrig ist, sind die entsprechenden Werte nicht aussagefähig.)

In den folgenden Analysen wechseln wir von den 2.007 Alteri zu den 431 Befragten als Basis. Im Durchschnitt geben die Befragten 4,6 Netzwerkpersonen (Alteri) an, wobei in zwei der vier Gebiete die Männer etwas mehr Alteri nennen als die Frauen. Ähnliche Ergebnisse erhielten Kecskes und Wolf (1996) in ihrer Studie in Köln-Riehl. Es bestehen zudem beträchtliche und signifikante Unterschiede zwischen den vier Gebieten: Die durchschnittliche Zahl der Alteri ist in Bilderstöckchen am höchsten und fällt auf den niedrigsten Wert in Kölnberg. Dieses Ergebnis stützt unsere Hypothese, basierend auf einer Rangfolge der Gebiete nach dem Anteil der Sozialhilfeempfänger, daß mit steigender Armut die Zahl der Alteri geringer würde. Zwar besteht kein signifikanter Effekt der Transferleistungen auf die Zahl der Netzwerkpersonen, wohl aber bleibt der Gebietseffekt erhalten (p<.01).

Mit dem Alter sinkt auch die Zahl der Alteri signifikant von 8,1 auf 3,5; darüber hinaus besteht ein (ebenfalls signifikanter) Gebiets-Effekt. Es sind vor allem die Jüngeren, die überdurchschnittlich große Netzwerke haben.

Die Netzwerkgröße steigt zudem sowohl mit der Schulbildung als auch mit dem Einkommen, jedoch sind lediglich die Unterschiede nach der Schulbildung statistisch signifikant. Beide Befunde stimmen mit den Ergebnissen anderer Netzwerk-Studien überein (u.a. Fischer, 1982; Kecskes und Wolf, 1996; Pappi und Melbeck, 1988; vgl. Friedrichs, 1995). Der Bildungseffekt bleibt erhalten, wenn nach dem Gebiet kontrolliert wird: So steigt in Bilderstöckchen die durchschnittliche Netzwerkgröße von 4,33 (Hauptschule) auf 6,86 (Abitur) an; in Kölnberg finden wir einen analogen Anstieg, jedoch auf einem niedrigeren Niveau: von 2,96 auf 4,08.

Verwandte haben einen hohen Anteil an den Netzwerkpersonen insgesamt, ihr Anteil nimmt mit steigendem sozialen Status von Ego ab (u.a. Fischer, 1982; Pfeil, 1965; Pfeil und Ganzert, 1973). In unserer Studie machen die Verwandten rund 40% der Netzwerkpersonen aus; die Unterschiede zwischen den vier Gebieten sind gering und nicht signifikant. Die Frauen haben auch insgesamt keinen signifikant höheren Anteil von Verwandten in ihren Netzwerken. Dennoch gibt es einen Interaktionseffekt mit dem Gebiet: In Bilderstöckchen, Kalk1 und Kalk2 haben die Frauen einen höheren Anteil Verwandter, in Kölnberg sind es die Männer, die einen höheren Anteil haben.

Ein Zusammenhang zwischen dem Anteil der Verwandten und dem Alter der befragten Person besteht nicht, weder insgesamt noch in einem der Wohngebiete. Deutlich sind erneut die Unterschiede nach der Schulbildung: Je höher die Schulbildung, desto niedriger ist der Anteil der Verwandten: er fällt von 47,3% bei denen mit Hauptschulabschluß auf 32,8% bei jenen mit Abitur. Signifikante Unterschiede bestehen ebenfalls zwischen den Einkommensgruppen: Die unteren Einkommensgruppen haben einen deutlich höheren Anteil an Verwandten. Dieser Befund entspricht den oben erwähnten Ergebnissen anderer Studien.

In drei Wohngebieten weisen die Bezieher von Transfereinkommen einen höheren Anteil von Verwandten auf als die Nicht-Bezieher. Die Ausnahme ist Kölnberg, wo die Nicht-Bezieher einen höheren Anteil von Verwandter haben. Wir können uns dies nur so erklären, daß sich die Bezieher von Transfereinkommen in den Wohngebieten unterschiedlich zusammensetzen.

Betrachten wir schließlich den Anteil von Netzwerkpersonen, die im eigenen Wohngebiet wohnen. Ähnlich wie bei dem Anteil von Verwandten vermuten wir auch hier, der Anteil sei um so höher, je niedriger der Status der befragten Person, also von Ego ist. Das trifft in dieser Form nicht zu, wir können lediglich eine Zweiteilung in der erwarteten Richtung beobachten: Bilderstöckchen und Kalk2 vs. Kalk1 und Kölnberg.

Tabelle 4.3: Merkmale der Netzwerke der deutschen Befragten, Ergebnisse der Varianzanlaysen

Merkmal	Größe des Netzwerks				Anteil Verwandter				Anteil Nwp im Wohngebiet			
	Bild.	K2	K1	Kb.	Insg.	Bild.	K2	K1	Kb.	Insg.	Bild.	K2	K1	Kb.	Insg.
Geschlecht															
Männlich	4,73	5,44	4,55	2,81	4,35	39,7	38,0	37,5	50,4	41,2	42,9	43,4	46,8	44,3	44,4
Weiblich	5,75	4,94	4,51	3,87	4,86	45,5	48,1	44,0	34,0	44,0	38,4	38,2	48,1	51,2	43,1
Gebiet	F= 1,3 n.s.					F= 0,1 n.s.					F= 6,5 p<,001 eta²=.04				
Geschlecht	F= 0,1 n.s.					F= 0,2 n.s.					F= 1,3 n.s.				
Interaktion	F= 0,6 n.s					F= 3,1 p<.05 eta²=.02					F= 1,4 n.s				
Alter															
18 - 24	9,71	9,25	9,38	5,50	8,10	34,4	57,8	48,1	52,8	47,7	22,6	7,0	25,9	65,5	36,2
25 - 34	8,00	7,33	5,65	3,17	6,44	41,2	42,4	31,7	43,9	39,7	20,5	31,8	24,4	47,9	29,9
35 - 49	5,29	4,89	4,80	3,43	4,40	47,3	35,5	37,4	36,1	38,7	49,9	49,2	54,0	51,0	50,8
50 - 64	3,94	4,32	3,15	3,22	3,71	43,6	57,8	44,5	44,9	47,5	49,2	38,6	49,8	44,8	46,1
65 +	4,00	3,76	3,55	1,78	3,52	40,6	46,8	45,9	64,3	46,2	36,7	46,0	60,3	26,2	48,5
Gebiet	F= 11,0 p<,001 eta²=.08					F= 1,0 n.s.					F= 2,0 n.s.				
Alter	F= 19,6 p<,001 eta²=.16					F= 1,8 n.s.					F= 5,2 p<,001 eta²=.05				
Interaktion	F= 1,4 n.s					F= 0,9 n.s					F= 2,0 p<,05 eta²=.06				
Bildung															
Hauptschule	4,33	4,09	3,92	2,96	3,87	54,0	50,9	42,7	42,0	47,3	45,8	53,5	51,7	49,2	50,5
Mittlere Reife	5,81	5,68	5,76	3,53	5,17	35,1	38,3	44,9	44,4	40,3	41,9	28,5	47,7	39,0	39,7
Abitur	6,86	6,94	5,50	4,08	6,23	30,4	34,8	28,1	37,4	32,8	23,9	22,1	26,2	64,2	28,4
Gebiet	F=13,1 p<,001 eta²=.06					F= 0,1 n.s.					F= 7,5 p<,001 eta²=.04				
Bildung	F= 6,6 p<,001 eta²=.05					F= 5,8 p<,001 eta²=.03					F= 3,2 p<,05 eta²=.02				
Interaktion	F= 0,6 n.s					F= 1,2 n.s					F= 2,9 p<,01 eta²=.04				

Forts. Tabelle 4.3: Merkmale der Netzwerke der deutschen Befragten

Merkmal	Größe des Netzwerks				Anteil Verwandter				Anteil Nwp im Wohngebiet			
	Bild.	K2	K1	Kb.	Insg.	Bild.	K2	K1	Kb.	Insg.	Bild.	K2	K1	Kb.	Insg.

Merkmal	Bild.	K2	K1	Kb.	Insg.	Bild.	K2	K1	Kb.	Insg.	Bild.	K2	K1	Kb.	Insg.
Äquivalenzeink.															
- 500	4,20	2,25	4,80	1,91	3,00	59,0	92,9	54,7	53,7	59,2	39,3	21,4	52,2	44,4	42,4
500 - 999	4,50	4,77	4,89	4,58	4,70	43,1	47,6	56,0	52,2	51,0	43,4	33,9	38,1	57,8	44,3
1000 - 1499	6,23	5,16	4,43	3,62	4,87	46,0	45,4	35,8	37,6	41,3	45,3	42,5	51,7	58,4	48,8
1500 - 1999	5,47	5,00	4,80	3,89	4,93	36,6	44,5	37,2	51,3	41,5	45,1	50,6	54,9	31,0	48,1
2000 +	5,16	5,92	4,90	2,71	5,20	42,3	43,9	39,1	35,7	41,6	31,9	32,5	36,3	28,6	33,0
Gebiet	F= 2,8 p<.05 eta²=.02					F= 0,9 n.s.					F= 0,8 n.s.				
Äquivalenzeink.	F= 0,9 n.s					F= 2,5 p<.05 eta²=.03					F= 2,7 p<.05 eta²=.03				
Interaktion	F= 0,6 n.s					F= 0,6 n.s					F= 0,8 n.s				
Bezug															
Ja	4.08	5,47	4,76	3,70	4,32	53,5	51,1	51,1	40,0	46,7	49,5	40,8	40,6	56,3	48,5
Nein	5,47	5,11	4,46	3,12	4,79	40,9	43,5	38,5	44,7	41,5	39,1	41,0	49,5	42,7	43,0
Gebiet	F= 3,7 p<.01 eta²=.03					F= 0,3 n.s					F= 0,7 n.s				
Bezug	F= 0,0 n.s.					F= 2,8 n.s					F= 0,7 n.s				
Interaktion	F= 0,9 n.s					F= 1,1 n.s					F= 1,6 n.s				
Insgesamt	5,30	5,14	4,53	3,27	4,63	43,0	44,1	41,3	42,2	42,7	40,3	40,2	47,5	47,7	43,7
	F=7,2 p<.001 eta²=.05					F=0,2 n.s.					F=1,5 n.s.				

Der Anteil ist auch vom Alter abhängig; bei den Altersgruppen der über 35jährigen ist der Anteil höher als bei den darunter liegenden Altersgruppen. Die Anteile variieren signifikant (p<.001), aber auch in Interaktion mit dem Gebiet (p<.05). Während in Kölnberg die Jüngeren überdurchschnittlich viele Netzwerkpersonen im eigenen Gebiet haben, ist es in den anderen drei Gebieten umgekehrt. Die geringeren Kontakte der Älteren in Kölnberg hängen wahrscheinlich damit zusammen, daß das Wohngebiet erst rund zwanzig Jahre (zum Zeitpunkt der Befragung) besteht, dementsprechend kann der Anteil bei den älteren Befragten nicht hoch sein.

Mit steigender Bildung nimmt auch der Anteil der lokalen Alteri signifikant ab (p<.001), es besteht zudem ein signifikanter Effekt des Gebiets (p<.05) und ein Interaktionseffekt (p<.01). Der Effekt der Bildung ist in Kölnberg umgekehrt: Hier haben die höher gebildeten Bewohner einen überdurchschnittlich hohen Anteil an lokalen Netzwerkpersonen - entweder aus dem eben erwähnten Grund, daß die Siedlung neuer ist, die Wohndauer kürzer und man daher (noch) nicht die Möglichkeit hatte, viele Bekannte im Gebiet zu finden, oder weil die Fluktuation der Bewohner in Kölnberg höher ist.

Eine klare Beziehung zwischen dem Einkommen und dem Anteil an lokalen Netzwerkpersonen (in der Tabelle abgekürzt mit „Nwp") besteht nicht, obgleich der Effekt signifikant ist. Ferner gibt es keinen Zusammenhang mit den Transferzahlungen.

4.2 Die Netzwerke der türkischen Bewohner

Betrachten wir nun die Netzwerke der türkischen Befragten in den beiden Wohngebieten Kalk1 und Kölnberg (vgl. Tabelle 4.2). Es sei vorausgeschickt, daß die Fallzahlen nicht ausreichen, um eine Altersruppe "65 Jahre und älter" zu bilden; ebenso wurden die drei oberen Einkommensgruppen zusammengefaßt. Bei dem Schulabschluss wurde zwar „Abitur" als eigene Kategorie beibehalten, da sie aber sehr schwach besetzt ist, beschränken sich unsere Interpretationen auf Unterschiede zwischen Hauptschule und Mittlerer Reife.

Die türkischen Bewohner haben insgesamt 448 Netzwerkpersonen genannt. Die Netzwerke der türkischen Befragten sind demnach beträchtlich kleiner als die der Deutschen, z.B. in Kalk1 liegen sie im Durchschnitt bei 1,61 Personen, bei den

Netzwerke

deutschen Bewohnern hingegen bei 5,30 Alteri. Sofern es sich hierbei um von uns nicht-kontrollierbare Fehler bei der Datenerhebung gehandelt hat, kann die Schlussfolgerung nur sein, daß die türkischen Bewohner isolierter sind als die deutschen.

Die Schulbildung der Befragten und der der Netzwerkpersonen ist relativ ähnlich: Von den Befragten haben 74,3% einen Hauptschulabschluß, von den Netzwerkpersonen jedoch 67,9%; von den Befragten 8,6% Abitur im Vergleich zu 13,8% der Alteri. Wie auch bei den Deutschen, haben die höher Gebildeten relativ viele Netzwerkpersonen angegeben.

Tabelle 4.4: Schulabschlüsse der türkischen Befragten und deren Alteri, Angaben in Prozent, bezogen auf die Schulabschlüsse der Befragten und bezogen auf alle Befragten (kursiv)

Schulabschluß Alteri	Schulabschluß Befragte/r					
	Hauptschule		Mittlere Reife		Abitur	
Hauptschule	74,9	*54,1*	45,8	*8,5*	57,1	*5,2*
Mittlere Reife	14,3	*10,4*	36,1	*6,7*	11,4	*1,0*
Abitur	10,8	*7,8*	18,1	*3,4*	31,4	*2,8*
Summe	100,0		100,0		100,0	
N	279		72		35	

chi^2=34,2, df=4; p<.001, Cramer's V=.21.

Wie schon bei den Deutschen, besteht auch hier ein hohes Maß an Homophilie: Hauptschulabsolventen kennen überdurchschnittlich viele Alteri mit Hauptschulabschluß, Befragte mit Mittlerer Reife relativ viele Alteri mit dem gleichen Abschluß.

Von den Netzwerkpersonen der türkischen Befragten sind 46,1% erwerbstätig und nur 3,9% arbeitslos. Die unter „Sonstiges" zusammengefaßten Personengruppen sind Hausfrauen, Rentner und Schüler/Studenten. Wie Tabelle 4.5 zeigt, haben Erwerbstätige überwiegend selbst erwerbstätige Alteri, die Arbeitslosen hingegen nur wenige arbeitslose Alteri (sofern man die geringe Fallzahl für interpretationsfähig hält).

Tabelle 4.5: Erwerbsstatus der türkischen Befragten und deren Alteri, Angaben in Prozent, bezogen auf die Schulabschlüsse der Befragten und bezogen auf alle Befragten (kursiv)

Erwerbsstatus Alteri	Erwerbsstatus Befragte/r					
	Erwerbstätig		Arbeitslos		Sonstiges	
Erwerbstätig	64,8	*21,1*	30,0	*2,8*	38,2	*22,2*
Arbeitslos	5,6	*1,8*	5,0	*0,5*	2,8	*1,6*
Sonstiges	29,6	*9,6*	65,0	*6,0*	59,1	*34,4*
Summe	100,0		100,0		100,0	
N	142		40		254	

chi^2=36,3; df=4; p<.001; Cramer's V=.20.

In den folgenden Analysen gehen wir von den 448 Alteri zu den 230 Befragten als Basis über (vgl. Tabelle 4.6). Die männlichen Befragten haben mehr Netzwerkpersonen angegeben als die weiblichen. Obgleich der Unterschied nicht signifikant ist, mag er als Indikator für eine kulturspezifische Lebensweise interpretiert werden, einer Kultur, die dem Mann mehr Rechte zugesteht, Kontakte außerhalb der Familie aufzunehmen.

Ein signifikanter Zusammenhang mit dem Alter besteht nicht, doch ist auffällig, daß die 18-24jährigen, also die zweite Generation, umfangreichere Netzwerke hat als die älteren Befragten, vor allem die über 50jährigen. Wie bei den Deutschen, nimmt die Größe des Netzwerks mit der Schulbildung zu - nicht jedoch mit dem Einkommen. In beiden Wohngebieten sind die Netzwerke der Bewohner, die Transferzahlungen erhalten, etwas kleiner als die jener, die solche Zahlungen nicht erhalten. Wie auch bei den deutschen Befragten ist dies kein signifikanter Effekt des Bezugs solcher Leistungen, sondern einer des Gebiets.

Der Anteil der Verwandten an den Netzwerkpersonen ist bei den türkischen Befragten erheblich niedriger als bei den Deutschen, wahrscheinlich deshalb, weil ein größerer Teil der Verwandten nicht in Deutschland lebt. Zudem sind es nicht wie bei den Deutschen die Frauen, sondern die Männer, die einen etwas höheren Anteil an Verwandten haben. Wie bei den deutschen Befragten sinkt der Anteil der Verwandten an den Netzwerkpersonen mit steigender Bildung.

Für den Bezug von Transfereinkommen sind die Ergebnisse bei den türkischen ebenso wie bei den deutschen Bewohnern nicht signifikant. Für Kalk1 entsprechen sie der Hypothese, daß die Bezieher einen höheren Anteil von Verwandten haben, in Kölnberg ist dies umgekehrt, dieser Interaktionseffekt ist signifikant. Offensichtlich ist dies auf spezifische Bedingungen in Kölnberg zurückzuführen, was man daraus schließen mag, daß bei den deutschen Bewohnern ebenfalls nur in Kölnberg der Anteil der Verwandten bei den Nicht-Beziehern von Transferzahlungen höher ist, während er in den drei anderen drei Wohngebieten bei den Beziehern höher ist - was unserer Hypothese entspricht. Überraschend eindeutig sind die Ergebnisse für den Anteil von Netzwerkpersonen im Wohngebiet. Mit Ausnahme der Bildung hat keines der Merkmale einen signifikanten Effekt, jedoch fast durchgängig das Wohngebiet. Obgleich die Bewohner von Kölnberg etwas größere Netzwerke haben als die von Kalk1, sind sie doch zu zwei Drittel auf Personen im Wohngebiet beschränkt. Bei den Deutschen unterscheiden sich die Anteile für Kalk1 und Kölnberg nicht, bei den türkischen Bewohnern hingegen signifikant. Wir interpretieren diese Befunde als eine stärkere räumliche Isolation der türkischen Bewohner/innen von Kölnberg.

Eine für die Integration wichtige Dimension ist die inter-ethnischer Kontakte (als Indikator der sozialen Assimilation im Sinne des Modells von Esser, 1980). Die deutschen Befragten hatten unter den insgesamt 2.007 Netzwerkpersonen nur 8,5% nicht-deutsche Personen (darunter 2,1% Türken) in ihren Netzwerken, weshalb es sich nicht lohnte, sie weiter aufzuschlüsseln. Bei den türkischen Befragten sind es 6,5% Deutsche von insgesamt 448 Personen. Das ist vermutlich deshalb nicht erstaunlich, als den Ergebnissen von Böltken (2000: 155) zufolge in Wohngebieten mit einem überdurchschnittlichen hohen Ausländeranteil (wie er in unseren Wohngebieten besteht) die Integrationsbereitschaft der deutschen Bewohner sinkt, hingegen die zur Segregation steigt. Vielleicht liegt es zusätzlich daran, dass je stärker die Deutschen die Unterschiede in den Lebensstilen zu den Türken wahrnehmen, sie die türkischen Bewohner um so stärker als Nachbarn ablehnen (Böltken, 2000:167).

Das wesentliche Ergebnis ist demnach der sehr geringe Anteil inter-ethnischer Netzwerkpersonen der jeweils anderen Ethnie. Dies ist ein Indiz für die geringe soziale Assimilation. Der Anteil Deutscher an den Netzwerkpersonen steigt mit der Schulbildung von Ego, ansonsten gibt es deutliche Gebietseffekte, d.h. die Bewohner von Kölnberg nennen mehr deutsche Alteri als die von Kalk1.

Tabelle 4.6: Merkmale der Netzwerke der türkischen Befragten, Ergebnisse der Varianzanalysen

Merkmal	Größe des Netzwerks			Anteil Verwandter			Anteil Nwp im Wohngebiet			Anteil Deutscher an den Nwp		
	K1	Kb.	Insg.	K1	Kb.	Insg.	K1	Kb.	Insg.	K1	Kb.	Insg.
Geschlecht												
Männlich	1,63	2,14	1,90	23,7	32,8	28,5	57,1	67,5	63,0	4,2	13,8	9,2
Weiblich	1,56	1,59	1,57	10,1	35,9	20,5	36,7	72,1	51,0	5,9	21,7	12,3
Gebiet	F= 1,6 n.s			F= 8,9 p<.01 eta²=.04			F=12,6 p<.001 eta²=.06			F= 7,4 p<.01 eta²=.03		
Geschlecht	F= 2,1 n.s			F= 0,8 n.s			F= 1,5 n.s			F= 1,1 n.s		
Interaktion	F= 1,3 n.s			F= 2,0 n.s			F= 3,8 n.s			F= 0,5 n.s		
Alter												
18 - 24	1,93	1,90	1,91	10,2	27,9	19,9	54,5	71,1	63,6	7,1	11,8	9,7
25 - 34	1,61	2,04	1,86	19,3	34,0	27,4	34,9	66,4	52,4	5,0	14,0	10,0
35 - 49	1,59	2,19	1,88	22,9	25,7	24,2	59,2	68,7	63,5	3,6	26,1	13,7
50 +	1,57	1,46	1,53	22,1	60,5	34,9	59,6	65,2	61,4	5,0	10,0	6,7
Gebiet	F= 1,0 n.s			F= 9,5 p<.01 eta²=.05			F= 5,8 p<.05 eta²=.03			F= 4,5 p<.05 eta²=.02		
Alter	F= 0,6 n.s			F= 1,8 n.s			F= 1,5 n.s			F= 0,5 n.s		
Interaktion	F= 0,6 n.s			F= 1,3 n.s			F= 1,1 n.s			F= 0,8 n.s		
Bildung												
Hauptschule	1,58	1,85	1,72	22,8	32,8	27,8	58,8	70,2	64,5	1,3	12,8	7,0
Mittlere Reife	2,06	3,07	2,55	16,2	29,0	22,6	30,9	65,8	48,3	13,3	40,0	26,7
Abitur	1,23	1,82	1,50	0,0	45,0	20,5	20,8	60,0	38,6	16,7	0,0	9,1
Gebiet	F= 5,4 p<.05 eta²=.02			F= 9,7 p<.01 eta²=.04			F=13,1 p<.001 eta²=.06			F= 1,7 n.s		
Bildung	F= 5,3 p<.01 eta²=.05			F= 0,4 n.s			F= 4,8 p<.01 eta²=.04			F= 5,9 p<.01 eta²=.05		
Interaktion	F= 0,9 n.s			F= 2,1 n.s			F= 1,9 n.s			F= 3,7 p<.05 eta²=.03		

Forts. Tabelle 4.6: Merkmale der Netzwerke der türkischen Befragten

Merkmal	Größe des Netzwerks			Anteil Verwandter			Anteil Nwp im Wohngebiet			Anteil Deutscher an den Nwp		
	K1	Kb.	Insg.	K1	Kb.	Insg.	K1	Kb.	Insg.	K1	Kb.	Insg.
Äquivalenzeink.												
- 500	1,92	1,77	1,84	19,7	16,7	18,2	44,7	51,5	48,1	18,2	9,1	13,6
500 - 999	1,69	2,32	1,91	19,0	41,2	26,2	54,2	68,6	58,8	5,3	18,5	9,5
1000 +	1,40	2,39	1,77	21,3	39,6	27,9	45,1	70,6	54,4	0,0	10,0	3,6
Gebiet	F= 3,5 n.s.			F= 3,2 n.s.			F= 3,9 $p<.05$ eta²=.02			F= 0,9 n.s.		
Äquivalenzeink.	F= 0,2 n.s.			F= 1,0 n.s.			F= 0,9 n.s.			F= 1,3 n.s.		
Interaktion	F= 1,3 n.s.			F= 1,0 n.s.			F= 0,5 n.s.			F= 1,5 n.s.		
Bezug												
Ja	1,43	1,71	1,65	38,3	28,2	30,3	56,7	71,0	68,0	0,0	10,9	8,6
Nein	1,59	2,25	1,85	17,1	37,7	25,0	49,2	66,5	55,9	5,5	19,3	10,8
Gebiet	F= 3,8 $p<.05$ eta²=.02			F= 0,6 n.s.			F= 4,4 $p<.05$ eta²=.02			F= 5,1 $p<.05$ eta²=.02		
Bezug	F= 2,1 n.s.			F= 0,7 n.s.			F= 0,6 n.s			F= 1,6 n.s		
Interaktion	F= 0,6 n.s			F= 5,1 $p<.05$ eta²=.02			F= 0,0 n.s			F= 0,1 n.s		
Insgesamt	1,61	2,00	1,81	19,3	33,5	26,5	50,6	68,5	59,4	4,7	15,5	10,0
	F=8,9 $p<.05$ eta²=.02			F=7,5 $p<.01$ eta²=.04			F=9,8 $p<.01$ eta²=.05			F=6,9 $p<.01$ eta²=.03		

5. Aktionsräume

Wie die gesamte Stadt auch, so hat jedes Wohnviertel für deren Bewohner eine Opportunitätsstruktur. Hierzu sind zum einen Einrichtungen wie Sportstätten, Kinos, Einkaufsgelegenheiten, aber auch die Versorgung mit Ärzten zu rechnen, zum anderen gehören zu dieser Opportunitätsstruktur aber auch die Bewohner selbst, z. B. weil sie nachbarschaftliche Hilfe leisten können. Die Aktivitäten, die Bewohner eines Wohnviertels ausüben wollen, werden demnach durch die im Wohngebiet vorhandenen Opportunitäten (oder Angebote) begünstigt; sind sie nicht vorhanden, muß ein Bewohner Kosten (Zeit und Geld) aufwenden, um zu einer entsprechenden Gelegenheit in einen anderen Teil der Stadt zu gelangen oder aber darauf verzichten, die Aktivität auszuüben.

Wir sind nun daran interessiert, zu untersuchen, welche Aktivitäten im Wohngebiet, welche in einem Nachbargebiet und welche in einem anderen Teil der Stadt ausgeübt werden. Uns interessiert also die räumliche Ausdehnung des Aktionsraumes der Befragten. Hierbei kann man von drei Annahmen ausgehen: 1. Benachteiligte Wohngebiete sind schlechter ausgestattet, stellen demnach eine geringere Zahl von Opportunitäten zur Verfügung als besser ausgestattete Wohngebiete. 2. Aufgrund ihrer sozio-ökonomischen Lebensbedingungen sind die Bewohner dann gezwungen, Aktivitäten außerhalb des Wohngebietes auszuüben, wenn sie aber die Kosten hierfür nicht aufbringen können, auf Aktivitäten zu verzichten. Im letzeren Falle gilt die dritte Annahme: Bewohner benachteiligter Wohngebiete sind aufgrund der Kombination mangelnder Opportunitäten im Gebiet und geringer finanzieller Ressourcen gezwungen, den größten Teil ihrer Aktivitäten im Wohngebiet auszuüben. Das Wohngebiet würde also die Bewohner nochmals benachteiligen (vgl. hierzu: Dangschat u.a., 1982; Friedrichs, 1983: Kap. 8; Herlyn, 1980; Heuwinkel, 1981).

Wir untersuchen die Aktionsräume von Stadtbewohnern, um zu ermitteln, wo sie, warum und wann sie welche Aktivitäten ausüben. Dabei gehen wir von zwei Annahmen aus. Je besser ein Wohnviertel mit Einrichtungen oder allgemeiner: Opportunitäten ausgestattet ist, desto seltener werden Aktivitäten, die sich in diesen Einrichtungen ausüben lassen, außerhalb des Wohnviertels ausgeübt. Dies läßt sich auch als „Trägheitsannahme" bezeichnen. Ferner gehen wir davon aus, daß der Aktionsraum von Erwerbstätigen und in Ausbildung Befindlichen weitgehend durch die Achse Wohnung-Arbeitsstandort gebildet wird. Entlang dieser Achse gruppiert sich der größte Teil der Aktivitäten von Stadtbewohnern (Dangschat u.a., 1982; Schwesig, 1988).

Was aber, wenn es sich um Bewohner mit niedrigem Einkommen in einem benachteiligten Wohngebiet handelt? Verringert, wie u.a. Tobias und Boettner (1992) berichten, die Armut den Aktionsradius von Personen? Wie wirkt sich die Armut auf einzelne Tätigkeiten aus? Werden keine Gäste mehr nach Hause eingeladen? Nimmt man keine Einladungen mehr an, aus Furcht, man könne sie nicht erwidern?

Diesen Fragen sind wir in unserer Studie nachgegangen. Die allgemeine Hypothese lautete, dass je geringer das Einkommen einer Person oder eines Haushaltes ist, desto kleiner sein Aktionsraum ist. Wie ausgedehnt ein Aktionsraum ist, läßt sich auf unterschiedliche Weise messen. Die Aktionsräume der Befragten wurden über ein kombiniertes Zeit- und Aktivitätsbudget erhoben. Für einen Wochentag und für den letzten Sonntag wurde ermittelt, welche Aktivität die Befragten wo, um welche Uhrzeit und wie lange ausgeübt haben. (Zur Methode vgl. Blass 1980, Dangschat u.a., 1982; Friedrichs, 1983, Kap. 8.) Zusätzliche wurde für eine Reihe ausgewählter Aktivitäten erhoben, wo und wie oft sie pro Woche ausgeübt werden (vgl. Fragebogen im Anhang). Diese Instrumente erlauben folgende Arten von Aussagen:

1. Art der ausgeübten und der nicht ausgeübten Aktivitäten;
2. Häufigkeit der Aktivitäten;
3. Ort der Aktivitäten, gruppiert in: Wohnung, Wohnviertel, unmittelbar benachbartes Wohngebiet, sonstwo in der Stadt;
4. Berechnungen der Zeit, die eine befragte Person im Wohnviertel, dem benachbarten Wohngebiet oder sonstwo in der Stadt zubringt, gemessen als Anteil an der Gesamtzeit.

Da sich unsere Hypothesen vor allem darauf richten, die Bewohner der vier Wohngebiete nach ihren Aktivitäten, dem Ort der Aktivitäten und den Zeitanteilen zu untersuchen, verzichten wir auf eine weitergehende Darstellung unserer Daten, so beschreiben wir z. B. nicht die Kopplung von Aktivitäten.

Aktionsräume

Eine erste Übersicht über die Ergebnisse gibt Tabelle 6.1. Die Häufigkeit, mit der eine Aktivität ausgeübt wurde, ist in vier Gruppen zusammengefaßt worden: Gar nicht - ein bis drei mal - vier bis elf mal - zwölf mal und mehr. Hiervon berichten wir in der Tabelle nur die beiden extremen Werte, hingegen beziehen sich die Signifikanztests und die Cramer's V-Koeffizienten auf die Tabelle mit allen vier Gruppen. Die Aktivitäten „Besuch von Kinderspielplatz", „Besuch kultureller Veranstaltungen" und „Erholen im Freien" werden nicht aufgeführt, weil hier die Zahl derjenigen, die diese Aktivitäten ausüben, zu gering ist, um Unterschiede zwischen den vier Gebieten auftreten zu lassen.

Tabelle 6.1: Aktivitäten im Viertel, Deutsche, nach Häufigkeit und Gebiet, in Prozent

Aktivität/ Häufigkeit	Bilderst.	Kalk2	Kalk1	Köln-berg	Signifikanz*
Einkaufen, im Viertel					
gar nicht	30,6	6,7	12,5	24,4	chi^2=42,6
12 mal und mehr	22,2	54,6	41,1	41,1	p<.001, V=.18
Ausgehen, im Viertel					
gar nicht	77,8	64,7	73,2	83,3	chi^2=17,4
12 mal und mehr	2,8	2,5	1,8	1,1	p<.05, V=.12
Private Geselligkeit, Whg.					
gar nicht	50,0	39,5	39,3	62,2	chi^2=25,2
12 mal und mehr	30,7	3,4	10,7	4,4	p<.01, V=.14
Sport, im Viertel					
gar nicht	90,7	89,9	92,0	90,0	chi^2=4,8
12 mal und mehr	2,8	3,4	2,7	3,3	n.s.
Erledigungen, im Viertel					
gar nicht	47,2	21,0	39,3	50,0	chi^2=37,3
12 mal und mehr	0,9	4,2	2,7	0,0	p<.05, V=.17
N	108	112	119	90	

* Freiheitsgrade jeweils: df=9. Für weitere Erläuterungen siehe Text.

Die erste Folgerung, die diese Ergebnisse zulassen, ist, daß die Bewohner von Kölnberg mehr Aktivitäten im Gebiet ausüben als die Bewohner von Kalk1, diese wiederum mehr als die von Kalk2 und am wenigsten jene in Bilderstöckchen. Diese Reihenfolge entspricht auch unserer Hypothese, daß mit steigender Benachteiligung eines Wohngebietes auch die Aktivitäten im Gebiet höher sind. Diese Gebietsunterschiede erweisen sich auch in der Varianzanalyse des Anteils aller Aktivitäten im Wohngebiet als signifikant ($p<.01$), nicht jedoch für das Nachbarviertel oder für die Aktivitäten in dem restlichen Teil der Stadt. Ferner bestehen zwischen den vier Gebieten keine geschlechtsspezifischen Unterschiede im Ausmaß der Aktivitäten im Wohngebiet. Das ist insofern erstaunlich, als man vermuten kann, die Erwerbsquote der Männer sei höher als die der Frauen, mithin übten die Frauen mehr Aktivitäten als die Männer im Wohnviertel aus.

Aufgrund der explorativen Ergebnisse von Tobias und Boettner können wir des weiteren vermuten, Personen niedrigen sozialen Status würden seltener Gäste zu sich nach Hause einladen. In der Tat finden wir hier signifikante Unterschiede zwischen Haushalten, die Transferleistungen beziehen und solchen, die keine derartigen Zahlungen erhalten ($p<.01$, eta = .16). Wir müssen dabei offen lassen, ob seltener Gäste eingeladen werden, weil man die Kosten hierfür nicht aufbringen kann und/oder weil der Zustand der Wohnung nicht als angemessen gesehen wird. Auch wenn der Zusammenhang zwischen dem Zustand der Wohnung und dem Einladen von Gästen (genannt/nicht genannt) nicht signifikant ist, so gilt zumindest tendenziell, daß je schlechter der Zustand der Wohnung ist, desto unwahrscheinlicher es ist, daß Gäste eingeladen werden.

Tabelle 6.2: Private Geselligkeit, Deutsche, nach Ort des Treffens und Gebiet, in Prozent

Häufigkeit	Bilderstöckchen	Kalk2	Kalk1	Kölnberg	Insgesamt
Keine	21,3	14,3	15,2	27,8	19,1
Nicht zu Hause	28,7	25,2	34,1	34,4	27,8
Selten zu Hause	19,4	27,7	25,0	22,2	23,8
Öfter zu Hause	30,5	32,8	35,7	15,5	29,4
N	108	119	112	90	429

$chi^2=18,2$; df=9, $p<.05$; Cramer's V=.12

Aktionsräume

Tabelle 6.3: Private Geselligkeit, Deutsche, nach Bezug von
Transferleistungen, in Prozent

| Aktivität/ | Transferleistungen | | Signifikanz |
Häufigkeit	Ja	Nein	
Keine	26,1	17,5	$chi^2=8,0$
Nicht zu Hause	33,7	26,5	df=3
Selten zu Hause	15,2	25,5	p<.05
Öfter zu Hause	24,9	30,5	V=.14
N	92	325	

Instruktiv ist das Beispiel der Aktivität „private Geselligkeit" (Tabellen 6.2 und 6.3). Es besteht ein signifikanter Unterschied zwischen den Wohngebieten; er geht fast ausschließlich auf die niedrigeren Werte in Kölnberg zurück, weil dort ein relativ hoher Anteil der deutschen Befragten keine Gäste nach Hause einlädt. Auch haben die Empfänger von Transferleistungen signifikant weniger Gäste zuhause, als jene, die keine Transferzahlungen erhalten. Hingegen bestehen keine Unterschiede nach dem Geschlecht. Kulturelle Veranstaltungen werden nur von 3,2% der Befragten im Wohngebiet besucht. Im benachbarten Gebiet sind es ebenfalls nur 4%. Vermutlich sind diese niedrigen Werte auf die schlechte Ausstattung der Gebiete zurückzuführen. Andere Teile der Stadt werden immerhin von 33,1% für kulturelle Aktivitäten aufgesucht. Hier gibt es auch einen tendenziellen Unterschied zwischen den Bewohnern der vier Wohngebiete: Mindestens einmal im Monat üben 37,8% der Bewohner von Kalk2 eine kulturelle Aktivität aus, in Bilderstöckchen sind es 37,0%, in Kalk1 34,4% und nur 25,6% der Bewohner von Kölnberg.

Zwischen den vier Wohngebieten bestehen erhebliche Unterschiede in dem Ausmaß, zu dem die Bewohner ihre Aktivitäten im Gebiet oder außerhalb des Gebietes ausüben. Hierauf richtete sich ja auch eine der zentralen Hypothesen der Studie: Je „ärmer" ein Bewohner eines benachteiligten Wohngebietes ist, desto höher ist die Zahl der Aktivitäten im Gebiet,.

Das ist in der Tat der Fall, wie entsprechende Varianzanalysen zeigten. Es besteht ein signifikanter Unterschied von p<.01, allerdings sind nur in Bilderstöckchen die Aktivitäten im Gebiet niedriger; in den restlichen drei Wohngebieten dagegen hoch (vgl. Tabelle 6.4). Entsprechend sind die Aktivitäten der Bewohner von Bilderstöckchen in den benachbarten Gebieten hoch, die der Bewohner der anderen Gebiete hingegen niedrig (p<.001). Hinsichtlich der Zahl der Aktivitäten in anderen Gebieten Kölns, also dem Rest der Stadt, unterscheiden sich die Bewohner der vier Wohngebiete jedoch nicht.

Tabelle 6.4: Varianzanalyse: Wohngebiet x Aktivitäten im Wohngebiet

Wohngebiet	Mittelwert	Std. Abw.	N	Signifikanz
Bilderstöckchen	52,4	31,5	106	
Kalk2	63,1	25,1	119	F=4,2
Kalk1	65,6	28,7	111	p<.01
Kölnberg	60,4	32,2	90	eta^2=.03

Wir haben außerdem die Hypothese formuliert, Bewohner, die entweder Arbeitslosengeld oder Sozialhilfe (=Transferzahlungen) beziehen, hätten einen kleineren Aktionsraum, d.h. übten mehr Aktivitäten in ihrem Wohngebiet aus als jene Bewohner, die keine Transferzahlungen erhalten.

Auch diese Hypothese bewährt sich (Tabelle 6.5): Bezieher von Transferleistungen üben signifikant (p<.01) mehr Aktivitäten im Wohngebiet aus als Bewohner, die keine Transferzahlungen erhalten (in den Aktivitäten sowohl in den benachbarten Gebieten als auch sonstwo in der Stadt gibt es keine signifikanten Unterschiede.) Es sei einschränkend angemerkt, daß beide Hypothesen nicht unabhängig voneinander gemessen werden, weil die „Armut" eines Wohngebietes über den Anteil der Sozialhilfeempfänger definiert ist.

Tabelle 6.5:Varianzanalyse Bezug von Transferzahlungen x Aktivitäten im Wohngebiet

Bezug	Mittelwert	Std. Abw.	N	Signifikanz
Ja	69,2	28,4	90	F=10,2
Nein	58,0	29,5	324	p<.01
				eta^2=.02

Die weitere Annahme, Frauen übten mehr Aktivitäten im Wohngebiet aus als Männer, bewährt sich nicht - die Unterschiede sind nicht signifikant. Auch üben

Aktionsräume

jene, die entgeltlich arbeiten, nicht signifikant weniger Aktivitäten im Wohngebiet aus als jene, die unentgeltlich arbeiten.

Nun richtete sich diese Restriktions-Annahme nicht nur auf die Zahl der Aktivitäten, sondern auch auf die Anteile der Aktivitäten im Wohngebiet, in benachbarten Gebieten und sonstwo in Köln. Auch hier lauten die Hypothesen, in ärmeren Gebieten und bei Beziehern von Transferzahlungen würde ein größerer Teil der Aktivitäten im eigenen Wohngebiet verbracht. Eine erste Übersicht über die Ergebnisse gibt Tabelle 6.6.

Die Ergebnisse zeigen deutliche Unterschiede zwischen den vier Wohngebieten: In Kalk1 und Kölnberg verbringt ein deutlich höherer Anteil der Bewohner/innen 90% und mehr ihrer Zeit im Viertel. In Bilderstöckchen ist zudem der Anteil, der unter 25% der Zeit im Viertel verbringt, am höchsten. Diese Ergebnisse sprechen für unsere Annahme, in den ärmeren Gebieten, hier: den beiden relativ ärmeren, würden sich die Bewohner stärker in ihrem Wohngebiet aufhalten. Ähnlich sind die Befunde für die Nachbargebiete (im Sinne der Hypothese), denn es halten sich die Bewohner von Bilderstöckchen und Kalk2 dort signifikant häufiger aus als die Bewohner von Kalk1 und Kölnberg. Hinsichtlich der sonstigen Gebiete von Köln gibt es keine signifikanten Unterschiede.

Tabelle 6.6: Anteile der Aktivitäten im Wohngebiet, nach Wohngebiet, deutsche Befragte, in Prozent

Zeitanteil	Bildst.	Kalk2	Kalk1	Kölnberg	Insgesamt
bis 24%	27,4	6,7	11,7	17,8	15,5
25-49%	17,9	26,9	16,2	16,7	19,7
50-74%	24,5	30,3	28,8	23,3	27,0
75-89%	14,2	20,2	14,4	18,9	16,9
90% u.m.	16,0	16,0	28,8	23,3	20,9
%	100,0	100,0	100,0	100,0	100,0
N	106	119	111	90	426

chi^2=30,6; df=12; p<.01; Cramer's V=.15.

Noch deutlicher als bei den deutschen Befragten fallen die Unterschiede bei den *türkischen Befragten* in den beiden Wohngebieten Kalk1 und Kölnberg aus Tabelle 6.7). Die türkischen Bewohner von Kölnberg üben signifikant mehr

Aktivitäten in ihrem Wohngebiet aus als die von Kalk1 (p< .001, eta=.54), weniger in benachbarten Vierteln (p<.001, eta= .35) und auch weniger sonstwo in Köln (p<.001, eta=.41). Hier gilt die in der Aktionsraum-Forschung formulierte Restriktions-Hypothese: Je schlechter ein Wohngebiet ausgestattet ist, desto stärker beschränkt man sich auf Aktivitäten, die im Wohngebiet möglich sind - und kompensiert die lokalen Defizite nicht durch Fahrten in andere Teile der Stadt.

Tabelle 6.7: Aktivitäten im Viertel, Türken, nach Häufigkeit und Gebiet, in Prozent

Aktivität/ Häufigkeit	Kalk1	Köln-berg	Signifikanz*
Einkaufen, im Viertel			
gar nicht	52,7	5,9	chi^2=62,0
12 mal und mehr	32,2	49,2	p<.001, V=.52
Ausgehen, im Viertel			
gar nicht	89,3	91,5	chi^2=5,1
12 mal und mehr	0,0	2,5	n.s.
Private Geselligkeit, Whg.			
gar nicht	58,0	22,9	chi^2=48,2
12 mal und mehr	0,9	8,5	p<.001, V=.46
Sport, im Viertel			
gar nicht	89,3	91,5	chi^2=8,1
12 mal und mehr	4,5	0,0	p<.05, V=.19
Erledigungen, im Viertel			
gar nicht	67,9	18,7	chi^2=24,3
12 mal und mehr	0,0	0,4	p<.001, V=.33
N	112	118	

* Die Zahl der Freiheitsgrade ist df=3. Für weitere Erläuterungen siehe Text.

Aktionsräume

Tabelle 6.8: Private Geselligkeit, Türken, nach Gebiet, in Prozent

Aktivität/ Häufigkeit	Gebiet		Signifikanz
	Kalk1	Kölnberg	
Keine	6,3	5,1	chi^2=55,9
Nicht zu Hause	51,8	17,8	df=3
Selten zu Hause	29,5	18,6	p<.001
Öfter zu Hause	12,5	53,4	V=.49
N	112	118	

Ebenso signifikant sind die Unterschiede nach dem Bezug von Transferleistungen. Türkische Bewohner, die solche Leistungen beziehen, üben mehr Aktivitäten im eigenen Wohngebiet aus (p<.001, eta = .29), weniger in benachbarten Wohngebieten (p<.001, eta = .27) und auch weniger sonstwo in der Stadt (p<.05, eta =.16).Ferner weisen Männer signifikant mehr Aktivitäten im Wohnviertel auf als Frauen (p< 05, eta =.15). Wie bei den deutschen Bewohners gibt es keine signifikanten Unterschiede in der Zahl der Aktivitäten im Gebiet danach, ob man entgeltlich arbeitet oder nicht.

Tabelle 6.9: Private Geselligkeit, Türken, nach Bezug von Transferleistungen, in Prozent

Aktivität/ Häufigkeit	Transferleistungen		Signifikanz
	Ja	Nein	
Keine	7,2	5,1	chi^2=6,8
Nicht zu Hause	36,2	33,5	df=3
Selten zu Hause	13,0	28,5	n.s.
Öfter zu Hause	43,5	32,9	
N	69	158	

Im Gegensatz zu den deutschen Bewohnern von Kölnberg laden die türkischen Bewohner häufiger ihre Gäste zu sich nach Hause ein, dafür laden die türkischen Bewohner von Kalk1 seltener Gäste nach Hause ein als die deutschen (Tabelle 6.8

und Tabelle 6.2). Hierin unterscheiden sich zwar türkische Bezieher von Nicht-Beziehern von Transferleistungen (Tabelle 6.9), jedoch nicht signifikant - während bei den Deutschen der Unterschied signifikant war. Wir vermögen leider nicht zu sagen, wie das unterschiedliche Verhalten von Türken und Deutschen in den beiden Wohngebieten zu erklären ist.

Wir finden demnach für deutsche und stärker noch für türkische Bewohner, dass in dem benachteiligteren Kölnberg signifikant mehr Aktivitäten ausgeübt werden. Hingegen üben in Bilderstöckchen die deutschen Befragten ihre Aktivitäten am wenigsten aus. Bewohner, die Transferzahlungen erhalten, haben einen eingeschränkteren Aktionsraum zunächst in dem Sinne, dass sie mehr Aktivitäten im Gebiet und weniger in benachbarten Wohngebieten oder sonstwo in der Stadt ausüben. Damit haben sich zwei zentrale Hypothesen der Studie bewährt, dass sich nämlich die Aktivitäten der Bewohner ärmerer Gebiete und diejenigen der ärmeren Bewohner stärker im Wohngebiet zutragen.

6. Soziale Normen

Eine der zentralen Annahmen der Studie richtete sich auf die sozialen Normen in den benachteiligten Wohngebieten: Wilson zufolge sind diese Gebiete nicht nur durch ein hohes Ausmaß abweichenden Verhaltens, sondern auch durch ein hohes Maß devianter Normen gekennzeichnet. Wir konnten nun im Rahmen unserer Studie nicht den Prozeß, also die in Kapitel 1 explizierten Hypothesen über die Ausbreitung devianter Normen, prüfen. Wohl aber haben wir untersucht, a) in welchem Ausmaß - und von wem - abweichende soziale Normen geteilt werden ("Beurteilung"), b) in welchem Ausmaß die Befragten solche abweichenden Normen im Wohngebiet verbreitet sehen ("Vorkommen") und c) ob die Befragten das wahrgenommene Ausmaß abweichenden Verhaltens stört ("Stören").

Die neun hier verwendeten abweichenden Verhaltensformen wurden aus einer größeren Zahl ausgewählt, die im Pretest daraufhin geprüft wurden, ob die Befragten sie verstehen und ob die Antworten hinreichend streuen. Es wurden jene beibehalten, die diese Bedingungen erfüllten. Grundsätzlich orientierte sich die Wahl an zwei Kriterien: zum einen den in der Studie von Wilson erwähnten, zum zweiten sollten leichte und schwerere Formen abweichenden Verhaltens einbezogen werden. Die neun Verhaltensformen sind in Tabelle 6.1 aufgeführt.

Damit gelangten wir theoretisch zu zwei Dimensionen, die in die Beurteilung der abweichenden Verhaltensformen eingehen. Es ist erstens das Ausmaß, zu dem abweichendes Verhalten gebilligt ("weniger/gar nicht schlimm") bzw. mißbilligt ("sehr/ ziemlich schlimm") wird. Zweitens ist es die Art des abweichenden Verhaltens, skalierbar als Ausmaß, in dem Gewalt gegen Dritte ("Käse im Supermarkt stehlen" vs. "Kinder schlagen") angewendet wird. Diese theoretischen Überlegungen sind in Abbildung 6.1 dargestellt. In Analogie zu den Überlegungen von Bourdieu läßt sich die 1. Achse auch als "Volumen" (Ausmaß der Billigung von Devianz), die 2. Achse als "Art der Devianz" (aggressives vs. nicht-aggressives deviantes Verhalten) bezeichnen.

Dabei ist zu berücksichtigen, daß die Differenzierung nach dem Ausmaß der Gewalt (des aggressiven devianten Verhaltens) um so mehr an Bedeutung gewinnt, je weiter man auf der 1. Achse nach rechts geht, während in den beiden linken Quadranten (nord- und südwestlich) die Formen aggressiver Devianz relativ unbedeutend sind, weil jene, die Devianz ohnehin stark ablehnen, sich nicht oder zumindest weniger nach dem Ausmaß unterscheiden, zu dem sie aggressives oder nicht-aggressives deviantes Verhalten billigen.

Die subjektive Wahrnehmung, ob und wie oft welche abweichenden Verhaltensformen in dem Wohngebiet vorkommen, informiert uns über das Ausmaß wahrgenommener Abweichung. Sie muß keineswegs mit dem tatsächlichen Vorkommen übereinstimmen. Nach dem Thomas-Theorem ist es aber die Wahrnehmung von Sachverhalten, aufgrund derer Individuen handeln.

Mit der weiteren Frage, ob einen das jeweilige (wahrgenommene) abweichende Verhalten störe, sollte ermittelt werden, ob die positive bzw. negative Beurteilung (Frage 1) auch noch durch die Meinung verstärkt wird, das Verhalten störe. (Das könnte z.B. zugleich auch ein Grund dafür sein, aus dem Wohngebiet fortziehen zu wollen.) Demnach sollte eine hohe positive Korrelation von „(negativer) Beurteilung" des Verhaltens und "Stören" bestehen. Das ist auch der Fall: Für alle neun Verhaltensformen sind die Korrelationen signifikant ($p < .01$).

6.1 Einstellungen zu abweichenden Verhaltensweisen

Die Ergebnisse für die ersten beiden Variablen (Beurteilung, Vorkommen) sind in Tabelle 6.1 aufgeführt. Mit Abstand am häufigsten kommt es vor, daß jemand in der Nachbarschaft betrunken ist (77%); es folgen dann die Wahrnehmungen, daß Jugendliche eine Ausländerin beschimpfen und daß jemand trotz Sozialhilfe eine Putzstelle angenommen hat. Alle anderen abweichenden Verhaltensformen sind weniger verbreitet; sie werden nur von einem Viertel der Befragten wahrgenommen.

Die *Bewertungen* dieser Verhaltensformen sind überwiegend negativ; bis auf die Trunkenheit ist der Anteil negativer Beurteilungen höher als die vermutete Häufigkeit des Vorkommens. Mehr als 90% der Befragten halten es für „schlimm" oder „sehr schlimm", wenn ein Nachbar Kinder beschimpft, eine Frau sexuell belästigt wird, Jugendliche eine Ausländerin beschimpfen, ein Nachbar seine Kinder schlägt, aber auch Trunkenheit wird von rund zwei Drittel der Befragten

Soziale Normen

Tabelle 6.1: Beurteilung von devianten Verhaltensweisen (Anteil "ziemlich schlimm" und "sehr schlimm"), ob es in der Nachbarschaft schon vorgekommen ist ("selten" und "oft") und ob es sie stört, deutsche Befragte, in Prozent

Verhalten	Bilderst.	Kalk1	Kalk2	Kölnberg	Insgesamt
Nachbar beschimpft Kinder	98,1	88,1	98,3	97,7	95,4
	18,1	*15,1*	*17,2*	*36,6*	*21,0*
	100,0	85,7	78,6	96,2	91,0
Sexuelle Belästigung	100,0	99,1	99,2	94,3	98,4
	14,1	*12,3*	*28,8*	*35,9*	*22,3*
	100,0	77,8	94,7	91,7	91,8
Ältere Frau stiehlt Käse	29,5	38,7	39,3	37,5	36,3
	40,0	*31,3*	*37,0*	*34,3*	*35,5*
	34,5	37,5	48,0	34,6	38,5
Jugendliche beschimpfen Ausländerin	100,0	94,3	98,3	87,2	95,5
	37,9	*36,3*	*51,6*	*59,2*	*45,2*
	93,9	88,9	95,5	83,7	90,5
Nachbar schlägt seine Kinder	94,3	93,7	98,3	94,2	95,2
	26,7	*17,6*	*21,6*	*29,0*	*23,3*
	95,5	92,3	90,5	90,5	92,2
Putzstelle obwohl Sozialhilfe	41,7	40,2	29,8	31,0	35,8
	48,6	*27,1*	*31,1*	*28,1*	*32,8*
	42,4	50,0	33,3	42,9	41,8
Frühe Schwangerschaft	46,2	47,7	50,4	43,2	47,2
	29,2	*16,9*	*18,1*	*27,0*	*22,6*
	23,1	26,7	14,3	12,5	19,7
Betrunkene in der Nachbarschaft	64,5	62,0	63,0	64,0	63,3
	81,9	*67,7*	*76,1*	*80,2*	*76,5*
	54,3	46,8	57,0	52,4	53,0
Fernseher zum halben Ladenpreis	45,1	55,6	43,4	57,5	49,9
	37,2	*16,2*	*25,8*	*26,2*	*26,6*
	22,6	57,1	13,6	53,3	31,7

als „schlimm" bewertet. Hingegen beurteilt nur ein geringer Teil der Befragten es negativ, wenn ein Fernseher zum halben Preis „organisiert" wird oder ein Mädchen in frühem Alter schwanger wird. Am geringsten ist die Mißbilligung der Verhaltensformen „Ältere Frau stiehlt Käse im Supermarkt" und „Putzstelle obwohl Sozialhilfe". Die letztgenannten Formen abweichenden Verhaltens erfahren vermutlich deshalb so eine hohe Billigung, weil man Verständnis oder Mitleid mit der Lage der Person hat oder aber selbst schon ähnlich gehandelt hat.

Wenngleich wir keine vergleichbaren Ergebnisse aus Studien in anderen Wohngebieten haben, erscheint es uns dennoch nicht gerechtfertigt, im Sinne von Wilson hier von Wohngebieten mit einem hohen Anteil abweichender Normen zu sprechen. Für die Wilson-These spricht, daß eine Reihe abweichender Verhaltensformen sehr verbreitet sind, dagegen jedoch die hohe Ablehnung solcher Verhaltensformen. Damit ergibt sich ein weiterer Befund: Mehr Bewohner verurteilen abweichendes Verhalten, als sie es in der Nachbarschaft wahrnehmen. Ferner: Bewohner, die ein abweichendes Verhalten verurteilen, sagen auch, es störe sie; der Zusammenhang ist für alle Verhaltensweisen hoch signifikant ($p<.001$).

Diese Ergebnisse führen uns zu zwei Folgerungen. Erstens vermuten wir, daß die Wahrnehmung und die Bewertung oder Billigung abweichenden Verhaltens keinen engen Zusammenhang aufweisen. Das ist in der Tat der Fall: Bis auf den „Betrunkenen in der Nachbarschaft" bestehen keine signifikanten Zusammenhänge zwischen diesen Variablen, die Cramer's V-Koeffizienten liegen zwischen .05 und .14. Des weiteren ist auch bis auf zwei Verhaltensmuster kein Zusammenhang zwischen deren „Vorkommen" und der Beurteilung als „störend"festzustellen; die beiden Ausnahmen sind „Jugendliche beschimpfen Ausländerin" ($p<.01$, $V=.28$) und „Betrunkener in der Nachbarschaft" ($p<.01$, $V=.16$).

Zweitens: Wenn demnach die Wahrnehmung eines abweichenden Verhaltens in der Nachbarschaft von dessen Beurteilung unabhängig ist, so hat die Hypothese, man gewöhne sich an abweichendes Verhalten oder die Hypothese, die Bewohner würden ihre Einstellungen (das Ausmaß der Zustimmung) dem beobachteten Verhalten anpassen und mithin deviante Normen übernehmen, in dieser Studie keine Unterstützung gefunden. Vermutlich verläuft dieser Prozeß nicht linear, sondern tritt erst ab einem relativ hohen Schwellenwert wahrgenommenen abweichenden Verhaltens ein. (Er kann zudem durch selektive Zu- und Fortzüge verstärkt werden.)

Soziale Normen

Tabelle 6.2: Beurteilung von devianten Verhaltensweisen (Anteil "ziemlich schlimm" und "sehr schlimm"), ob es in der Nachbarschaft schon vorgekommen ist ("selten" und "oft") und ob es sie stört, türkische Befragte, in Prozent

Verhalten	Kalk1	Kölnberg	Insgesamt
Nachbar beschimpft Kinder	92,0	97,5	94,8
	29,2	*52,7*	*40,5*
	83,9	94,9	91,1
Sexuelle Belästigung	99,1	99,2	99,2
	3,8	*16,5*	*10,2*
	100,0	94,1	95,5
Ältere Frau stiehlt Käse	100,0	98,3	99,1
	21,5	*55,3*	*38,1*
	59,6	82,5	78,7
Jugendliche beschimpfen Ausländerin	100,0	98,3	99,1
	17,0	*75,0*	*44,9*
	89,5	94,9	93,8
Nachbar schlägt seine Kinder	98,2	97,5	97,9
	36,6	*41,2*	*38,4*
	92,5	79,1	85,5
Putzstelle obwohl Sozialhilfe	51,0	77,8	65,0
	14,3	*35,1*	*25,3*
	33,3	51,5	46,7
Frühe Schwangerschaft	96,8	96,5	96,7
	4,3	*12,9*	*9,0*
	100,0	85,7	88,2
Betrunkene in der Nachbarschaft	96,4	97,5	97,0
	31,5	*95,7*	*64,6*
	69,7	89,1	84,6
Fernseher zum halben Ladenpreis	48,6	82,2	66,3
	3,2	*25,9*	*15,5*
	100,0	55,2	59,4

Es bestehen beträchtliche Unterschiede zwischen den vier Wohngebieten. Unsere Hypothesen waren, daß mit steigender Benachteiligung eines Wohngebietes auch das wahrgenommene Ausmaß zunimmt, die negative Beurteilung abweichenden Verhaltens jedoch abnimmt. Wie die Daten in Tabelle 6.1 zeigen, ist das nicht der Fall. Das Vorkommen einzelner Formen abweichenden Verhaltens unterscheidet sich zwar zwischen den Wohngebieten, jedoch nicht systematisch. Auch das Ausmaß, zu dem abweichendes Verhalten verurteilt wird, weist keine systematische Beziehung zum Wohngebiet auf. Am ehesten kann man noch von einem Gegensatz Bilderstöckchen-Kölnberg sprechen. In dem relativ am wenigsten benachteiligten Wohngebiet Bilderstöckchen wird seltener abweichendes Verhalten wahrgenommen, und es wird auch etwas stärker negativ bewertet als in Kölnberg.

Die Unterschiede zwischen den vier Wohngebieten bestehen vor allem in dem Ausmaß der Urteile „sehr schlimm". Für vier der abweichenden Normen bestehen signifikante Unterschiede ($p < .001$). Es ist vor allem der Gegensatz von Bilderstöckchen von Kölnberg, der die Unterschiede prägt. Demnach lassen sich die Hypothesen, mit steigender Armut nähme sowohl das Ausmaß abweichenden Verhaltens als auch das Ausmaß der Billigung solchen Verhaltens zu, stützen.

Weiter läßt sich feststellen, daß mit zunehmendem Alter abweichendes Verhalten stärker verurteilt wird, während es bei dem Einkommen umgekehrt ist: Es sind die unteren Einkommensgruppen, die abweichendes Verhalten stärker verurteilen. Die Schulbildung und auch die Arbeitslosigkeit weisen keine Beziehung zu dem Ausmaß der Verurteilung abweichenden Verhaltens auf. Für die eingangs zitierte Hypothese ergeben sich sehr aufschlußreiche Befunde: Je größer der Anteil der Zeit, die eine Person im Wohngebiet verbringt oder auch mit steigender Zahl der Netzwerkpersonen, die im Wohngebiet wohnen, steigt die Billigung abweichenden Verhaltens. Das gilt allerdings nur bei den extrem hohen Zeitanteilen und den extrem hohen Anteilen von Netzwerkpersonen im Gebiet. Diese Befunde legen die Vermutung nahe, daß die von Wilson vermuteten Gebietseffekte in der Tat im Sinne unserer Explikation eher Effekte eines hohen Zeitanteils im Gebiet und/oder eines hohen Anteils von Netzwerkpersonen im Gebiet sind. Zudem liegt keine lineare Beziehung vor, sondern ein Schwellenwert.

Ein völlig anderes Ergebnis erhielten wir für die türkischen Befragten. In den beiden Wohngebieten Kalk2 und Kölnberg, in denen sie befragt wurden, war die Ablehnung aller Formen abweichenden Verhaltens erheblich stärker als bei den Deutschen, zudem waren die Urteile einhelliger, d.h. die Streuung geringer. Es

Soziale Normen

bestehen auch nur geringe Unterschiede zwischen den Urteilen der Befragten in den beiden Siedlungen. Dies dokumentieren die Daten in Tabelle 6.2.

Von den türkischen Bewohnern werden auch weniger Akte abweichenden Verhaltens wahrgenommen als von den Deutschen (Tabelle 6.3); die beiden Ausnahmen sind die relativ hohe Billigung der Putzstelle trotz Sozialhilfe und das Organisieren eines Fernsehers. Deutsche - und stärker noch Türken - nehmen in Kölnberg mehr abweichendes Verhalten wahr als in Kalk1. Verblüffend ist nun, daß die Türken in Kalk1 relativ weniger und in Kölnberg relativ mehr abweichendes Verhalten beobachten als die Deutschen. Dieser Unterschied ist vermutlich darauf zurückzuführen, daß die türkischen Bewohner in Kölnberg sehr viel unzufriedener sind als die von Kalk1. Hingegen unterscheiden sich deutsche und türkische Bewohner kaum nach dem Ausmaß, zu dem sie das abweichende Verhalten stört, einige kulturelle Unterschiede ausgenommen.

Tabelle 6.3: Vorkommen und Stören, Wohngebiete Kalk1 und Kölnberg, in Prozent, deutsche und türkische Befragte

Verhalten	Vorkommen				Stören	
	Kalk1		Kölnberg			
	Deutsche	Türken	Deutsche	Türken	Deutsche	Türken
Nachbar beschimpft Kinder	11,6	9,1	12,7	29,5	92,5	96,1
Sexuelle Belästigung	4,1	0,9	9,4	5,5	87,8	95,5
Ältere Frau stiehlt Käse	18,1	3,7	8,6	23,3	36,0	78,8
Jugendliche beschimpfen Ausländer	20,9	3,6	25,4	55,8	85,7	93,8
Kinder schlagen	11,0	8,0	8,7	16,8	91,2	85,5
Putzstelle obwohl Sozialhilfe	11,4	1,2	12,5	11,7	46,3	46,7
Frühe Schwangerschaft	2,4	0,0	1,6	1,7	19,4	88,2
Betrunkene in der Nachbarschaft	43,8	9,3	66,7	84,3	49,6	84,6
Fernseher zum halben Ladenpreis	7,5	2,1	12,3	17,0	55,2	59,4

Wir gelangen damit zu dem bemerkenswerten Ergebnis, daß die konformen sozialen Normen in den beiden von uns untersuchten Wohngebieten von den türkischen Bewohnern sehr viel stärker aufrechterhalten werden als von den deutschen. Die türkischen Bewohner verurteilen abweichendes Verhalten stärker und einheitlicher als die deutschen, zudem bewerten sie auch das wahrgenommene Ausmaß abweichenden Verhaltens in höherem Maße als störend.

Gewiß ist die Aussagekraft unserer Daten begrenzt. Dennoch lassen diese Ergebnisse die These zu, daß die ausländische Minorität, hier: die türkische (die allerdings in Kölnberg die Majorität darstellt), die Normen in einem gemischten Wohngebiet eher stabilisiert als destabilisiert. Da die Urteile der türkischen Befragten nur eine geringe Streuung aufweisen, richten sich die nachfolgenden multivariaten Analysen der Normen nur auf die deutschen Befragten in allen vier Wohngebieten.

Nachdem die Daten auf der Basis der vier Gebiete beschrieben wurden, werden im Folgenden in einem multivariaten Modell gemeinsame latente Faktoren gesucht. Dabei wird die Situation "Fernseher zum halben Ladenpreis besorgen" aus den nachfolgenden Analysen ausgeschlossen, weil sie von einem signifikanten Anteil der Befragten mißverstanden wurde. Für die acht verbleibenden, ordinal skalierten Variablen soll - entsprechend dem Meßniveau der Items - mit Hilfe einer nichtlinearen Hauptkomponentenanalyse (nonlinear principal component analysis, in SPSS als PRINCALS bezeichnet) geprüft werden, ob es gemeinsame Hintergrundvariablen gibt (zum Verfahren, siehe Gifi, 1990; Heiser und Meulman, 1994).

6.2 Dimensionen abweichenden Verhaltens

Parallel zur Entwicklung der Korrespondenzanalyse, die überwiegend in Frankreich stattfand (Benzécri u.a., 1973; Greenacre , 1984; Lebart ua, 1984), wurde in den Niederlanden mit der Homogenitätsanalyse (Gifi, 1981, 1990) ein Verfahren entwickelt, dessen Ergebnisse mit denen der multiplen Korrespondenzanalyse (Greenacre, 1993; Nishisato, 1994, 1996) identisch sind. Trotz der gleichen Ergebnisse sind die zugrunde liegenden Ideen unterschiedlich: Während die Korrespondenzanalyse auf geometrischen Ableitungen basiert, wobei zur Bestimmung der latenten Variablen eine verallgemeinerte Zerlegung einer Residualmatrix (hier basierend auf den gewichteten Abweichungen von empirischen und erwarteten Werten der Ausgangstabelle) durchgeführt wird, ist die Homogenitätsanalyse (in SPSS als HOMALS bezeichnet) ein iteratives Verfahren, bei dem die Parameter einer "Verlust-Funktion" (loss-function) optimiert werden. Ausgehend von der Überlegung, daß die Korrelationen zwischen den im Modell berücksichtigten manifesten Variablen und den gesuchten Faktoren (den latenten Variablen) maximal sein sollen, werden schrittweise die Parameter so bestimmt, daß die Werte für die Variablenausprägungen und die Werte für die Personen optimal sind.

Im ersten Schritt wird ein optimaler "Personenwert" gesucht, eine erste Näherung ist der Mittelwert der verwendeten Variablen. In unserem Beispiel gibt es acht manifeste Variablen, die alle von "1 = sehr schlimm" bis "4 = gar nicht schlimm" skaliert sind. Diese Skalierung ist nicht optimal, da die Variablen keinesfalls als metrisch zu bezeichnen sind (dies würde gleiche Abstände zwischen allen Kategorien in allen Variablen erfordern). Der Mittelwert für die Personen ergibt sich aus der Summe der Werte in den acht Variablen, dividiert durch die Anzahl der Variablen; es wird somit so getan, als seien die Daten metrisch skaliert. (Es werden z-transformierte Variablen betrachtet, also Variablen, die den Mittelwert Null und die Varianz Eins haben.) Diese Personenwerte werden verwendet, um zu einer ersten verbesserten Schätzung der Kategorienwerte zu gelangen. Die neu bestimmten Kategorienwerte dienen dazu, die Personenwerte neu zu schätzen. In einem iterativen Prozeß werden die Personen- und Variablenwerte solange neu geschätzt, bis die Werte sich nicht weiter verändern. Es kann gezeigt werden, daß die Personenwerte, die Werte der Variablenausprägungen, die Korrelationen der Variablenausprägungen mit den Achsen und die die Achsen beschreibenden Eigenwerte mit denen der multiplen Korrespondenzanalyse identisch sind (vgl. Gifi, 1990; Greenacre, 1993; Nishisato, 1994).[1]

---

1   Die in den Niederlanden entwickelte Methode hat gegenüber der Korrespondenzanalyse den Vorteil, daß innerhalb der oben beschriebenen Funktionen auch "Bedingungen" berücksichtigt werden können, so z. B. bezüglich des Skalenniveaus der Daten. Des weiteren können im latenten Raum Restriktionen über die Reihenfolge und auch über die Abstände zwischen den Variablenausprägungen auf den einzelnen Achsen gemacht werden. Je unterschiedlicher die Abstände zwischen den Ausprägungen innerhalb einer Variablen sind, desto weniger kann von einer metrischen Skalierung der betreffenden Variablen ausgegangen werden und desto weniger können mittels einer (klassischen) Hauptkomponenten- bzw. Faktorenanalyse (auf der Basis der Pearsonschen Korrelationsmatrix) valide Ergebnisse erwartet werden. Kann nicht einmal die ordinale Reihenfolge der Ausprägungen einer Variablen auf der ersten Achse des Projektionsraums wiedergegeben werden, so sollte nicht von einer Ordinalität der Daten ausgegangen werden.

Da in dem gegebenen Beispiel die manifesten Variablen ordinal skaliert sind (von "sehr schlimm" bis "gar nicht schlimm") und da alle Variablen "Einstellungen zu devianten Verhaltensweisen" messen, sollte die erste Achse als das Ausmaß der Devianz bezeichnet werden. Wird die Reihenfolge der Ausprägungen bei einer der Variablen nicht reflektiert, sind z. B. die Kategorien "ziemlich schlimm" und "weniger schlimm" vertauscht, so würde "weniger schlimm" ein höheres Ausmaß an "Devianz" beschreiben als "ziemlich schlimm". Können die Daten hingegen als ordinal bezeichnet werden, so kann im SPSS Modul PRINCALS (siehe Gifi, 1990; Heiser und Meulman, 1994) eine entsprechende Restriktion gesetzt werden, ohne daß die Datenstruktur dadurch verfälscht wird.

Um die acht Items innerhalb einer multivariaten Analyse auf die gesuchte Ordinalität zu prüfen, wurde im ersten Schritt auf Restriktionen verzichtet; mittels der Homogenitätsanalyse wurde die Struktur der Variablenausprägungen im latenten Raum abgebildet. Wird berücksichtigt, daß bei der Variablen "sexuelle Belästigung" die letzte Kategorie "finde ich gar nicht schlimm" von keinem einzigen Befragten angegeben wurde, so hat die zu analysierende Matrix insgesamt 31 Spalten (sieben Variablen mit vier Ausprägungen und eine Variable mit drei Ausprägungen) und 431 Zeilen (entsprechend der Anzahl der Befragten). (Zur Behandlung fehlender Werte siehe Gifi, 1990.)

Anhand der Lokalisationen der Ausprägungen ergibt sich, daß nicht bei allen der verwendeten Variablen ein ordinales Skalenniveau unterstellt werden kann. Wird lediglich die erste Achse berücksichtigt, so wurden folgende Abweichungen festgestellt: Bei den Variablen "Nachbar beschimpft Kinder" und "Jugendliche beschimpfen Ausländerin" sind die Projektionen der Ausprägungen "weniger schlimm" und "gar nicht schlimm" in der verkehrten Reihenfolge auf der ersten Achse lokalisiert; da diese Ergebnisse aber auf einer geringen Fallzahl basieren und daher zufällig sein können, werden die jeweiligen Ausprägungen in den beiden genannten Variablen zusammengefaßt. Bezogen auf die Variable "Nachbar schlägt seine Kinder" scheint der Hauptgegensatz zwischen "sehr schlimm" und "ziemlich schlimm" zu liegen. Ein Teil jener 20 Befragten, die eine der beiden anderen Antwortkategorien gewählt haben, hat vermutlich die Frage falsch verstanden: Die entsprechenden Ausprägungen sind mit der zweiten Dimension wesentlich deutlicher als mit der ersten assoziiert, und die Reihenfolge der Ausprägungen auf der ersten Dimension - "gar nicht schlimm", "weniger schlimm", "sehr schlimm", "ziemlich schlimm" - entspricht nicht der ordinalen Ordnung der manifesten Variablen. Um aber auch diese Frage weiterhin berücksichtigen zu

Soziale Normen 97

können, werden für die nachfolgenden Analysen die drei Kategorien von 'ziemlich schlimm" bis "gar nicht schlimm" als Gegensatz zu "sehr schlimm" zusammengefaßt.

Auch die Variable "frühe Schwangerschaft" kann, bezogen auf die erste Dimension, nicht als ordinal bezeichnet werden, denn die beiden mittleren Ausprägungen ("ziemlich schlimm" und "weniger schlimm") sind in unmittelbarer Nähe zueinander lokalisiert. Da zudem die Reihenfolge der Projektionen dieser beiden Kategorien auf der ersten Achse "falsch" ist, werden auch diese beiden Ausprägungen für die nachfolgende Analyse zusammengefaßt.

Da beim Modell der Homogenitätsanalyse die zweite Dimension aus methodischen Gründen sehr oft durch den Guttman- (oder Horseshoe-)Effekt determiniert wird (vgl. Gifi, 1990: Greenacre, 1984; Rijkevorsel, 1987), wird sie für die Recodierung der Variablen nicht verwendet. Unter der Annahme, daß nach der Restriktion der Daten auf Ordinalität die Varianz der acht Items mit zwei latenten Faktoren ausreichend erklärt werden kann, wurde mit den oben beschriebenen Recodierungen im nächsten Schritt eine nichtlineare Hauptkomponentenanalyse gerechnet; die Ergebnisse dieser Analyse sind, zusammen mit den absoluten Werten (kursiv gesetzt), in Tabelle 6.4 wiedergegeben.

Aus den Restriktionen auf das Modell folgt, daß die Mittelwerte der latenten Variablen, also die Summen der Produkte aus "Lokalisationen" und "Gewicht" (Anzahl der Befragten, die die jeweilige Ausprägung angegeben haben), Null sind (bei Nicht-Berücksichtigung von Rundungsfehlern und "fehlenden Werten") - dies gilt sowohl für die Quantifizierung im zwei-dimensionalen Raum (hier nicht wiedergegeben) als auch für die einzelnen Achsen getrennt: z. B. für die Beurteilung der "sexuellen Belästigung" $(-0,31 * 328) + (0,91 * 92) + (2,66 * 7) = (-0,11 * 328) + (0,31 * 92) + (1,12 * 7) = 0$ (vgl. Tabelle 6.4). Aus den Modelleigenschaften von PRINCALS folgt auch, daß Ausprägungen, die sehr oft angegeben wurden, aufgrund ihres großen "Gewichtes" in der Nähe des Schwerpunktes (dieser ist durch den Nullpunkt definiert) liegen.

Die Quantifizierungen der Ausprägungen auf den latenten Variablen können zum einen als Abstände zum Schwerpunkt interpretiert werden - je näher eine Ausprägung am Achsenkreuz liegt, desto stärker entspricht dieser Wert (und damit die entsprechende Einstellung) dem Durchschnitt (der durchschnittlichen Einstellung) aller Befragten - und zum anderen können die Abstände zwischen den Ausprägungen interpretiert werden: Je größer diese sind, desto unähnlicher sind die entsprechenden Merkmale.

Tabelle 6.4: Ergebnisse der PRINCALS-Analyse, erste und zweite Dimension (kursiv gesetzt: Fallzahl)

Verhalten	sehr schlimm	ziemlich schlimm	weniger schlimm	gar nicht schlimm	Dim_1	Dim_2	Quality
Nachbar beschimpft Kinder	*303* -0,31 -0,31	*95* 0,77 0,76	*16* 1,49 1,20	*3*	.545	.510	.558
Sexuelle Belästigung	*328* -0,31 -0,11	*92* 0,91 0,31	*7* 2,66 1,12	*0* -- --	.602	.222	.413
Ältere Frau stiehlt Käse	*54* -0,87 1,02	*99* -0,27 0,39	*168* -0,05 -0,05	*100* 0,85 -0,85	.529	-.577	.616
Jugendliche beschimpfen Ausländerin	*281* -0,42 -0,20	*118* 0,70 0,35	*14* 1,65 0,77	*5*	.610	.296	.460
Nachbar schlägt seine Kinder	*315* -0,26 -0,34	*82*	*17* 0,82 1,03	*3*	.455	.579	.542
Putzstelle obwohl Sozialhilfe	*73* -0,75 0,69	*73* -0,23 0,37	*160* 0,04 -0,03	*102* 0,61 -0,78	.437	-.496	.441
Frühe Schwangerschaft	*82* -0,60 0,81	*112* 0,05 -0,05	*140*	*77* 0,50 -0,69	.336	-.460	.325
Betrunkene in der Nachbarschaft	*130* -0,79 0,32	*136* 0,03 0,08	*114* 0,41 -0,12	*40* 1,17 -0,81	.595	-.300	.453

Anhand der Ergebnisse (Koordinaten auf den ersten beiden Achsen, Tabelle 6.4) wird ersichtlich, daß die Ausprägungen der manifesten Variablen im latenten Raum in der Reihenfolge der Antwortvorgaben bleiben, die Distanzen von der

Soziale Normen

einen zur anderen Kategorie aber unterschiedlich sind (Abstände zwischen den Ausprägungen).

Bezogen auf die erste Dimension fällt auf, daß die Lokalisationen der Ausprägungen von allen Variablen in der gleichen Richtung sind - von "sehr schlimm" (höchster negativer Wert) bis "gar nicht schlimm" (höchster positiver Wert). Des weiteren haben die "Faktorladungen" auf der ersten Achse (vgl. Spalte Dim_1 in Tabelle 6.4) bei allen Variablen das gleiche Vorzeichen, d. h. die acht Items sind in der ersten Dimension positiv assoziiert. Somit gibt es eine gemeinsame Dimension, die das "Ausmaß der Devianz" widerspiegelt, diese erklärt zudem den größten Anteil der Varianz. Am besten erklärt durch das "Ausmaß der Devianz" werden dabei die Variablen, die Formen von "Gewalt" gegenüber Menschen beinhalten: die sexuelle Belästigung durch einem angetrunkenen Mann in der Kneipe (Dim_1=.602) und das Beschimpfen einer Ausländerin durch Jugendliche (Dim_1=.610). Relativ schlecht erklärt durch die erste Dimension mit einer erklärten Varianz von unter 12% wird lediglich das Merkmal "Schwangerschaft der 15-jährigen Tochter der Freundin" (Dim_1=.336); insgesamt können mit der ersten Achse 27,2% der gesamten Variation erklärt werden.

Auf der zweiten Achse wird der Gegensatz von aggressivem deviantem Verhalten, gemessen durch die Items "Nachbar beschimpft und schlägt Kinder", "sexuelle Belästigung in der Kneipe", "Jugendliche beschimpfen Ausländerin" und "Nachbar schlägt seine Kinder" (vgl. deren positive Faktorladungen auf der zweiten Achse; Dim_2 in Tabelle 6.4), versus "nicht-aggressivem deviantem Verhalten" beschrieben, letzteres gemessen durch die Items "Ältere Frau stiehlt Käse", "Annahme einer Putzstelle trotz Bezug von Sozialhilfe", "Schwangerschaft mit 15 Jahren" und "Betrunkene in der Nachbarschaft" (vgl. die negativen Faktorladungen auf der zweiten Achse). Diese zweite Dimension erklärt weitere 20,2% der Variation der Daten.

Somit gibt es zusätzlich zu dem "Ausmaß der Devianz" zwei unterschiedliche Arten der Bewertung von abweichenden Verhaltensweisen, deren Gegensatz mit der zweiten Dimension des Projektionsraums erklärt werden kann - mit dem stetigen Übergang von "aggressivem Verhalten gegenüber Personen" zu "nicht-aggressivem Verhalten gegenüber Dritten". Auf der Ebene der "Aggression gegen Personen" kann dabei noch unterschieden werden zwischen der als "anonym" zu bezeichnenden Gewalt - das Beschimpfen der Ausländerin durch Jugendliche und die sexuelle Belästigung in der Kneipe, wogegen die "einfachste Strategie" das "Wegsehen" sein dürfte, und der erlebten Gewalt des Nachbarn, der in unmittelbarer Nähe lebt und der wohl nicht einfach ignoriert werden kann (vgl. die höheren Werte auf der zweiten Dimension für die beiden letztgenannten Items).

Aus diesen Ergebnissen kann gefolgert werden, daß mit zwei latenten Faktoren die Einstellung der Befragten zu devianten Verhaltensweisen beschrieben werden kann. Zum einen mit einem allgemeinen Devianzfaktor, dessen Wert umso größer ist, je weniger die vorgelegten "Normenabweichungen" verurteilt wurden. Zum zweiten mit der Unterscheidung zwischen den beiden Arten abweichenden Verhaltens. Entsprechend dem Modell der nichtlinearen Hauptkomponentenanalyse sind diese beiden latenten Variablen unkorreliert.

Zeichnet man die beiden latenten Variablen gegeneinander, so können die 431 Befragten in dem dabei entstehenden Projektionsraum lokalisiert und mit Hilfe dritter Merkmale, z. B. dem Wohnort, gekennzeichnet werden. Diese Vorgehensweise wird oft im Rahmen der "Analyse des Donnèes" (vgl. Benzécri u.a., 1973; Rouanet und Le Roux, 1993; im englischen "Geometric Data Analysis", vgl. Le Roux und Rouanet, 1998) verwendet, wobei in der Regel die ersten beiden Hauptachsen der (multiplen) Korrespondenzanalyse zur Visualisierung derartiger Zusammenhänge gegeneinander gezeichnet werden.

Eines der bekanntesten sozialwissenschaftlichen Beispiele stammt von Bourdieu (1988), der Ähnlichkeiten von Hochschullehrern beschreibt. In seinem mit Hilfe der multiplen Korrespondenzanalyse berechneten latenten Raum identifiziert er die Hochschullehrer anhand ihres Namens. Während Bourdieu ausschließlich allgemein zugängliche Indikatoren der Personen verwendet (Kinderzahl, Fakultätszugehörigkeit) und die Hochschullehrer zumindest für einen großen Teil seiner Leser bekannt sind (u. a. verordnet er sich selbst in dem zweidimensionalen Raum), ist im Fall unserer Armutsstudie lediglich bedeutsam, in welchem der vier Wohngebiete die Befragten leben.

Entsprechend der Ausgangshypothese soll in einem ersten Schritt untersucht werden, ob in den sozial stärker benachteiligten Wohngebieten von Kalk1 und vom Kölnberg eine höhere Akzeptanz von Devianz besteht als in den anderen beiden Untersuchungsgebieten. Um diese und weitere Annahmen zu prüfen, werden die Faktorwerte der einzelnen Personen für beide Achsen als (neue) latente Variablen in den bestehenden Datensatz integriert. Das Vorgehen ist analog dem in der Faktorenanalyse und der dort üblichen Verwendung von Faktorwerten für eine weitergehende Analyse der Daten. Die Zuordnung der Werte auf der "Devianzskala" (erste Dimension) erfolgt entsprechend den Angaben auf den manifesten Variablen und den zu den Variablenausprägungen gehörenden Lokalisationen auf der ersten Achse. Der Wert auf der Devianzskala ist um so höher, je öfter von den Angaben "finde ich weniger schlimm" bzw. "finde ich gar nicht schlimm" Gebrauch gemacht wurde, also je größer die Zustimmung zu aggressivem deviantem Verhalten ist. Wurde hingegen sehr oft die Kategorie "finde ich sehr schlimm" gewählt, so ist der Wert auf der Devianzskala sehr niedrig.

Auf der zweiten Achse sind die Faktorwerte um so höher, je öfter Gewalt gegen Personen als "weniger schlimm" bzw. "gar nicht schlimm" eingestuft und gleichzeitig auch "nicht-aggressives deviantes Verhalten" gegenüber anderen Personen abgelehnt wurde, z. B. indem die sexuelle Belästigung als "weniger schlimm", die Schwangerschaft der 15jährigen Tochter der Nachbarin dagegen als "sehr schlimm" bezeichnet wurde. Negative Faktorwerte werden jenen Befragten zugeschrieben, die Gewalt gegen Personen als "sehr schlimm" beurteilten, gleichzeitig aber tolerant gegenüber Dritten waren, z. B. gegenüber der älteren Frau, die Käse stiehlt, oder gegenüber der Sozialhilfeempfängerin, die eine Stelle als Putzfrau hat, dieses aber den Behörden verschweigt.

Werden die beiden Achsen gegeneinander gezeichnet, so wird auf der horizontalen Achse das "Ausmaß der Devianz" abgetragen, also das "Niveau" oder "Volumen", auf dem die Einstellungen zu devianten Verhaltensweisen geäußert wurden, während auf der vertikalen Achse abgetragen wird, um welche Art der Abweichung (aggressiv vs. nicht-aggressiv) es sich handelt. Das mittlere Ausmaß der Devianz und deren durchschnittliche Art (durchschnittliche Werte für "nicht-aggressives deviantes Verhalten" und für "aggressives deviantes Verhalten") werden durch das Achsenkreuz symbolisiert. Theoretisch denkbar sind damit vier Gruppen von Personen, wobei die Übergänge fließend sind. Dabei handelt es sich um Personen, die bei einem niedrigen Ausmaß an Devianz ein hohes Maß an Toleranz für nicht-aggressives deviantes Verhalten haben (linker unterer Quadrant), die bei einem niedrigen Ausmaß an Devianz relativ stark ein aggressives deviantes Verhalten billigen (linker oberer Quadrant), die bei einem hohen Ausmaß an Devianz eine hohe Toleranzbereitschaft gegenüber nicht-aggressivem Verhalten haben (rechter unterer Quadrant) und die bei einem hohen Ausmaß an Devianz eine überdurchschnittlich hohe Akzeptanz gegenüber aggressivem Verhalten haben (rechter oberer Quadrant). Zurückübersetzt in die Antworten auf die acht Items bedeutet ein hohes Ausmaß an Devianz, daß relativ oft Kategorien wie "weniger schlimm" benutzt wurden, während ein niedriges Niveau auf die häufige Verwendung von Kategorien wie "finde ich sehr schlimm" basiert.

Abbildung 6.1: Die zwei Dimensionen der Devianz

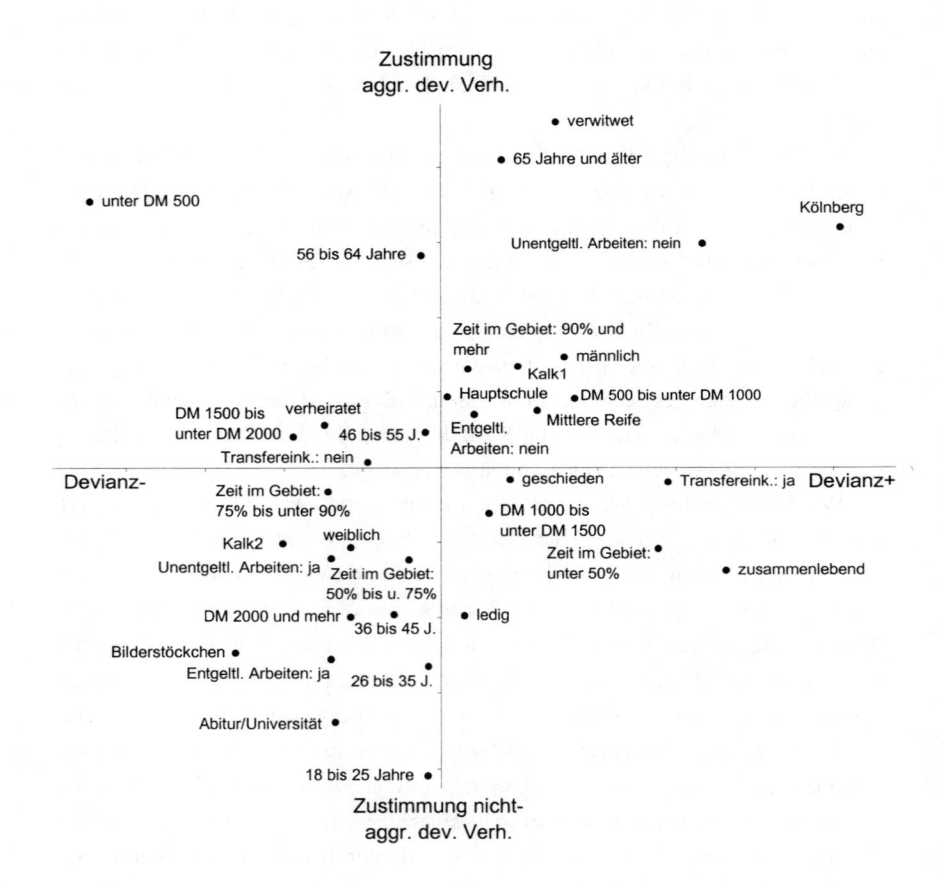

```
                              Zustimmung
                             aggr. dev. Verh.
                                                • verwitwet
                                       • 65 Jahre und älter
   • unter DM 500                                                         Kölnberg
                                                                             •
                      56 bis 64 Jahre •    Unentgeltl. Arbeiten: nein •

                                     Zeit im Gebiet: 90% und
                                     mehr       • männlich
                                       •  • Kalk1
                                     • Hauptschule  • DM 500 bis unter DM 1000
              DM 1500 bis  verheiratet              Mittlere Reife
              unter DM 2000 •    • 46 bis 55 J.•  Entgeltl.
                  Transfereink.: nein •           Arbeiten: nein
Devianz-                                                                         Devianz+
              Zeit im Gebiet:  •             • geschieden   • Transfereink.: ja
              75% bis unter 90%
                                              • DM 1000 bis
                 Kalk2  •     weiblich          unter DM 1500
                              •                 Zeit im Gebiet: •
              Unentgeltl. Arbeiten: ja Zeit im Gebiet: unter 50%      • zusammenlebend
                                       50% bis u. 75%
                 DM 2000 und mehr •      •       • ledig
                                     36 bis 45 J.
              Bilderstöckchen •
                 Entgeltl. Arbeiten: ja  26 bis 35 J.•

                 Abitur/Universität •

                          18 bis 25 Jahre •
                              Zustimmung nicht-
                              aggr. dev. Verh.
```

Gibt es Unterschiede in bezug auf die Art der Devianz, also Abweichungen von der Horizontalen entlang der vertikalen Dimension, so basieren diese auf der unterschiedlichen Bewertung der beiden Arten von devianten Verhaltensweisen: Der eine bewertet den Käsediebstahl als "weniger schlimm", der andere die "sexuelle Belästigung". Nachfolgend werden die beiden latenten Variablen gegeneinander gezeichnet, als Bezeichnung wird der Wohnort der Befragten verwendet; als Hilfslinien zur Kennzeichnung der "Durchschnitte" werden die beiden Achsen eingezeichnet (vgl. Abbildung 6.1).

Anhand von Abbildung 6.1 wird deutlich, daß auch mit einem relativ niedrigen Wert auf der Devianzskala eine relativ hohe Akzeptanz von Gewalt einhergehen kann (vgl. die Lokalisationen im linken oberen Quadranten von Abbildung 6.1). Daraus folgt, daß nicht generell von einer sukzessiven Reihenfolge der Akzeptanz von devianten Verhaltensweisen ausgegangen werden kann, sondern daß es eine signifikante Anzahl von Befragten gibt, die aggressives Verhalten gegen Personen als "weniger schlimm" einstuften und die gleichzeitig deviante Verhaltensweisen, die nicht-aggressiv gegen Personen sind, wie z. B. das Verhalten der Putzfrau, die weiterhin Sozialhilfe bezieht ohne die Behörden zu informieren, als "sehr schlimm" beurteilten. In die Bewertung der Items könnten verschiedene Arten von Vorurteilen eingeflossen sein, woraus z. B. folgt, daß die "sexuelle Belästigung" ("die Frauen haben selber Schuld") oder daß der "Nachbar seine Kinder schlägt" ("ich wurde als Kind auch geschlagen", "etwas Schläge tun gut") als weniger schlimm beurteilt wurden als die "Schwangerschaft der 15jährigen Tochter" ("das sind Asoziale, Ausländer") oder als das "Beschimpfen der Ausländerin durch Jugendliche" ("die Jugendlichen haben Recht", "wie die Ausländer sich auch benehmen"). Die Einstellung zu unterschiedlichen Formen des devianten Verhaltens kann anhand der (offen abgefragten) Äußerungen zu den Dingen, die den Befragten im Wohngebiet gefallen und jenen, welche ihnen nicht gefallen, bestätigt werden.

Werden die "Wohnorte" in Abbildung 6.1 berücksichtigt, so sind die in dem oberen linken Quadranten lokalisierten Befragten einigermaßen gleichverteilt, d. h. eine niedrige Devianz insgesamt, relativ niedrige Werte für nicht-aggressives deviantes Verhalten und eine gleichzeitig relativ hohe Akzeptanz von aggressivem deviantem Verhalten gibt es in allen vier Untersuchungsgebieten etwa gleich oft. Anders hingegen der rechte obere Quadrant, der durch überdurchschnittlich hohe Werte von "Devianz" und gleichzeitig durch hohe Werte für "aggressives Verhalten" gekennzeichnet ist; in diesem Quadranten gibt es überdurchschnittlich viele Befragte aus den besonders benachteiligten Wohngebieten von Kalk1 und vom Kölnberg. Diese überdurchschnittlich hohe Anzahl von Personen, die deviante Verhaltensweisen im allgemeinen und die Gewalt gegen Personen im besonderen akzeptieren, kann als weiterer Indikator für die soziale Benachteiligung der Gebiete Kalk1 und Kölnberg verwendet werden.

Die oben verwendete Art der grafischen Darstellung ist eine erste explorative Beschreibung der Unterschiede zwischen den vier Untersuchungsgebieten nach den dort vorhandenen Normen. Im folgenden soll für die beiden latenten Varia-

Tabelle 6.5: Ergebnisse der Varianzanalysen, deutsche Befragte

Merkmal	Kategorien	N	Devianz		Aggr. vs. nicht-aggr. deviantes Verhalten	
			Mittelwert	F, Sign.	Mittelwert	F, Sign.
Gebiet	Bilderstöckchen	109	-0,262		-0,247	
	Kalk1	112	0,098	12,6	0,135	6,3 (.001)
	Kalk2	120	-0,202	(.001)	-0,102	
	Kölnberg	90	0,509		0,320	
Äquivalenz-einkommen	unter DM 500	25	-0,445		0,355	
	500 bis unter 1000	60	0,171		0,091	
	1000 bis unter 1500	102	0,061	2,7 (.05)	-0,062	2,0 (n.s.)
	1500 bis unter 2000	75	-0,189		0,040	
	DM 2000 und mehr	112	-0,115		-0,200	
Transfer-einkommen	ja	93	0,290	10,6 (.01)	-0,020	0,5 (n.s.)
	nein	326	-0,093		0,007	
Bildung	Hauptschule	238	0,008		0,093	
	Mittlere Reife	105	0,123	1,4 (n.s.)	0,075	5,7 (.01)
	Abitur/Universität	79	-0,135		-0,340	
Familienstand	verheiratet	220	-0,149		0,056	
	ledig	80	0,030		-0,198	
	zusammenlebend	48	0,364	3,1 (.05)	-0,137	2,7 (.05)
	geschieden	45	0,089		-0,017	
	verwitwet	31	0,147		0,459	
Geschlecht	weiblich	235	-0,115	7,7 (.01)	-0,107	6,7 (.01)
	männlich	195	0,158		0,148	
Alter	18 bis 25 Jahre	36	-0,017		-0,409	
	26 bis 35 Jahre	78	-0,016		-0,265	
	36 bis 45 Jahre	103	-0,060	0,2 (n.s.)	-0,197	7,3 (.001)
	46 bis 55 Jahre	50	-0,020		0,046	
	56 bis 64 Jahre	73	-0,025		0,283	
	65 Jahre und älter	83	0,078		0,410	
Entgeltlich Arbeiten	ja	78	-0,141	2,0 (n.s.)	-0,255	6,5 (.05)
	nein	353	0,042		0,070	
Unentgeltl. Arbeiten	ja	295	-0,140	20,9 (.001)	-0,121	16,2 (.001)
	nein	136	0,334		0,298	
Zeitanteil im Gebiet	unter 50%	41	0,277		-0,109	
	50% bis unter 75%	135	-0,041	1,6 (n.s.)	-0,123	1,9 (n.s.)
	75% bis unter 90%	70	-0,144		-0,033	
	90% und mehr	181	0,034		0,131	

Soziale Normen

blen der Einstellung zu devianten Verhaltensweisen eine Varianzanalyse durchgeführt werden, um damit die Mittelwertsunterschiede zwischen den vier Gebieten numerisch belegen zu können. Um darüber hinaus die Wohnbevölkerung differenzieren zu können, werden als zusätzliche unabhängige Merkmale der Familienstand, das Geschlecht, das Alter (in Gruppen), der Bildungsabschluß, das Äquivalenzeinkommen und die im Wohngebiet verbrachte Zeit verwendet. Die Ergebnisse dieser Analysen sind in Tabelle 6.5 wiedergegeben.

Aus der Tabelle wird deutlich, wie die Einstellungen zu devianten Verhaltensweisen mit unterschiedlichen Bevölkerungsgruppen kovariieren. Des weiteren können bei gleichzeitiger Betrachtung der beiden Skalen, Gruppierungen identifiziert werden, die am ehesten den oben beschriebenen "Idealtypen" nahe kommen.

In den beiden weniger benachteiligten Gebieten sowohl das Ausmaß der Akzeptanz von devianten Verhaltensweisen niedriger als auch die Akzeptanz von aggressivem deviantem Verhalten (erkennbar an den negativen Werten). Für Kalk1 und für Kölnberg ist entsprechend ein überdurchschnittlich hohes Ausmaß an Devianz und relativ hohe Akzeptanz von Gewalt charakteristisch. Auffällig sind hierbei insbesondere die Werte für den Kölnberg, die bezogen auf die "allgemeine Devianz", verglichen mit den anderen in Tabelle 6.3 genannten Gruppierungen, am höchsten sind, d. h. das Akzeptanzniveau von abweichenden Verhaltensweisen ist für diese Untergruppe am größten.

Bei der Bildung ist erwartungsgemäß die Bereitschaft zur Billigung nicht-aggressiven devianten Verhaltens bei den höher Gebildeten überdurchschnittlich hoch. Bezogen auf das Ausmaß der Devianz unterscheiden sich die Abiturienten aber nicht von den Haupt- und Realschülern, d. h. die formale Bildung kann lediglich als Kriterium dafür verwendet werden, welche Art von Abweichung akzeptiert wird und welche nicht. Ähnliches gilt für das Alter: Während es bezogen auf die allgemeine Devianz nicht einmal tendenzielle Unterschiede gibt, ist der Zusammenhang mit der Art der Devianz schon nahezu linear - je älter die Befragten sind, desto weniger scheinen sie nicht-aggressives Verhalten zu billigen und desto eher akzeptieren sie aggressives deviantes Verhalten gegenüber Personen. Die höchste Gewaltbereitschaft gegenüber Dritten - und das auf einem relativ hohen Niveau der allgemeinen Devianz - haben die über 65jährigen und die Verwitweten.

Bei der Variable „Familienstand" ist auffällig, daß die Zusammenlebenden eine überdurchschnittlich hohe Akzeptanz gegenüber allgemeinen devianten Verhaltensweisen haben, dabei überdurchschnittlich oft "Gewalt gegen Personen" ablehnen. Des weiteren haben Männer eine relativ hohe Akzeptanz von abweichenden Verhaltensweisen, wobei sie relativ oft "Gewalt gegen Personen" als "weniger schlimm" einstuften. Keinen signifikanten bzw. nur einen als zufällig zu bezeichnenden Einfluß auf die Einstellung zu devianten Verhaltensweisen hat das Äquivalenzeinkommen und ob jemand Arbeitslosengeld oder Sozialhilfe bezieht oder nicht.

7. Lebensstile

Beziehen wir die Annahmen aus Kapitel 1.3 auf die als "benachteiligt" klassifizierten Untersuchungsgebiete in Köln, so sollten die Bewohner in allen vier Gebieten über ein relativ niedriges ökonomisches Kapital verfügen. Diese Annahme resultiert bereits aus dem Zusammenhang von Angebot und Nachfrage: Je weniger Einkommen ein Haushalt zur Verfügung hat, desto weniger kann er für die Wohnungsmiete aufwenden. Gleichzeitig ist der Vermieter an einer sicheren Mieteinnahme interessiert, d. h. zusätzlich zu der Höhe des Einkommens dürfte die Sicherheit des Einkommens für die Vergabe einer Wohnung relevant sein. Der Schwellenwert des ökonomischen Kapitals hat somit immer zwei Grenzen, zum einen die des Nachfragers, für den es einen maximalen Mietzins gibt und zum anderen den des Anbieters, der ein bestimmtes Einkommen und eine bestimmte Einkommenssicherheit voraussetzt. Dabei sollte der "Schwellenwert", eine Wohnung zu erhalten, am Kölnberg und in Kalk1 noch niedriger sein als in Kalk2 und in Bilderstöckchen. Da die Nachfrage am Kölnberg in vielen Fällen nur aus dem Zwang heraus resultieren dürfte, eine Wohnung haben zu müssen (vgl. die hohe Anzahl von Auszugswünschen aus diesem Viertel, Tabelle 3.10), müssen die Vermieter froh sein, wenn sie überhaupt die Wohnungen vermieten können, der entsprechende Schwellenwert dürfte niedrig sein. Hieraus resultiert, daß in diesen Gebieten hauptsächlich die Haushalte leben dürften, die in anderen Gebieten keine Wohnung bekommen - und das sind überdurchschnittlich viele Ausländer aus wirtschaftlich weniger gut entwickelten Ländern (Türkei, Osteuropa) und Empfänger von staatlichen Transferleistungen.

7.1 Kulturelles und ökonomisches Kapital

Für das kulturelle Kapital sollte es ebenfalls eine Abstufung zwischen den benachteiligten Gebieten von Köln geben - je stärker ein Gebiet benachteiligt ist, desto niedriger sollte das durchschnittliche kulturelle Kapital sein. Die Begründung verläuft analog zu der beim ökonomischen Kapital: Was in dem einen Fall die finanziellen Mittel sind, ist im anderen Fall das Wissen um freie Wohnungen und um die richtige Art der Bewerbung. Wer nur die Möglichkeit hat, über das Wohnungsamt eine Wohnung vermittelt zu bekommen und wer zudem in keiner Genossenschaft ist, muß letztlich das nehmen, was ihm angeboten wird.

Für das soziale Kapital gelten analoge Mechanismen wie beim ökonomischen und kulturellen Kapital: Je effizienter das soziale Netzwerk bei der Wohnungssuche eingesetzt werden kann, desto eher kann ein besseres bzw. weniger benachteiligtes Wohngebiet gewählt werden. Die Unterscheidung der vier Wohngebiete verläuft somit in unterschiedlichen Dimensionen. Zusätzlich zu dem relativ geringen ökonomischen Kapital, das die Bewohner dieser Gebiete haben und für welches in den vier Untersuchungsgebieten wahrscheinlich unterschiedliche Schwellenwerte vorhanden sind, sollte es Unterschiede beim kulturellen und sozialen Kapital geben. Bezogen auf diese Kriterien dürften die Bewohner der benachteiligten Wohngebiete den unteren Klassen zuzuordnen sein.

Entsprechend den Annahmen von Bourdieu können die unteren Klassen durch den "Geschmack der Notwendigkeit" beschrieben werden. Sein Versuch einer Differenzierung der Klassenfraktionen innerhalb der unteren Klassen führte zu keinen Distinktionen, die sich verallgemeinern lassen (Bourdieu 1982). Aufgrund des geringen ökonomischen Kapitals kann lediglich dasjenige gekauft werden, was zum Leben erforderlich ist, und nicht das, was einem spezifischen Lebensstil entsprechen würde. Da es sich bei den vier ausgewählten Wohngebieten um benachteiligte handelt, welche überwiegend von Haushalten der unteren Klassen bewohnt werden, sollten - sofern die Annahmen von Bourdieu (1982) bezüglich des Notwendigkeitsgeschmacks richtig sind - keine unterschiedlichen Lebensstile in den einzelnen Gebieten nachgewiesen werden können.

Die Überprüfung der oben genannten Hypothese soll im ersten Schritt lediglich auf der Makroebene erfolgen: Während Bourdieu die Lebensstile von unterschiedlichen Berufsgruppen innerhalb der drei von ihm definierten Klassen vergleicht, beschreiben wir die Lebensstile in den vier Untersuchungsgebieten.

Für diesen Vergleich wurden vier Listenfragen von Bourdieu (1982) übernommen, wobei bei der Frage nach "dem Servieren von Speisen für Gäste" die Kategorie "nach guter französischer Küche" durch die Antwortvorgabe "nach guter deutscher Küche" ersetzt wurde.

Die erste Frage richtet sich auf den Ort des Möbelerwerbs: im Kaufhaus, auf dem Flohmarkt, beim Antiquitätenhändler, auf einer Versteigerung, im Fachgeschäft, geerbt, im Möbelhaus, gemietet, bei einem Handwerker, selbst gebaut, beim Designer bzw. im Inneneinrichtungsstudio. Die zweite Frage bezieht sich auf die Einrichtung der Wohnung, welche Eigenschaften den Befragten wichtig sind: sauber/ordentlich, klassisch, komfortabel, harmonisch, stilvoll, gepflegt, nüchtern/diskret, phantasievoll, warm, praktisch/ funktional, pflegeleicht, modern, rustikal oder gemütlich. Für die dritte Frage "Wenn Sie Freunde zum Essen einladen, womit bewirten Sie sie am liebsten?" gab es folgende Antwortmöglichkeiten: einfach, aber hübsch angerichtet, fein und erlesen, reichhaltig und gut, improvisiert, nahrhaft und ergiebig, originell, exotisch, nach guter deutscher Küche. Die vierte Frage beinhaltet die Arten der bevorzugten Kleidung: klassisch, qualitätsbewußt, modisch, unauffällig und korrekt, sportlich, chic und elegant, preiswert, bequem oder gewagt. Für diese vier Fragen wurden den Befragten Listen vorgelegt, von den Antwortvorgaben sollten sie jeweils maximal drei auswählen.

Die ersten drei der oben aufgeführten Fragen wurden bereits in vorangegangenen Studien verwendet (Blasius, 1993; Blasius und Winkler, 1989). Weder in einer dieser beiden Untersuchungen noch für die Kölner Armutsstudie war es entscheidend, daß alle Befragten unter allen vorgegebenen Items das gleiche verstanden, daß sie z. B. beim "originellen Essen" an die gleichen Speisen dachten. Wichtig war statt dessen die Zuordnung zu einem "Begriff" - daß sich die Befragten zu bestimmten "Eigenschaften" bekannten. Ein einheitliches Verständnis kann auch nicht gefordert werden, zumindest nicht bei der Verwendung von derart uneindeutig formulierten Begriffen, wie sie zur Beschreibung der Wohnungseinrichtung und der Art des Servierens von Speisen für Gäste vorgegeben wurden: Auf eine offen gestellte Frage, was ein "originelles Essen" und was eine "gemütliche oder stilvoll eingerichtete Wohnungseinrichtung" ist, gibt es vermutlich ebenso viele Antworten wie Befragte. Diese "Ungenauigkeit" der Antwortvorgaben gilt für die meisten der von Bourdieu übernommenen Indikatoren: wurde z. B. "sauber und ordentlich" als wichtigste Eigenschaft der Wohnungseinrichtung angegeben, so bedeutet das nicht, daß die Wohnung überdurchschnittlich sauber oder überdurchschnittlich ordentlich war, aber es war dem Befragten anscheinend wichtig, daß seine Wohnung als "sauber und ordentlich" bezeichnet wird. Wurde diese Eigenschaft nicht genannt, so kann daraus wiederum keinesfalls abgeleitet werden, daß die Wohnung schmutzig oder unordentlich war, es war lediglich für den Befragten kein wichtiges Attribut der Wohnungseinrichtung, andere waren ihm wichtiger. Insgesamt gesehen kann nicht einmal behauptet werden, daß die Wohnungen, deren Bewohner sich die Eigenschaft "sauber, ordentlich" zuschreiben, im Durchschnitt "sauberer" und "ordentlicher" waren als jene Wohnungen, deren Bewohner diese Bezeichnung nicht verwendeten.

Ebenfalls mehrdeutig formuliert sind Merkmale wie "stilvoll" und "komfortabel"; beide können sehr unterschiedlich verstanden werden - für den einen ist eine bestimmte Art von Designer-Möbeln "komfortabel" oder "stilvoll", für den anderen ist es ein altes Sofa vom Sperrmüll. "Warm" kann sich auf die Wohnung selbst beziehen und bedeuten, daß sie warm, also beheizt ist; aber ebenso können Befragte unter diesem Begriff eine warme, eine angenehme Atmosphäre verstehen. Für alle Beschreibungen der Wohnungseinrichtungen ist es jedoch nicht wichtig, was genau die Befragten unter den vorgegebenen Begriffen verstanden, wichtig ist lediglich, welche Eigenschaften sie ihrer Wohnung zuschreiben.

Etwas eindeutiger scheinen die Fragen nach der häufigsten Art des Möbelerwerbs zu sein. Aber auch hier haben Zuordnungen wie "Flohmarkt" mehrere Bedeutungen - auf den (Kölner) Flohmärkten ist von "Antiquitäten" und "schwer erhältlichen, aber trotzdem preiswerten Gebrauchsgegenständen" bis zum "Sperrmüll" nahezu alles erhältlich - und entsprechend gehen Personen aus nahezu allen Bevölkerungsgruppen auf den Flohmarkt. (Auf eine Unterscheidung der Flohmärkte entsprechend dem durchschnittlichen Wert der dort angebotenen Waren wurde in der Befragung verzichtet.) Auch das "Möbelhaus" hat viele Abstufungen bezüglich des Preisniveaus und der Qualität der Ware - es ist auch hier eine Frage der Zuordnung zu diesem Label. Mithilfe der von Bourdieu formulierten und von uns im Rahmen dieser Studie übernommenen Angaben zur Quelle des Möbelerwerbs dürfte es daher nur in wenigen Fällen, wie z. B. "beim Antiquitätenhändler", möglich sein, eine brauchbare Vorhersage des Wertes der Möbel - mithin dieses Teils des ökonomischen Kapitals - zu machen.

Ähnliches wie für die Wohnungseinrichtung gilt auch für die drei wichtigsten Arten, Gäste zu bewirten. Was bedeutet es z.B., daß das Essen "reichhaltig und gut" ist? Oder welche Speisen werden serviert, wenn "gute deutsche Küche" angegeben wird? Letzteres ist ein Lebensstilmerkmal, welches von jungen, überdurchschnittlich gut gebildeten Personen nur sehr selten verwendet wird (vgl. Blasius 1993). Aber auch wenn bei dieser Personengruppe "gute deutsche Küche" nicht zu den drei wichtigsten Arten des Servierens von Speisen für Gäste gehört, so können "Frikadellen und Kartoffelsalat" dennoch zu den präferierten Speisen gehören, sie bekommen nur nicht das Label "gute deutsche Küche", sondern Bezeichnungen wie "originell", "exotisch" oder "improvisiert". Ältere Leute hingegen "improvisieren" nur sehr selten, auch dann nicht, wenn die Kinder unerwartet und hungrig zu Besuch kommen; die servierten Speisen werden überdurchschnittlich oft als "reichhaltig und gut" bzw. als "gute deutsche Küche" bezeichnet.

Im Gegensatz zu den oben diskutierten drei Fragen dürfte bei den Angaben zum Kauf der Kleidung die Höhe des ökonomischen Kapitals einen starken Effekt haben. "Preiswert" sollte eine Bezeichnung sein, die überdurchschnittlich oft von ärmeren Personen angegeben wird (werden muß); diese Bezeichnung kann kaum mehrdeutig interpretiert werden. Ähnliches gilt für Wertungen wie "chic und elegant", "modisch" und "qualitätsbewußt" - diese Bezeichnungen sind zwar auch Lebensstilmerkmale, aber sie haben (zusätzlich) einen deutlich von Null verschiedenen Wert auf der ökonomischen Dimension: "chic und elegant" oder "qualitätsbewußt" kann nur dann eingekauft werden, wenn die entsprechenden finanziellen Mittel vorhanden sind. Während Angaben wie "Möbelkauf auf dem Flohmarkt", "exotische Speisen" oder eine "pflegeleichte" Wohnungseinrichtung nahezu unabhängig von der Höhe des ökonomischen Kapitals verwendet werden können, ist dies bei einer "qualitätsbewußten" oder "modischen" Kleidung kaum möglich. Bei face-to-face Interviews, wie sie für die hier vorliegende Untersuchung durchgeführt wurden, können die Interviewer zwar nicht den Möbelkauf auf dem Flohmarkt oder im Möbelhaus in Frage stellen, sie würden aber sehr schnell sehen, daß die Kleidung nicht "qualitätsbewußt", sondern "preiswert" gekauft wurde.

Werden die Antwortvorgaben der anderen drei Fragen auf ihre "ökonomische" Dimension untersucht, so sind deren Manifestionen lediglich in Ausnahmefällen auch für Dritte zu erkennen und damit überprüfbar, z. B. der Möbelkauf beim Designer. Anders als bei Möbeln aus dem Möbelhaus oder vom Flohmarkt, wo die Produkte von "sehr billig" bis "sehr teuer" reichen und wo zudem das Alter und damit der Zustand der Einrichtungsgegenstände stark variieren kann (was eine entsprechende Angabe jeder Prüfung entzieht), sind Möbel vom Designer noch am ehesten zu erkennen. Aber auch wenn dieses Merkmal damit eine ökonomische Dimension hat, so bleiben noch genügend Ausprägungen übrig, mit denen ausschließlich der Lebensstil beschrieben werden kann. Dies gilt nicht für die drei wichtigsten Merkmale beim Kleidungskauf: Von der vorgegebenen Liste der Merkmale haben fast alle eine eindeutige ökonomische Dimension, eine Ausbildung von Lebensstilen ist daher kaum möglich.

Die Berücksichtigung derartiger Fragen mag Bourdieu (1982) zu der Feststellung veranlaßt haben, daß die Mitglieder der unteren Klassen durch einen Notwendigkeitsgeschmack gekennzeichnet sind, bei der eine weitere Ausdifferenzierung der Geschmäcker nur schwer möglich ist. Ein weiteres Indiz für diese Annahme ist auch, daß Bourdieu zwischen den Dimensionen des kulturellen und des ökonomischen Kapitals nicht eindeutig trennt, wenn er beide Begriffe für die Beschreibung seiner ersten Dimension im "sozialen Raum" der "herrschenden Klassen" und der "mittleren Klassen" verwendet (Bourdieu, 1982: 409, 533).

Im folgenden sollen die Verteilungen der vier Merkmale in den vier Untersuchungsgebieten angegeben werden. Da drei der vier Variablen auch in der Kölner Gentrification-Studie erhoben wurden, werden die Ergebnisse von Nippes als Vergleichsdaten in die nachfolgenden Tabellen aufgenommen (Tabellen 7.1 bis 7.4).

In den vier benachteiligten Gebieten "Bilderstöckchen", "Kalk1", "Kalk2" und "Kölnberg" sind keine großen Unterschiede in den Profilen der Lebensstilmerkmale zu erkennen. Bezogen auf die Wohnungseinrichtungen (Tabelle 7.1) sind die Abweichungen vom Durchschnittswert (siehe Spalte "Insgesamt") nur geringfügig; sie variieren über die Gebiete zudem unabhängig von der Stärke ihrer Benachteiligung. So wird "praktisch, funktional" am seltensten in dem stärksten benachteiligten Gebiet "Kölnberg" angegeben, aber am häufigsten in dem am zweitstärksten benachteiligten Gebiet "Kalk1". "Modern" - eine Ausprägung, die von den Merkmalen der Wohnungseinrichtung vermutlich eine der stärksten ökonomischen Komponenten hat - wurde in dem am stärksten benachteiligten Gebiet Kölnberg am häufigsten angegeben; auf der anderen Seite wurde "gemütlich" - eine Ausprägung, die keine ökonomische Dimension haben sollte - in diesem Gebiet am seltensten genannt.

Vergleicht man die Ergebnisse der Armutsstudie mit denen der Kölner Gentrification-Studie (Blasius, 1993), so findet man, daß insbesondere "sauber und ordentlich" in Nippes relativ selten genannt wurde. Waren es in den benachteiligten Wohngebieten im Durchschnitt 63,3%, die diese Eigenschaft nannten, so

Lebensstile

waren es in Nippes lediglich 35,7%. Wenn auch nicht so deutlich, doch ebenfalls relativ selten wurde das Attribut "warm" vergeben: in den benachteiligten Gebieten von Köln von 38,5% der Befragten, in Nippes von 31,2%. Auf der anderen Seite wurden in Nippes überdurchschnittlich oft die Merkmale "praktisch, funktional" (35,1% versus 29,2%), "modern" (10,9% versus 6,5%) als auch "nüchtern, diskret" (4,7% versus 2,1%), "rustikal" (4,3% versus 2,8%) und "harmonisch" (19,2% versus 14,2%) vergeben. Diese unterschiedliche Verwendung der Attribute kann als Hinweis auf unterschiedliche Lebensstile zwischen dem gentrifizierten und den benachteiligten Wohngebieten interpretiert werden.

Tabelle 7.1: Die drei wichtigsten Eigenschaften der Wohnungseinrichtung, deutsche Befragte, in Prozent

Eigenschaft	Bilderst.	Kalk1	Kalk2	Kölnberg	Insgesamt	Nippes
Sauber, ordentlich	56,9	72,1	62,2	63,3	63,6	35,7
Komfortabel	11,9	4,5	8,4	8,9	8,4	8,1
Stilvoll	6,4	5,4	6,7	1,1	5,1	10,8
Warm	37,6	27,9	46,2	42,2	38,5	31,2
Pflegeleicht	16,5	16,2	16,8	15,6	16,3	17,8
Harmonisch	20,2	13,5	13,4	8,9	14,2	19,2
Gepflegt	14,7	18,9	10,9	10,0	13,8	13,9
Phantasievoll	8,3	9,0	10,1	4,4	8,2	18,5
Praktisch, funktional	28,4	36,0	26,9	24,4	29,1	35,1
Modern	4,6	3,6	5,0	14,4	6,5	10,9
Klassisch	0,0	0,0	0,8	1,1	0,5	2,7
Gemütlich	71,6	63,1	71,4	55,6	66,0	62,2
Nüchtern, diskret	0,9	0,9	1,7	5,6	2,1	4,7
Rustikal	1,8	2,7	3,4	3,3	2,8	4,3
N	109	111	119	90	429	813

Im Gegensatz zu den Angaben bezüglich der gewünschten Wohnungseinrichtungen gibt es bei den "Quellen des Möbelerwerbs" (Tabelle 7.2) schon innerhalb der vier benachteiligten Gebiete relativ deutliche Unterschiede. So wurde in Bilderstöckchen das "Kaufhaus" lediglich von 11,9% der Befragten genannt, hingegen von 32,9% der Bewohner des Kölnbergs. Umgekehrt ist das

Verhältnis beim Erwerb von Möbeln im "Möbelhaus": in Bilderstöckchen als auch in den beiden Gebieten von Kalk verwendeten jeweils gut 70% dieses Merkmal, am Kölnberg waren es lediglich 43,5% der Befragten. Der "Flohmarkt" wurde wiederum von den Bewohnern des Kölnbergs am häufigsten genannt.

Tabelle 7.2: Orte des häufigsten Möbelerwerbs, maximal drei Nennungen, deutsche Befragte, in Prozent

Quelle	Bilderst.	Kalk1	Kalk2	Köln-berg	Insge-samt	Nippes
Geschenkt, geerbt	18,3	16,4	19,3	22,4	18,9	20,8
Selbst gebaut	5,5	8,2	10,1	4,7	7,3	20,4
Kaufhaus	11,9	12,7	21,8	32,9	19,1	25,7
Antiquitätenhändler	3,7	1,8	2,5	0,0	2,1	11,7
Möbelhaus	71,6	70,9	73,1	43,5	66,2	62,5
Fachgeschäft	27,5	20,0	16,8	17,6	20,6	38,7
Handwerker	1,8	2,7	2,5	1,2	2,1	6,1
Designer	0,9	0,0	0,8	0,0	0,5	3,5
Flohmarkt	9,2	7,3	12,6	18,8	11,6	16,8
Versteigerung	1,8	0,0	0,0	1,2	0,7	2,4
N	109	110	119	85	423	802

Vergleicht man diese Werte mit den Daten für Nippes, so werden die Unterschiede beim kulturellen und beim ökonomischen Kapital sichtbar. Zum kulturellen Kapital dürfte die Fähigkeit zählen, Möbel selbst zu bauen; dieses Merkmal wurde in Nippes von jedem fünften Befragten genannt, in den benachteiligten Gebieten von Köln nicht einmal von jedem zwölften. Deutliche Unterschiede gibt es auch beim "Fachgeschäft": In Nippes gaben 38,7% diesen Ort als Erwerbsquelle ihrer Möbel an, in den benachteiligten Gebieten von Köln waren es lediglich 20,6%; beim "Designer" ist das Verhältnis 3,5% zu 0,5%, beim "Handwerker" 6,1% zu 2,1%. Daß der Möbelerwerb auf dem Flohmarkt nicht nur aus ökonomischen Gründen, sondern auch aus Gründen des Lebensstils erfolgt, kann man daran erkennen, daß diese Bezugsquelle in Nippes von 16,8% der Befragten genannt wurde, in den benachteiligten Gebieten jedoch lediglich von 11,6% - und hier wiederum von den Bewohnern des Kölnbergs mit 18,8% am häufigsten. Der

Lebensstile

Flohmarkt könnte bei den Bewohnern der benachteiligten Wohngebiete eine Distinktionswirkung haben: Dort wird nur dann eingekauft, wenn es notwendig ist. Im Gegensatz dazu scheinen es relativ viele der Besserverdienenden aus Nippes als "lebensstilgerecht" empfunden zu haben, den Flohmarkt als Quelle ihres Möbelerwerbs anzugeben. Der Flohmarkt wäre somit zum einen der Ort des preiswerten Möbelerwerbs als auch einer der Stilisierung des Lebens.

In den drei wichtigsten Arten, Gäste zu bewirten, gibt es ebenfalls relativ deutliche Unterschiede zwischen den vier benachteiligten Wohngebieten (Tabelle 7.3). Aber auch bezogen auf die Ausprägungen dieser Variablen scheint die Variation der Daten unabhängig von dem Ausmaß der Benachteiligung des Gebietes zu sein: So wurde "fein und erlesen" zwar mit Abstand am seltensten in Kalk1 genannt, jedoch in den anderen drei Gebieten etwa gleich oft; eine "feine und erlesene" Küche scheint es somit auch in stark benachteiligten Gebieten wie dem Kölnberg zu geben. Doch ist auch dieses Merkmal nicht eindeutig zu interpretieren: "fein und erlesen" kann bedeuten, daß die Speisen "fein und erlesen" im Sinn von "teuer" sind, aber der Ausdruck kann auch "relativ" interpretiert werden: die Gäste erhalten die besten Speisen, die sich der Haushalt leisten kann - "fein und erlesen" aus der Sicht des Befragten, relativ gesehen zu dem Essen, wenn keine Gäste da sind oder relativ zu den Speisen, die einem selbst angeboten werden. "Reichhaltig und gut" wurde in Kalk2 und Bilderstöckchen am häufigsten genannt, am Kölnberg und in Kalk1 relativ selten. Am Kölnberg wurden zudem die Begriffe "improvisiert" sowie "nahrhaft und ergiebig" nur relativ selten genannt, in Kalk1 gilt dies zusätzlich für "gute deutsche Küche". "Originell" wiederum wurde relativ oft in Kalk2 als auch am Kölnberg angegeben. Bei "einfach, aber hübsch angerichtet" bestehen die deutlichsten Unterschiede zwischen den beiden Untersuchungsgebieten von Kalk.

Verglichen mit den Ergebnissen von Köln-Nippes gibt es deutliche Unterschiede bei dem Attribut "fein und erlesen". In den vier benachteiligten Gebieten von Köln verwendete nicht einmal jeder zehnte diese Kategorie, in Nippes war es etwa jeder sechste. Auch beim "improvisierten" Essen ist ein deutlicher Unterschied vorhanden: 17,8% zu 25,9%; ebenso bei "originell" (15,2% versus 29,9%) und "exotisch" (7,5% versus 11,5%). Entgegengesetzt sind die Verhältnisse bei der Ausprägung "gute deutsche Küche": diese Kategorie nannten in den vier benachteiligten Gebieten 32,0%, in Nippes lediglich 19,8%. Diese Unterschiede spiegeln die unterschiedlichen Strukturen der Gebiete wider: im Gegensatz zu den vier benachteiligten Wohngebieten handelt es sich bei Nippes um ein gentrifiziertes Gebiet, in dem zur Zeit der Untersuchung relativ viele Haushalte mit einem überdurchschnittlich hohen Einkommen als auch mit einer überdurchschnittlich hohen Bildung lebten. Im Sinn der Bourdieuschen Theorie können die Unterschiede zwischen diesen beiden Bevölkerungsgruppen als "grobe Unterschiede" (Blasius und Winkler, 1989) bezeichnet werden.

Des weiteren gibt es deutliche Unterschiede zwischen den beiden Studien bei der zwar nicht explizit vorgelegten, aber im Untersuchungskonzept berücksichtigten Kategorie "Lade niemanden ein" - eine Ausprägung, die nach der Auswertung des Pretests zusätzlich aufgenommen wurde. In den benachteiligten Gebieten machte etwa jeder fünfte eine derartige Angabe, in den beiden am stärksten benachteiligten Gebieten war es sogar jeder vierte. In diesem Merkmal gibt es auch den deutlichsten Unterschied zu den Bewohnern von Nippes: Da diese Antwortvorgabe in Nippes nicht explizit aufgeführt wurde, wurden alle Befragten, die bei der Frage zu den Speisen für Gäste "keine Angabe" gemacht haben, als "Lade niemanden ein" klassifiziert. Obwohl es dadurch zu einer Überschätzung dieser Personengruppe kommen sollte - es gab vermutlich auch Personen, die die gesamte Frage nach dem "Speisen für Gäste" verweigert haben -, so kann in Nippes lediglich jeder zwanzigste zu dieser Personengruppe gezählt werden.

Tabelle 7.3: Die drei wichtigsten Arten beim Bewirten von Gästen, deutsche Befragte, in Prozent

Zubereitung	Bilderst.	Kalk1	Kalk2	Kölnberg	Insgesamt	Nippes
Einfach, aber hübsch angerichtet	40,7	30,6	52,5	41,6	41,6	41,7
Fein und erlesen	12,0	3,6	10,8	11,2	9,3	16,7
Reichhaltig und gut	38,0	31,5	39,2	24,7	33,9	33,4
Improvisiert	18,5	17,1	21,7	12,4	17,8	25,9
Nahrhaft, ergiebig	16,7	15,3	17,5	9,0	15,0	12,3
Originell	11,1	9,9	20,0	20,2	15,2	29,9
Exotisch	6,5	6,3	6,7	11,2	7,5	11,5
Gute deutsche Küche	37,0	27,0	39,2	22,5	32,0	19,8
Lade niemanden ein	13,0	28,8	10,8	23,6	18,7	(4,9)
N	108	111	120	89	428	812

Lebensstile 117

Daß in den vier benachteiligten Gebieten relativ oft keine Gäste eingeladen werden, kann zum einem mit dem relativ niedrigen ökonomischen Kapital vieler Haushalte erklärt werden (es ist diesen Haushalten finanziell nicht möglich, Gäste mit Speisen zu bewirten), und zum anderen mit einem niedrigen kulturellen bzw. sozialen Kapital; es werden keine Gäste zum Essen eingeladen, da "gemeinsames Essen" kein Element des Lebensstils ist bzw. da die Haushalte keine Freunde bzw. Verwandte haben, die sie zum Essen einladen möchten. Daß das Bewirten von Gästen nicht nur eine ökonomische Dimension hat, kann aus den Antworten der türkischen Befragten abgeleitet werden - von diesen gaben lediglich zwei an, daß sie niemanden zum Essen einladen.

Tabelle 7.4: Die drei wichtigsten Arten beim Kauf von Kleidung, deutsche Befragte, in Prozent

Stil	Bilderst.	Kalk1	Kalk2	Köln-berg	Insge-samt
Klassisch	8,3	4,5	5,9	6,7	6,3
Qualitätsbewußt	21,1	20,5	25,2	8,9	19,5
Modisch	22,0	18,8	21,8	18,9	20,5
Unauffällig, korrekt	33,9	33,9	27,7	24,4	30,2
Sportlich	38,5	35,7	49,6	38,9	40,9
Preiswert	35,8	22,3	26,9	45,6	31,9
Bequem	66,1	68,8	63,0	72,2	67,2
Chic und elegant	14,7	14,3	15,1	7,8	13,3
Gewagt	3,7	5,4	0,0	1,1	2,6
N	109	110	119	85	423

Werden die drei wichtigsten Arten beim Kauf von Kleidung (Tabelle 7.4) betrachtet, so sind die relativ niedrigen Werte der Bewohner des Kölnbergs bei "qualitätsbewußt" und bei "chic und elegant" am auffälligsten, dem entgegen wurde "preiswert" überdurchschnittlich oft genannt. Bei den anderen Ausprägungen gibt es auf der Ebene der vier Untersuchungsgebiete kaum Unterschiede, sie wurden überall etwa gleich oft bzw. gleich selten verwendet. Die bevorzugte Art des Kleidungskaufes sollte somit auch vom ökonomischen Kapital abhängig und - verglichen mit den anderen drei Variablen - weniger eine Frage des Lebensstils sein. Aufgrund dieser relativ starken ökonomischen Dimension werden die

Merkmale des Kleidungskaufs aus den nachfolgenden multivariaten Analysen ausgeschlossen; es verbleiben die Fragen zur Wohnungseinrichtung, zum Ort des Möbelerwerbs und zum Bewirten der Gäste (inklusive der Kategorie "lade niemanden ein").

7.2 Der Raum der Lebensstile

Welche Bedeutung haben diese Ergebnisse für die Theorie von Bourdieu? Für seine "feinen Unterschiede" verbindet Bourdieu (1982) den Raum der sozialen Positionen mit dem Raum der Lebensstile. Wie bereits erwähnt, besteht der "Raum der sozialen Positionen" aus den Profilen der Klassenfraktionen (operationalisiert mit Hilfe der Berufspositionen), deren Ausprägungen die Merkmale der Lebensstile sind (z. B. "Bevorzugte Art der Möbeleinrichtung: warm"). Der "Raum der Lebensstile" besteht aus den Profilen der Lebensstilmerkmale, die Ausprägungen in den sozialen Positionen haben (z. B. Facharbeiter). Die Daten werden somit auf der Aggregatebene analysiert, es sind die zeilen- bzw. spaltenweise prozentuierten Kreuztabellen; die Eingabeinformationen für die Korrespondenzanalyse sind somit die absoluten Werte der Multi-Response-Tabellen (vgl. auch Blasius und Winkler, 1989). Soll unsere Analyse in Analogie zu Bourdieu durchgeführt werden, so wären die absoluten Werte der Tabellen 7.1 bis 7.4 als Eingabeinformationen zu verwenden; anstelle der Klassenfraktionen verwenden wir die vier Gebiete als Spaltenvariable.

Auf der analytischen Ebene wären in dem oben beschriebenen Modell die Effekte der vier Gebiete auf die einzelnen Lebensstilmerkmale zu beschreiben, nicht aber die Zusammenhänge zwischen den einzelnen Lebensstilmerkmalen, also z. B. zwischen dem "Servieren von exotischen Speisen" und dem "Flohmarkt" als Quelle des Möbelerwerbs. Da jedoch aufgrund der Ergebnisse aus den Kreuztabellierungen keine weiteren Aufschlüsse aus der gemeinsamen Betrachtung der Korrelationen zwischen den vier Gebieten und den Lebensstilmerkmalen zu erwarten sind, soll auf diese Analyse verzichtet werden. Statt dessen soll, in Abweichung von Bourdieus "feinen Unterschieden", geprüft werden, ob es Zusammenhänge zwischen den einzelnen Lebensstilmerkmalen gibt, also ob z. B. die Personen, die ihren Gästen exotische Speisen servieren, überdurchschnittlich oft ihre Möbel im Fachgeschäft kaufen bzw. ob die Personen, die ihre Wohnungseinrichtung als "sauber, ordentlich" bezeichneten, auch überdurchschnittlich oft ihren Gästen Speisen nach "guter, deutscher Küche" servieren. Des weiteren soll untersucht werden, ob die zu erwartenden Lebensstilcluster mit den vier Gebieten und mit ausgewählten sozio-demografischen Merkmalen der Befragten kovariieren. Da alle Merkmale kategorial skaliert sind, verwenden wir als Verfahren die multiple Korrespondenzanalyse (vgl. zum Verfahren Gifi, 1990; Greenacre, 1984, 1993).

Die Korrespondenzanalyse ist ein exploratives, multivariates Analyseverfahren, dessen Charakteristikum es ist, Zeilen und Spalten von beliebigen Kontingenztabellen grafisch darzustellen. Das Verfahren wird insbesondere dann eingesetzt, wenn Strukturen in mehrdimensionalen Daten gefunden und beschrieben werden sollen, also u. a. als hypothesengenerierendes Verfahren.

Die Korrespondenzanalyse wurde unter verschiedenen Namen in der statistischen Literatur eingeführt, u.a. auch als "optimal or dual scaling" (Nishisato, 1994) und als "Homogenitätsanalyse" (Gifi, 1990). Die Ergebnisse der verschiedenen Verfahren sind ineinander überführbar, die Unterscheidung der Techniken liegt im zugrundeliegenden geometrischen Modell (siehe hierzu Greenacre, 1984). In der bekanntesten und hier verwendeten Form wurde die Korrespondenzanalyse in Frankreich entwickelt (Benzécri u.a., 1973), wo sie seit vielen Jahren in den Sozialwissenschaften eingesetzt wird und insbesondere durch die in viele Sprachen übersetzten Arbeiten von Bourdieu bekannt wurde.

Es lassen sich zwei Verfahren der Korrespondenzanalyse unterscheiden: die "multiple" und die "einfache"; beide Verfahren basieren auf dem gleichen Algorithmus (Greenacre, 1984: 126 ff.). In der einfachsten Anwendung des Verfahrens werden die Zeilen- und Spaltenmerkmale einer Kontingenztabelle in einen gemeinsamen Vektorraum geschrieben und auf der Basis ihrer Distanzen[1] und auf der Basis der Korrelationen mit den Achsen des Projektionsraums interpretiert. Sollen mehrere Kontingenztabellen beschrieben werden, die eine gemeinsame Spaltenvariable haben, so kann auch eine zusammengesetzte Kontingenztabelle analysiert werden. In diesem Fall gibt es eine zu beschreibende Variable (z. B. die Fraktionen der oberen Klassen von Bourdieu oder die vier benachteiligten Wohngebiete in unserer Studie) und eine beliebige Anzahl von beschreibenden Variablen (z. B. Merkmale des Lebensstils); in der empirischen Anwendung werden die Tabellen unter Wahrung der Spaltenvariable untereinander geschrieben und

---

1 Gemeint sind ausschließlich die Distanzen zwischen den Merkmalen der Zeilen und zwischen den Merkmalen der Spalten, die Distanzen zwischen Zeilen- und Spaltenmerkmalen sind nicht definiert und dürfen demzufolge nicht interpretiert werden.

als eine (zusammengesetzte) Tabelle betrachtet.

Eine derartige Anwendung der Korrespondenzanalyse wählte auch Bourdieu (1982) zur Beschreibung seiner "feinen Unterschiede": In den Zeilen stehen bei ihm die Ausprägungen des Lebensstils, in den Spalten die Klassenfraktionen und in den Zellen die absoluten Häufigkeiten der Kreuzzähltabellen. Die Analyseebene ist damit das Aggregat, Aussagen über die einzelnen Untersuchungseinheiten, in dem gegebenen Fall also über einzelne Personen, sind nicht möglich. Bei der einfachen Korrespondenzanalyse sind es Gruppen von Personen (bei Bourdieu z. B. Hochschullehrer und Führungskräfte als Klassenfraktionen innerhalb der "herrschenden Klassen", in unserer Analyse wären es die Bewohner in den vier benachteiligten Wohngebieten), denen bestimmte (Zeilen-)Merkmale (bei Bourdieu als auch in der vorliegenden Untersuchung bestimmte Lebensstilmerkmale, z. B. "das Bewirten von Gästen mit exotischen Speisen") zugeordnet werden.

Bei der multiplen Korrespondenzanalyse kann die Eingabe sowohl in Form einer Burt-Matrix erfolgen, also in Form einer symmetrischen Matrix, bei der jede Variable mit jeder anderen kreuztabelliert und die Tabellen zeilen- und spaltenweise miteinander verknüpft werden, als auch in Form einer Indikatormatrix (in den Spalten stehen die Variablenausprägungen, in den Zeilen die Untersuchungseinheiten - in der Regel also die Befragten; die Kodierung ist 0/1, "genannt" und "nicht genannt"). Als bekannte sozialwissenschaftliche Anwendung einer multiplen Korrespondenzanalyse kann der "homo academicus" von Bourdieu (1988) genannt werden, in dem der Autor Hochschullehrer anhand einer Vielzahl von Variablen (Fakultätszugehörigkeit, Beruf des Vaters, Geburtsjahr [gruppiert]) miteinander vergleicht. Die Darstellung der Ergebnisse erfolgt sowohl auf der Basis des Zusammenhanges der Variablenausprägungen (z. B. welche Berufe der Väter sind mit welcher Fakultätszugehörigkeit der Hochschullehrer assoziiert) als auch auf der Ebene der Hochschullehrer (welche Personen haben ähnliche Merkmalsmuster).

Wir verwenden im folgenden die multiple Korrespondenzanalyse, um zu untersuchen, ob es Kombinationen von Lebensstilmerkmalen gibt, die überdurchschnittlich oft vorkommen. Wenn es derartige Kombinationen gibt, so können diese in einem Projektionsraum derart graphisch dargestellt werden, daß zusammengehörende Merkmale räumlich nah beieinander liegen. Zusätzlich zur Beschreibung der auf diese Art gefundenen Zusammenhänge soll geprüft werden, ob diese mit Drittvariablen (u. a. Alter [gruppiert], formale Bildung, Äquivalenz-

Lebensstile 121

einkommen [gruppiert], Untersuchungsgebiet) kovariieren. Diese noch einzuführenden Drittvariablen sollen keinen Einfluß auf die Struktur des durch die Lebensstilmerkmale definierten Projektionsraums haben, die Merkmale sollen lediglich in den bereits berechneten Raum projiziert und gemeinsam mit den Lebensstilmerkmalen interpretiert werden.

In der ersten der nachfolgenden multivariaten Analysen beschränken wir uns auf die Verwendung der Lebensstilmerkmale. Als Eingabeinformation verwenden wir eine Indikatormatrix bestehend aus insgesamt 60 Spalten (13 Merkmale der Wohnungseinrichtung, 8 Orte des Möbelerwerbs, 9 Arten des Servierens von Speisen für Gäste; jeweils "genannt" und "nicht genannt")[2] und 421 Zeilen (Anzahl der Befragten, die die drei entsprechenden Fragen beantwortet haben). Bei den Lebensstilvariablen wurde auf jene Merkmale verzichtet, die von weniger als einem Prozent der Befragten, also von weniger als fünf Personen, angegeben wurden: auf die "klassische Wohnungseinrichtung" sowie auf die Quellen des Möbelerwerbs "Designer" und "Versteigerung". Die grafische Darstellung des "Raums der Lebensstile" ist in Abbildung 7.1 wiedergegeben, auf die Darstellung der Befragten im Projektionsraum wurde verzichtet, da die räumliche Nähe der einzelnen Individuen zueinander - anders als bei Bourdieus Hochschullehrern im "Raum der Fakultäten" (Bourdieu 1988) - irrelevant ist.

In Abbildung 7.1 sind die Lokalisationen der Lebensstilmerkmale (berücksichtigt wurden lediglich die Ausprägungen von "genannt") in den ersten beiden Dimensionen des latenten Raums wiedergegeben. Das auffälligste Ergebnis dürfte die separate Lage von "Lade niemanden ein" (slne) sein. Die Befragten, die diese Angabe machten, scheinen eine relativ homogene Gruppe zu sein, die kaum andere Lebensstilmerkmale gemeinsam haben (vgl. die relativ großen Distanzen zu den anderen Merkmalen des Lebensstils). Soll dennoch eine Angabe gemacht werden, so liegt das "Kaufhaus" (mkfhs) noch am dichtesten, d. h. Personen, die keinen Besuch zum Essen haben, erwerben ihre Möbel überdurchschnittlich oft im Kaufhaus. Am weitesten entfernt sind Angaben wie "stilvolle Wohnungseinrichtung" (wstilvoll) und "Möbelkauf beim Antiquitätenhändler" (maqh): Be-

---

2   Durch diese doppelte Verwendung aller Merkmale wird sichergestellt, daß alle Personen in den Ausgangsdaten (die Indikatormatrix) die gleiche Randsumme haben (=30), und zwar auch dann, wenn bei einer Frage weniger als drei Angaben gemacht wurden. Da die korrespondierenden Nennungen von "genannt" und "nicht genannt" perfekt negativ assoziiert sind, laden sie in allen Dimensionen auf der entgegengesetzten Seite. Werden sie in einem beliebigen höher dimensionalen Raum durch eine Gerade verbunden, so geht diese durch das Achsenkreuz. In der grafischen Darstellung werden daher nur die Ausprägungen von "genannt" wiedergegeben.

fragte, die diese Angaben machten, haben relativ selten angegeben, daß sie keine Gäste zum Essen einladen.

Abbildung 7.1: "Der Raum der Lebensstile"

Lebensstile

Legende

Quelle des Möbelerwerbs

mgeerbt	geerbt
mflohm	auf dem Flohmarkt gekauft
mkfhs	Kaufhaus
msgbt	selbst gebaut
mfgs	Fachgeschäft
mhw	bei einem Handwerker gekauft
mmhs	Möbelhaus
maqh	Antiquitätenhändler

Speisen für Gäste

simprov	improvisiert
serlesen	fein und erlesen
sdeutsch	gute deutsche Küche
sreichh	reichhaltig und gut
snahrh	nahrhaft und ergiebig
sorginell	originell
seinfach	einfach, aber hübsch angerichtet
sexotisch	exotisch
slne	lade niemanden ein

Eigenschaften der Wohnungseinrichtung

wwarm	warm
wmodern	modern
wsauber	sauber, ordentlich
wpflege	pflegeleicht
wphsv	phantasievoll
wdiskret	nüchtern, diskret
wgepflegt	gepflegt
wrustikal	rustikal
wharmon	harmonisch
wprakt	praktisch, funktional
wkomfort	komfortabel
wgemuetl	gemütlich
wstilvoll	stilvoll

Wird "lade niemanden ein" auf die zweite Dimension (die vertikale Achse) projiziert, so definiert dieses Merkmal zu einem großen Anteil den negativen Bereich dieser Achse. (Zur Interpretation der grafischen Darstellung der multiplen Korrespondenzanalyse siehe Greenacre, 1990, 1991; Le Roux und Rouanet, 1998.) Im positiven Bereich der zweiten Achse, also negativ assoziiert mit "Lade niemanden ein", laden insbesondere die Variablenausprägungen "Möbelkauf beim Antiquitätenhändler", "exotische Speisen für Gäste" (sexotisch), "erlesene Speisen für Gäste" (serlesen), "stilvolle Wohnungseinrichtung", "originelle Speisen für Gäste" (sorginell) und "phantasievolle Wohnungseinrichtung" (wphsv). Ohne Berücksichtigung des Einkommens der Haushalte könnte diese Achse als "ökonomisches Kapital" interpretiert werden - mit den Gegensätzen "Lade niemanden ein" als (vermeintliches) Merkmal eines relativ geringen ökonomischen Kapitals und "Möbel beim Antiquitätenhändler", "exotische Speisen", "feine und erlesene Speisen" sowie "stilvolle Wohnungseinrichtung" als (vermeintliche) Merkmale eines relativ hohen ökonomischen Kapitals.

Die erste Dimension (die horizontale Achse) wird determiniert durch die

Gegensätze von "phantasievolle Wohnungseinrichtung", "selbst gebaute Möbel" (msgbt), "geerbte Möbel" (mgeerbt), "Möbelkauf auf dem Flohmarkt" (mfloh), "improvisierte" und "originelle Speisen für Gäste" (simprov, soriginell) versus "Möbelkauf beim Antiquitätenhändler", "rustikale" bzw. "gepflegte Wohnungseinrichtung" (wrustika, wgepflegt) und "deutsche Küche" (sdeutsch). Auf der Basis dieser Zuordnungen kann diese Achse als Dimension des "kulturellen Kapitals" interpretiert werden: im positiven Bereich mit der "phantasievollen Wohnungseinrichtung" und der Fähigkeit, "Möbel selbst zu bauen", also mit Merkmalen, welche für einen relativ hohen Wert stehen sollten, und mit dem "Servieren von Speisen für Gäste nach deutscher Küche" sowie einer "gepflegten Wohnungseinrichtung" im negativen Bereich, also mit Merkmalen, welche auf niedriges kulturelles Kapital schließen lassen

Auffällig ist bei diesen Zuordnungen, daß der "Antiquitätenhändler" zwar der Seite eines hohen ökonomischen Kapitals zuzuordnen ist (siehe die Lokalisation im positiven Bereich der zweiten Achse), gleichzeitig aber mit einem geringen kulturellen Kapital verbunden ist (siehe die Lokalisation im negativen Bereich der ersten Achse). Somit scheint der "Antiquitätenhändler" zwar ein relativ hohes Einkommen zu symbolisieren, aber keinen Geschmack im Sinne eines hohen kulturellen Kapitals zu haben.

Um diese Ergebnisse weitergehend interpretieren zu können, werden in diesen bereits bestehenden Raum die sozio-demografischen Merkmale der Befragten projiziert. Dies ist in der Korrespondenzanalyse mit Hilfe von sogenannten "ergänzenden" oder "passiven Variablen" möglich (Greenacre, 1984, 1993, Blasius, 1993). Dieses Verfahren hat vermutlich auch Bourdieu bei der Beschreibung seiner "feinen Unterschiede" verwendet, um die sozio-demographischen Merkmale der Klassenfraktionen im "sozialen Raum" berücksichtigen zu können; in der deutschen Übersetzung der "feinen Unterschiede" werden diese Variablen(ausprägungen) als "illustrierende Merkmale" bezeichnet. Obwohl Bourdieu (1982: 407) sie von anderen Variablen unterscheidet, sagt er nicht genau, was er mit "illustrierenden Variablen" meint.

Für die weitergehende Beschreibung des oben beschriebenen "Raums der Lebensstile" werden in den bereits bestehenden Raum (Abbildung 7.1) folgende Merkmale projiziert: Alter (bis 18 bis 25 Jahre, 26 bis 35 Jahre, 36 bis 45 Jahre, 46 bis 55 Jahre, 56 bis 64 Jahre, 65 Jahre und älter), Bildung (bis einschließlich Hauptschulabschluß, mittlere Reife, Abitur und Hochschulabschluß [aufgrund der geringen Fallzahl als gemeinsame Kategorie]), Familienstand (ledig, verheiratet, zusammenlebend, geschieden, verwitwet), das Äquivalenzeinkommen des Haushalts (unter DM 500, DM 500 bis unter DM 1.000, DM 1.000 bis unter DM 1.500, DM 1.500 bis unter DM 2.000, DM 2.000 und mehr) sowie die vier Untersuchungsgebiete (Bilderstöckchen, Kalk2, Kalk1, Kölnberg). Im Sinne einer besseren Übersichtlichkeit wurde für jede der "ergänzenden Variablen" eine eigene Abbildung angefertigt und aus dem gleichen Grund wurden jene Ausprägungen in den grafischen Darstellungen weggelassen, die in der Nähe des Achsenkreuzes liegen (siehe Abbildung 7.1). Die grafischen Darstellungen dieser Analysen sind in den Abbildungen 7.2 bis 7.6 wiedergegeben.

Wird das "Alter" in den oben aufgeführten Gruppen in den bereits bestehenden Raum einbezogen, so wird ersichtlich, daß diese Variable mit einer Ausnahme ordinal skaliert ist (vgl. Abbildung 7.2). Der einzige "Fehler" in der Reihenfolge wird durch die Ausprägungen der "18 bis 25jährigen" und "26 bis 35jährigen" markiert, die in der Abbildung "vertauscht" sind. Da jedoch ein relativ großer Anteil der jüngeren Befragten zum Zeitpunkt der Erhebung noch bei den Eltern lebte, sollte sich bei diesen Personen noch kein eigener Lebensstil entwickelt haben; auf die Fragen nach den Quellen des Möbelerwerbs und der Wohnungseinrichtung wurden die Lebensstilmerkmale der Eltern angegeben. Da die Eltern im Schnitt etwa 25 Jahre älter sind, sollte der durchschnittliche Lebensstil der jüngsten Altersgruppe auch zwischen den beiden nachfolgenden Altersgruppen lokalisiert sein - die Ordinalität der Variablen "Alter in Gruppen" bleibt somit im Projektionsraum erhalten.

Werden gemäß der faktorenanalytischen Interpretation die Ausprägungen auf die beiden Achsen projiziert und wird die erste Dimension als "kulturelles Kapital" bezeichnet, so kann gesagt werden, daß je jünger die Befragten sind, desto größer das kulturelle Kapital ist. Wird die zweite Achse als ökonomisches Kapital bezeichnet, so ist dieses um so niedriger, je älter der Befragte ist.

Gemäß der Interpretation als Distanzmodell sind "originelle" und "improvisierte Speisen für Gäste" die typischsten Merkmale für junge Befragte; je älter die Personen sind, desto seltener wurde von diesen Bezeichnungen Gebrauch gemacht. Angaben wie "Lade keine Gäste zum Essen ein", "Möbelkauf im Kaufhaus" und "deutsche Küche" kennzeichnen die Altersgruppen ab etwa Mitte 40, die jüngeren bevorzugen "improvisierte" bzw. "originelle Speisen", eine "phantasievolle Wohnungseinrichtung" und "selbstgebaute Möbel".

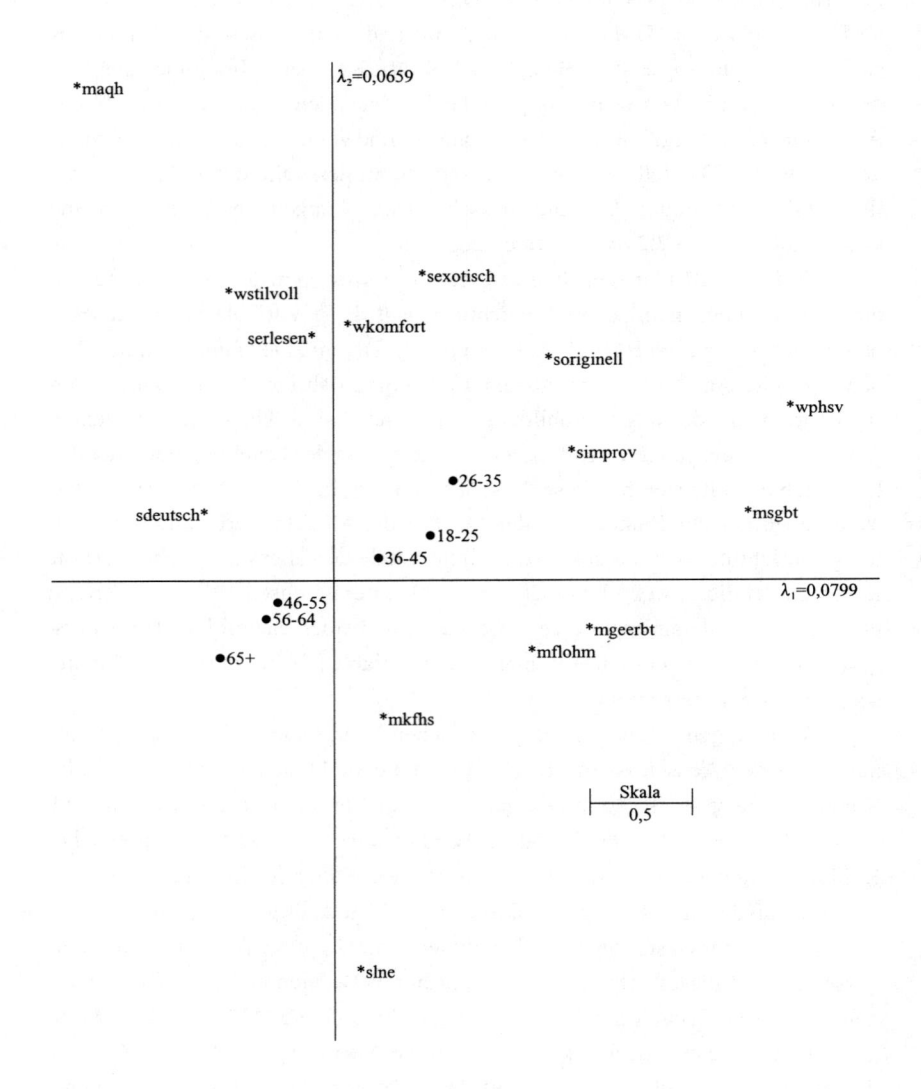

Abbildung 7.2: "Der Raum der Lebensstile" und "Alter" als ergänzende Variable

$\lambda_2 = 0{,}0659$

$\lambda_1 = 0{,}0799$

*maqh
*wstilvoll
*sexotisch
serlesen* *wkomfort
*soriginell
*wphsv
*simprov
•26-35
sdeutsch*
*msgbt
•18-25
•36-45
•46-55
•56-64
*mgeerbt
•65+
*mflohm
*mkfhs

Skala 0,5

*slne

Lebensstile 127

Abbildung 7.3: "Der Raum der Lebensstile" und "Bildung" als ergänzende Variable

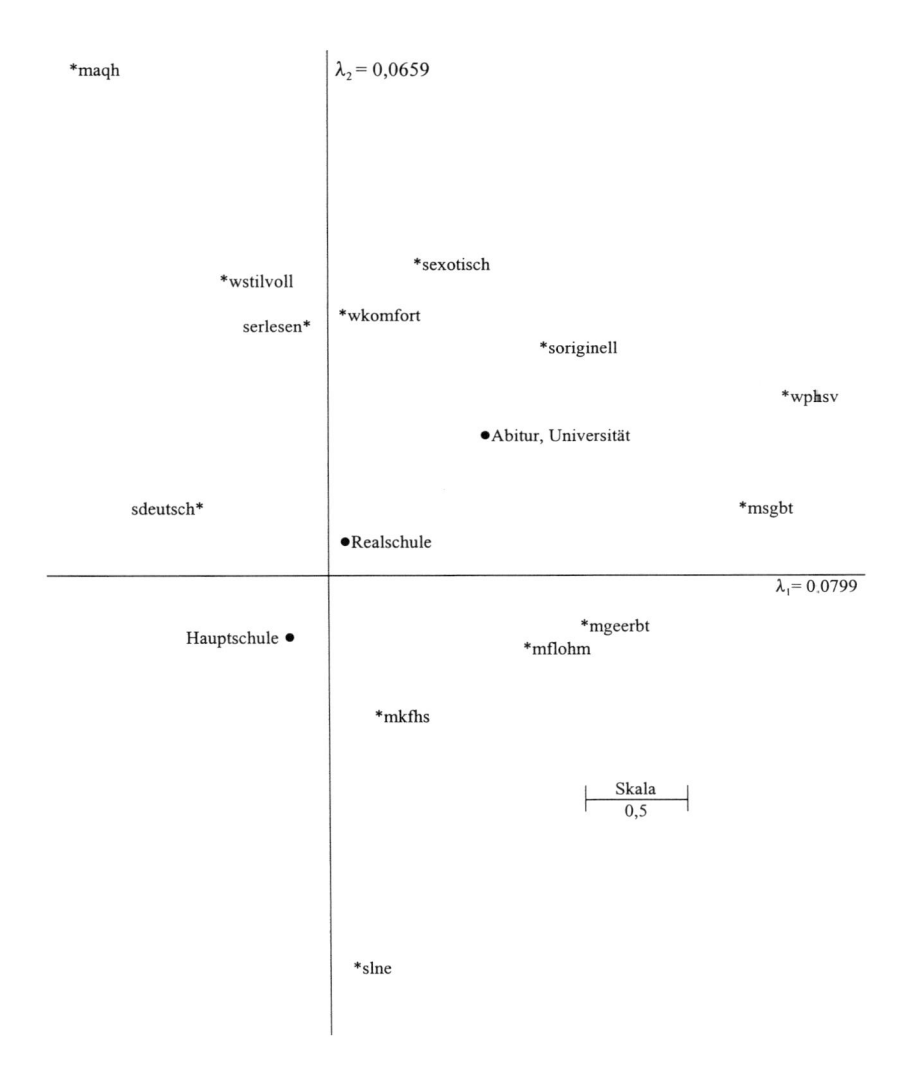

```
*maqh                    │ λ₂ = 0,0659
                         │
                         │
                         │
                         │         *sexotisch
         *wstilvoll      │
                  serlesen*  *wkomfort
                         │              *soriginell
                         │                              *wphsv
                         │          ●Abitur, Universität
   sdeutsch*             │                         *msgbt
                         │●Realschule
─────────────────────────┼──────────────────────────────── λ₁ = 0.0799
                         │              *mgeerbt
         Hauptschule ●   │         *mflohm
                         │
                         │  *mkfhs
                         │             ┌── Skala ──┐
                         │                  0,5
                         │
                         │
                         │  *slne
```

Ähnlich wie bei der Variable Alter" kann mit Hilfe des formalen Bildungsabschlusses eine deutliche Differenzierung der Befragten entlang deren Lebensstile erfolgen (vgl. Abbildung 7.3). Was für junge Personen gilt, gilt auch für Abiturienten und Hochschulabsolventen: Auch die höher Gebildeten haben ein überdurchschnittlich hohes kulturelles und ökonomisches Kapital. Auf der anderen Seite der Skala sind die Hauptschulabsolventen lokalisiert; ebenso wie die Älteren sind sie durch ein relativ niedriges ökonomisches und durch ein relativ niedriges kulturelles Kapital gekennzeichnet. Die Absolventen mit Mittlerer Reife sind zwischen diesen beiden Bildungsgruppen lokalisiert, wobei ihr Geschmack mehr in Richtung der Hauptschulabsolventen als der Abiturienten und Universitätsabsolventen liegt und insbesondere durch "deutsche Küche" und eine "warme" und "saubere" Wohnungseinrichtung gekennzeichnet ist. Zusammenfassend kann bereits an dieser Stelle gesagt werden, daß sowohl das kulturelle als auch das ökonomische Kapital mit Alter und Bildungsabschluß assoziiert sind: Je älter eine Person bzw. je niedriger ihr Bildungsabschluß ist, desto niedriger sind sowohl das ökonomische als auch das kulturelle Kapital.

Der Zusammenhang der Struktur der Lebensstile mit dem Familienstand korrespondiert mit den oben beschriebenen Ergebnissen (Abbildung 7.4). Entlang der ökonomischen Dimension besteht der Gegensatz von "zusammenlebend" versus "verwitwet" und "geschieden", also der Gegensatz zwischen den in der Regel jungen und auf dem Arbeitsmarkt mit relativ guten Chancen versehenen Personen versus den Alleinlebenden, zumeist älteren Personen, die sehr oft mit einem relativ geringen Einkommen auskommen müssen. Zwischen diesen beiden Gruppierungen sind die Ledigen und Verheirateten lokalisiert - die Mitglieder dieser beiden Gruppen dürften im Durchschnitt mehr Geld zur Verfügung haben als die Verwitweten und Geschiedenen, aber weniger als die Zusammenlebenden.

Auf der kulturellen Dimension besteht eine Dichotomie von "geschieden", "ledig" und "zusammenlebend" versus "verheiratet" und "verwitwet", also ein Gegensatz von eher traditionellen (wenn die Verwitweten zu dieser Gruppe gezählt werden) und eher modernen Lebensweisen. Entsprechend ihren Lebensstilen gehören die Geschiedenen zu der Gruppe der als "modern" zu bezeichnenden Gruppierung - die Scheidung könnte einen Bruch mit dem vorangegangenen Lebensstil zur Folge gehabt haben.

Lebensstile

Abbildung 7.4: "Der Raum der Lebensstile" und "Familienstand" als ergänzende Variable

*maqh

$\lambda_2 = 0{,}0659$

*wstilvoll

*sexotisch

serlesen*   *wkomfort

*soriginell

*wphsv

*simprov

sdeutsch*

●zusammenlebend

*msgbt

●verheiratet

●ledig $\lambda_1 = 0{,}0799$

*mgeerbt

●verwitwet   ●geschieden *mflohm

*mkfhs

Skala
0,5

*slne

Abbildung 7.5: "Der Raum der Lebensstile" und "Äquivalenzeinkommen" als ergänzende Variable

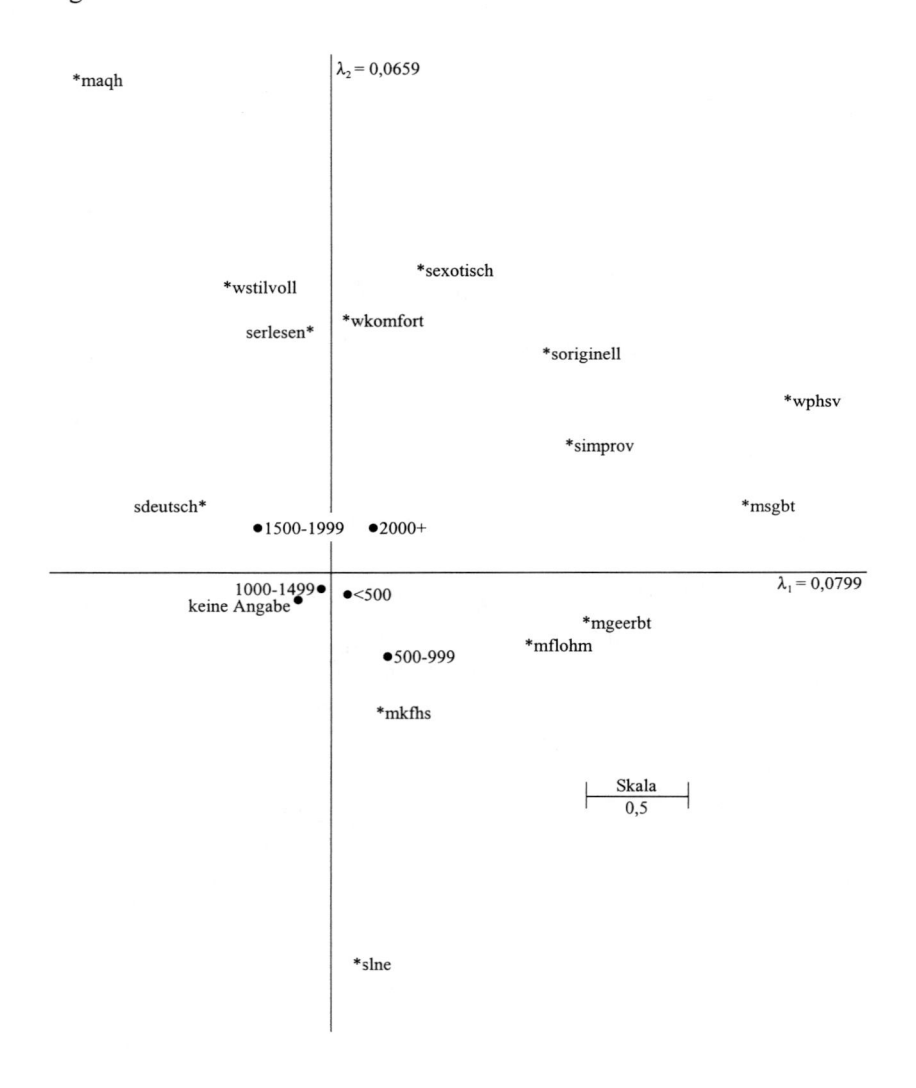

$\lambda_2 = 0{,}0659$

*maqh

*wstilvoll
serlesen*   *wkomfort   *sexotisch
                        *soriginell
                                    *wphsv
                        *simprov

sdeutsch*   *msgbt
        ●1500-1999 ●2000+

        1000-1499● $\lambda_1 = 0{,}0799$
        keine Angabe●   ●<500
                                *mgeerbt
                                *mflohm
                ●500-999

                *mkfhs

                        |— Skala —|
                          0,5

                *slne

Lebensstile

Die zweite Dimension wurde als "ökonomisches Kapital" interpretiert, daher sollten die Ausprägungen des Einkommens auf dieser Achse ordinal abgetragen werden können. Diese Annahme kann mit Hilfe des hier verwendeten Äquivalenzeinkommens (Abbildung 7.5) mit einer Ausnahme - "Einkommen kleiner DM 500" - bestätigt werden. (Würden die beiden unteren Einkommensgruppen zusammengefaßt, so läge die Ausprägung "kleiner DM 1.000" zwischen "kleiner DM 500" und "DM 500 bis DM 999" und damit an der korrekten Stelle.)

Auf der Basis von Abbildung 7.5 kann Bourdieus These von einem "Geschmack der Notwendigkeit" getestet werden. Ist die Annahme richtig, daß sich der Geschmack der Mitglieder der unteren Klassen nicht unterscheiden, und können die Bewohner der benachteiligten Wohngebiete zu den unteren Klassen gezählt werden, so sollte das "Einkommen" nicht mit dem "kulturellen Kapital" korreliert sein. Mit anderen Worten, die Höhe des Äquivalenzeinkommens sollte nicht ordinal auf der ersten Achse abgetragen werden können. Werden die fünf Ausprägungen auf die erste Achse projiziert, so ist die Reihenfolge: 500 bis 999 DM, 2000 DM und mehr, unter 500 DM, 1000 bis 1499 DM, und 1500 bis 1999 DM. Aufgrund dieses Ergebnisses kann Bourdieus These des Notwendigkeitsgeschmacks nicht widerlegt werden, es gibt keinen systematischen Zusammenhang des Einkommens mit dem kulturellen Kapital.

Bezogen auf die Wohngegend können die erwarteten Unterschiede entlang der ökonomischen Dimension bestätigt werden: In den relativ weniger benachteiligten Wohngebieten Bilderstöckchen und Kalk2 ist das ökonomische Kapital größer als in Kalk1, wo es wiederum etwas höher als am Kölnberg ist. Werden die Lokalisationen der Gebiete auf die kulturelle Dimension bezogen, so gibt es eine Reihenfolge von Kölnberg mit dem höchsten durchschnittlichen kulturellen Kapital über Kalk2, Kalk1 zu Bilderstöckchen. Diese Unterschiede sind zwar lediglich als tendenziell zu interpretieren, sie sind aber ein weiterer Indikator für den von Bourdieu postulierten Geschmack der Notwendigkeit, wonach die Höhe des kulturellen Kapitals in allen Haushalten der untereren Klassen gleich niedrig ist.

Die oben diskutierten Ergebnisse müssen jedoch unter der Prämisse gesehen werden, daß lediglich die Lebensstilindikatoren verwendet wurden, die Bourdieu (1982) erfolgreich zur Unterscheidung seiner höheren und mittleren Klassen verwenden konnte - die unteren Klassen konnte er jedoch mit diesen Merkmalen auch nicht unterscheiden. In seinen "feinen Unterschieden" beschreibt er diese Einheitlichkeit als "Geschmack der Notwendigkeit" - eine These, die wir mit

Abbildung 7.6: "Der Raum der Lebensstile" und "Wohngebiet" als ergänzende Variable

*maqh $\lambda_2 = 0,0659$

*sexotisch
*wstilvoll
serlesen* *wkomfort
*soriginell
*wphsv
*simprov
sdeutsch*
Bilderstöckchen ● ●Kalk2 *msgbt

$\lambda_1 = 0,0799$

Kalk1● *mgeerbt
●Kölnberg *mflohm

*mkfhs

| Skala |
| 0,5 |

*slne

Lebensstile 133

unseren Daten zu bestätigen scheinen. Um diese Annahme zu verstärken, müssen Indikatoren verwendet werden, mit denen "Armut", und nicht "Reichtum", gemessen werden.

Zu diesem Zweck - und zur Differenzierung innerhalb der Bewohner der benachteiligten Wohngebiete - wurden Variablen entwickelt, mit denen ebenfalls "kulturelles Kapital" gemessen werden kann, welche aber für die Mitglieder der unteren Klassen angemessener erscheinen. Dabei handelt es sich um Fähigkeiten, von denen angenommen werden kann, daß sie auch (oder insbesondere) von den Mitgliedern der unteren Klassen beherrscht werden.

7. 3 Türkische Bewohner

Die gleichen Fragen zu den Lebensstilen wurden mit einer Ausnahme auch den Bewohnern mit türkischer Staatsangehörigkeit vorgelegt; bei der Frage zu den drei wichtigsten Arten zur Bewirtung von Gästen wurde die "gute deutsche Küche" gegen die "gute türkische Küche" ausgetauscht. Die Ergebnisse dieser Befragung sind, getrennt für Kalk1 und Kölnberg, in den Tabellen 7.5 bis 7.8 wiedergegeben.

Betrachtet man die Verteilung der Antworten auf die Fragen insgesamt, so fällt auf, daß die Antworten der türkischen Bewohner wesentlich homogener sind als die der Deutschen und daß es zwischen diesen beiden Bevölkerungsgruppen deutliche Unterschiede in den Selbstzuschreibungen der Lebensstilmerkmale gibt. So haben bei den drei wichtigsten Eigenschaften der Wohnungseinrichtung fast 80% der türkischen Befragten das Label "sauber, ordentlich" gewählt; diese Angabe ist noch höher als die der deutschen Bewohner der benachteiligten Wohngebiete (knapp 64%). Die Wahl dieses Ausdrucks besagt auch bei der türkischen Wohnbevölkerung nicht, daß die Wohnungen überdurchschnittlich sauber und ordentlich sind, und aus de unterschiedlichen Anteil der Nennungen kann auch nicht abgeleitet werden, daß die Wohnungen der türkischen Wohnbevölkerung sauberer als die ihrer deutschen Nachbarn sind. Der hohe Wert ist aber ein Indikator dafür, daß die türkischen Haushalte bemüht waren, einen "guten Eindruck" zu hinterlassen; sie wählten ein Charakteristikum, welches als "kleinbürgerlich" bezeichnet werden kann.

Tabelle 7.5: Die drei wichtigsten Eigenschaften der Wohnungseinrichtung, türkische Befragte, in Prozent

Eigenschaft	Kalk1	Köln-berg	Insge-samt
Sauber, ordentlich	71,2	86,1	78,8
Komfortabel	4,5	4,3	4,4
Stilvoll	5,4	4,3	4,9
Warm	16,2	13,9	15,0
Pflegeleicht	36,9	29,6	33,2
Harmonisch	6,3	3,5	4,9
Gepflegt	23,4	19,1	21,2
Phantasievoll	4,5	11,3	8,0
Praktisch, funktional	18,0	29,6	23,9
Modern	9,9	8,7	9,3
Klassisch	0,9	0,9	0,9
Gemütlich	33,3	34,8	34,1
Nüchtern, diskret	9,0	4,3	6,6
Rustikal	45,0	17,4	31,0
N	111	115	226

Auch die anderen Merkmale der Wohnungseinrichtung, die relativ oft genannt wurden, spiegeln vermutete oder stereotype Ideale eines bürgerlichen Haushaltes wider: Die Wohnung wird überdurchschnittlich oft als "rustikal", "gemütlich" bzw. "pflegeleicht" bezeichnet. Hierbei scheint "rustikal" im Türkischen eine andere Konnotation zu haben als im deutschen, diese Eigenschaft haben nur sehr wenige Befragte mit deutscher Staatsangehörigkeit als Charakteristikum ihrer Wohnung angegeben.

Während es bei den wichtigsten Eigenschaften der Wohnungseinrichtung relativ viele unterschiedliche Antworten gibt, sind die Antworten bei der Frage zu den Quellen des Möbelerwerbs und zu den Arten von Speisen, die Gästen serviert werden, vergleichsweise homogen. Bei den Quellen des Möbelerwerbs (Tabelle 7.6) nannten drei von vier türkischen Befragten das Möbelhaus und jeder dritte das Kaufhaus; alle anderen Alternativen wurden so gut wie nicht angegeben. Die Nennung dieser Kategorien scheint einer einfachen Regel zu folgen: Möbel vom Antiquitätenhändler, vom Fachgeschäft, vom Handwerker und vom Designer sind

Lebensstile

zu teuer; diese Nennungen fallen heraus, da das ökonomische Kapital nicht ausreicht, um die Möbel bei einer dieser Quellen zu erwerben. Ebenfalls herausfallen die Angaben "auf dem Flohmarkt" und "selbst gebaut". Diese Möbel sind zu preiswert, das ökonomische Kapital ist größer und das soll nach außen demonstriert werden, in diesem Fall gegenüber dem Interviewer (oder gegenüber der Universität).

Tabelle 7.6: Orte des häufigsten Möbelerwerbs, maximal drei Nennungen, türkische Befragte, in Prozent

Quelle	Kalk1	Köln-berg	Insge-samt
Geschenkt, geerbt	3,6	6,8	5,3
Selbst gebaut	0,0	0,0	0,0
Kaufhaus	13,5	56,4	35,5
Antiquitätenhändler	0,0	0,0	0,0
Möbelhaus	88,3	67,5	77,6
Fachgeschäft	3,6	1,7	2,6
Handwerker	0,0	0,0	0,0
Designer	0,0	0,0	0,0
Flohmarkt	0,9	1,7	1,3
Versteigerung	0,0	0,0	0,0
N	111	117	228

Wenn der Möbelerwerb auf der Versteigerung aufgrund der fehlenden Masse als wichtige Antwortalternative ausgeschlossen wird, dann sind nur noch drei Kategorien übrig, die angegeben werden können: das „Möbelhaus", das „Kaufhaus" und "geerbt, geschenkt". Die, verglichen mit den Angaben für die deutsche Wohnbevölkerung, niedrigen Werte für "geschenkt, geerbt" resultieren aus den Randbedingungen: Die Erbschaften, sofern es welche gab, dürften sich häufig in der Türkei befunden haben und es dürfte sich nur in den wenigsten Fällen rentiert haben, die geerbten (geschenkt bekommenen) Möbel nach Deutschland zu überführen. Mit den Angaben zu den Quellen des Möbelerwerbs wird somit hauptsächlich die Positionierung der Haushalte entlang des ökonomischen Kapitals gemessen. Sofern bei dieser Frage überhaupt von einem "Lebensstil" gesprochen werden kann, so entspricht dieser dem "Geschmack der Notwendigkeit" (Bourdieu 1982), wobei es zusätzlich noch eine Distinktion nach "unten" gibt.

Tabelle 7.7: Die drei wichtigsten Arten beim Bewirten von Gästen, türkische Befragte, in Prozent

Zubereitung	Kalk1	Köln-berg	Insge-samt
Einfach, aber hübsch angerichtet	9,9	10,3	10,1
Fein und erlesen	0,9	12,0	6,6
Reichhaltig und gut	33,3	24,8	28,9
Improvisiert	1,8	4,3	3,1
Nahrhaft, ergiebig	13,5	12,0	12,7
Originell	6,3	1,7	3,9
Exotisch	0,0	2,6	1,3
Gute türkische Küche	96,4	88,9	92,5
Lade niemanden ein	0,0	3,4	1,8
N	111	117	228

Bei den Arten von Speisen für Gäste (Tabelle 7.7) gaben nahezu alle Befragten an, daß sie nach "guter türkischer Küche" kochen. Hier kann die Verbundenheit mit dem Herkunftsland und damit auch ein Lebensstil demonstriert werden, der sich von den "deutschen Nachbarn" unterscheidet. Außer der "guten türkischen Küche" wurde noch das Label "reichhaltig und gut" relativ oft vergeben; dementgegen schienen die türkischen Befragten mit Kategorien wie "exotisch", "originell" und "improvisiert" nichts anfangen zu können. Es verbleiben somit nur zwei Ausprägungen bei dieser Frage, mit denen der Lebensstil gemessen wurde: "nach guter türkischer Küche" und "reichhaltig und gut"; die anderen Kategorien dieser Frage sind für die Beschreibung der türkischen Wohnbevölkerung vermutlich nicht angemessen. Im Vergleich mit den Angaben der deutschen Wohnbevölkerung fällt des weiteren auf, daß kaum einer der türkischen Bewohner angegeben hat, daß er keine Gäste zum Essen einlädt. Dies ist ein Hinweis auf einen anderen Lebensstil bzw. auf einen anderen kulturellen Hintergrund: Während bei den deutschen Bewohnern das Einladen zum Essen

Lebensstile

scheinbar auch eine Frage des zur Verfügung stehenden ökonomischen Kapitals ist, sind private Einladungen bei der türkischen Wohnbevölkerung davon unabhängig.

Für die Kleidung (Tabelle 7.8) gibt es in der Verteilung der Antworten zwischen der deutschen und der türkischen Wohnbevölkerung nur geringfügige Unterschiede: Eigenschaften, die die Mitglieder der einen Bevölkerungsgruppe relativ oft verwendeten, nannten auch die der anderen Bevölkerungsgruppe relativ oft. Auffällig ist aber die unterschiedliche Anzahl der Nennungen: Die deutschen Bewohner gaben im Durchschnitt 2,3 Alternativen aus der vorgegebenen Liste an, die türkischen 1,8 (in beiden Untersuchungen waren maximal drei Angaben möglich). Dieses nicht Ausschöpfen der möglichen Antworten könnte eine Folge von Unsicherheit bei dieser Frage sein. Es gibt keinen individuellen Lebensstil, sondern lediglich den "Geschmack der Notwendigkeit". Wenn es bei dieser Frage aber keinen individuellen Lebensstil gibt und wenn dennoch eine Antwort gegeben werden soll, dann wird die Kategorie bzw. dann werden die zwei Kategorien gewählt, die am ehesten zutreffen.

Tabelle 7.8: Die drei wichtigsten Arten beim Kauf von Kleidung, türkische Befragte, in Prozent

Stil	Kalk1	Köln-berg	Insge-samt
Klassisch	1,8	11,0	6,5
Qualitätsbewußt	6,3	14,4	10,4
Modisch	8,9	16,9	13,0
Unauffällig, korrekt	29,5	45,8	37,8
Sportlich	25,9	34,7	30,4
Preiswert	28,6	28,8	28,7
Bequem	43,8	44,9	44,3
Chic und elegant	5,4	14,4	10,0
Gewagt	0,0	0,8	0,4
N	112	118	230

Werden die Antworten insgesamt betrachtet, so wurde mit den Listenfragen vermutlich weniger der Lebensstil der türkischen Bevölkerung gemessen als deren Antwortverhalten und die Positionierung der Haushalte beim ökonomischen Kapital. Beim Servieren von Speisen wurde die "gute türkische Küche" und bei den Quellen des Möbelerwerbs wurde das "Möbelhaus" überdurchschnittlich oft angegeben.

Gibt es ein bestimmtes Antwortverhalten, so kann es "richtige" und "falsche" Antworten geben. Mit den "richtigen Antworten", z. B. "gute türkische Küche", wird die Positionierung in der Bundesrepublik beschrieben, - als Bewohner mit türkischer Staatsangehörigkeit in einem benachteiligten Wohngebiet und mit einem "durchschnittlichen Einkommen". Wenn aber die "richtige Antwort" gesucht wurde und wenn davon ausgegangen werden kann, daß sich die Befragten auch schon vor der tatsächlichen Befragung über das Interview unterhalten haben, dann könnte die "richtige Antwort" am Kölnberg anders aussehen als in "Kalk1". Werden die wenigen Kategorien, die überdurchschnittlich oft genannt wurden, auf Differenzen zwischen den beiden Wohngebieten untersucht, können die Unterschiede bei der Quelle des Möbelerwerbs "Kaufhaus" (Kalk1: 13,5%; Kölnberg: 56,4%) und bei der Eigenschaft der Wohnungseinrichtung "rustikal" (Kalk1: 45,0%; Kölnberg: 17,4%) vermutlich mit einem unterschiedlichen Antwortverhalten erklärt werden. Da die Verteilung der Antworten bei zwei der Fragen sehr homogen ist und da letztlich "nur" der "Geschmack der Notwendigkeit" beschrieben wurde, ist es nicht notwendig, die Struktur der Lebensstilmerkmale mit Hilfe einer multivariaten Analysetechnik wie der Korrespondenzanalyse weitergehend zu beschreiben.

8. Der Zustand der Wohnung

8.1 Die Methode der Wohnraumbeobachtung

Die Beobachtung von Merkmalen der Wohnung kann auf Chapin (1928) zurückgeführt werden, der eine "living room scale" entwickelte, um den sozialen Status von Haushalten zu messen. Später haben u. a. Laumann und House (1970) auf den Nutzen solcher Wohnraumbeobachtungen im Rahmen von face-to-face Befragungen hingewiesen. Zeitlich parallel mit der beginnenden Diskussion über "neue" soziale Ungleichheiten (Bergmann u.a., 1969) stellten die Autoren fest, daß ein Nebeneinander verschiedener Konsumstile existiert, deren Unterschiedlichkeit nicht ausschließlich auf der vertikalen Statusdimension basiert (ähnlich auch Scheuch, 1976). Das von Laumann und House entwickelte Beobachtungsschema verwendeten Pappi und Pappi (1978) als Vorlage zur Entwicklung einer eigenen Messung in ihrer 1971 in Jülich durchgeführten Studie, in deren Rahmen die (heterogene) Sozialstruktur einer Kleinstadt exemplarisch beschrieben werden sollte (zur "Jülich-Studie" vgl. auch Pappi, 1973; Reuband, 1974, 1975).

Für die Jülicher Studie wurden die Interviewer anhand von Bildmaterial ausgiebig geschult, so daß sie in der Lage waren, die Einrichtungsstile der Wohnzimmer der Befragten in sieben vorgegebene Kategorien einzuordnen: einfach/leicht, schwer/repräsentativ, altdeutsch, skandinavisch, modern, gemischter Stil mit antiken Einzelstücken, sonstiger gemischter Stil. Zusätzlich zu dieser Klassifikation sollten 90 Einzelbeobachtungen durchgeführt werden, wobei etwas mehr als ein Drittel reine Bestandsaufnahmen waren. In die Beobachtungen wurden auch Ausstattungsgegenstände einbezogen, deren Besitz bzw. Nicht-Besitz insbesondere mit der Höhe des ökonomischen Kapitals erklärt werden kann (z. B. das Vorhandensein eines Klaviers, eines Ledersofas oder eines Orientteppichs).

Vierzehn weitere Beobachtungen bezogen sich auf Stilelemente wie Muster und Farbgebung von Teppichen, Vorhängen und Gardinen. Bei einigen Einrichtungsgegenständen (z. B. bei den Lampen) entschlossen sich die Autoren, daß diese spontan als "modern" oder als "altmodisch" bezeichnet werden sollten. Die Motive der Wohnzimmerbilder sollten nicht von vornherein klassifiziert, sondern in den Wörtern der Interviewer beschrieben werden, " um über den üblichen Genres nicht typische Einzelmotive wie z. B. den röhrenden Hirsch oder die Zigeunerin zu übersehen" (Pappi und Pappi, 1978: 91). Bei diesen detaillierten Beobachtungen räumten die Autoren jedoch ein, daß sie zu selten vorkamen, als daß sie als separate Variablen in die Analysen eingehen könnten. Der Rest der Beobachtungen galt Merkmalen, die den Autoren zufolge in keiner direkten Beziehung zu den Einrichtungsstilen standen, wie der Raum selbst, seine Größe sowie die Zahl und Art der Fenster und die Art des Fußbodens (vgl. Pappi und Pappi, 1978: 91). Mit Hilfe der multidimensionalen Skalierung beschrieben die Autoren Zusammenhänge zwischen den sieben Stilrichtungen und mit welchen Einzel-Beobachtungen die Stilrichtungen charakterisiert werden können.

Auch in der Kölner Gentrification-Studie wurden Variablen einer horizontalen Schichtungsdimension gesucht (vgl. Blasius, 1993). Zusätzlich zu der Befragung nach unterschiedlichen Lebensstilen wurde die Wohnraumbeobachtung als Instrument zur Erfassung unterschiedlicher Lebensstile gewählt. Im Gegensatz zu der Arbeit von Pappi und Pappi sollten weder verschiedene Stilrichtungen beschrieben und deren Häufigkeit bei unterschiedlichen Schichten (von der Arbeiterschicht bis zu der oberen Mittelschicht) ermittelt werden, noch sollte nachgewiesen werden, wie oft sie in welchen Kombinationen vorkommen. Statt dessen sollte untersucht werden, ob vier unterschiedliche Bevölkerungsgruppen anhand unterschiedlicher Einrichtungsstile charakterisiert werden können. Die Gruppen wurden auf der Basis von empirischen und theoretischen Arbeiten zur Gentrification (vgl. insbesondere Dangschat und Friedrichs, 1988; Dangschat, 1988, 1991) definiert: die Pioniere als junge Personen, die über eine überdurchschnittlich hohe Bildung, aber nur über ein niedriges Einkommen verfügen und die in allen möglichen Wohnformen leben; die Gentrifier, ebenfalls relativ junge Bewohner des Stadtteils, aber mit einem überdurchschnittlich hohen Einkommen versehen, deren Mitglieder allein bzw. in Partnerschaft leben und die maximal ein Kind haben; die Sonstigen, die im gleichen Alter wie die Pioniere und Gentrifier sind, aber für die die anderen Definitionsmerkmale nicht zutreffen, und die Älteren. Der Theorie zufolge kommen erst die Pioniere und dann die Gentrifier in einen Stadtteil, von dem sie annehmen, daß sie dort ihren Lebensstil verwirklichen können. Im Rahmen der "Gentrification" (vgl. Dangschat, 1991) verändern sie den Stadtteil und verdrängen die alteingesessenen Bewohner.

Für die Beobachtung der Wohnzimmereinrichtungen in dem Kölner Stadtteil Nippes wurden insbesondere solche Gegenstände gewählt, bei denen die Haushalte unabhängig von ihren finanziellen Möglichkeiten einen eigenen Wohnstil zum Ausdruck bringen konnten. Schätzungen des Wertes einzelner Einrichtungsgegenstände (z. B. von Bildern, Teppichen) wären zwar interessant, die Erhebung wäre jedoch in vielen Fällen problematisch gewesen. So sollte (konnte) weder nach den Preisen gefragt werden, noch konnten die Interviewer derartig ausgiebig geschult werden, daß sie den Wert eines Teppichs - und wie hätten ihn die Interviewer überhaupt begutachten können, ohne die Knotenzahl zu prüfen? - oder eines Gemäldes auch nur annähernd richtig einschätzen können. Aus diesen Gründen wurde auf eine detaillierte Erhebung, wie sie in der Jülich-Studie durchgeführt wurde, verzichtet.

Zusätzlich zu den unterschiedlichen Fragestellungen in der Jülicher und der Kölner Nippes-Studie unterschieden sich beide in der Möglichkeit der Protokollierung der Beobachtungsgegenstände. Die Interviewer in Jülich hatten in einer etwa zehn-minütigen Pause, die durch die schriftliche Beantwortung einer längeren Liste entstand, die Möglichkeit, umfangreiche Beobachtungen durchzuführen. Eine solche Gelegenheit gab es in der Kölner Gentrification-Studie nicht, der Beobachtungsbogen sollte unmittelbar im Anschluß an die Befragung (also, wenn möglich, im Treppenhaus) ausgefüllt werden. Durch diese nicht vorhandene Möglichkeit, die Beobachtungen direkt aufzuschreiben, war eine starke Begrenzung der Inhalte nötig. Da in einer Beobachtung nicht alles wahrgenommen wird und da von dem Wahrgenommenen nicht alles verarbeitet wird und da von dem Verarbeiteten auch noch ein Teil vergessen wird (vgl. Friedrichs, 1973: 271), wurden nur jene Merkmale Teile der Beobachtung, die am ehesten nicht übersehen oder vergessen werden konnten.

Relativ einfach zu beobachten und in das "Lebensstilkonzept" einzupassen war die Art und Weise der Gestaltung der Wände, also welche Art von Tapeten verwendet wurde: In der Jülicher Studie wurde bei der Beobachtung zwischen großem Muster, Blumenmuster oder keinem Muster an den Wänden unterschieden, in der Kölner Studie nach der Art der Tapete (differenziert nach weiße Rauhfaser, farbige Rauhfaser, Strukturtapete, Bildtapete, altmodische, einfarbige und moderne Tapete). Bei der Beobachtung der Deckengestaltung wurde unterschieden, ob die

Decke mit Rauhfaser beklebt ist, ob sie nur gestrichen wurde, ob Stuck vorhanden ist oder ob andere Gestaltungsmittel verwendet wurden, z. B. Deckenplatten oder Holzverkleidungen. Für die Beschreibung des Fußbodens wurden folgende Merkmale vorgegeben: Parkettfußboden - poliert und unpoliert, Kunststoffbelag, Teppich-Auslegeware, Einzelteppich - groß und klein. Des weiteren wurde die Gestaltung der Fenster (Gardinen, Vorhänge, Rollo, Jalousien und Blumenfenster) sowie die Registrierung von Einzelstücken (u.a. Schrankwand, Regale, Bücherschrank, Vitrine) in den Beobachtungsbogen integriert. Durch die Verwendung dieser geringen Anzahl von gut erkennbaren Merkmalen der Wohnraumausstattung sollte die Anzahl an Interviewerfehlern relativ gering sein.

Aufgrund der guten Erfahrungen mit dem Beobachtungsbogen in der Gentrification-Studie haben wir ihn auch in der Armutsstudie verwendet. Des weiteren galt auch für diese Studie, daß es während des Interviews nicht ausreichend Zeit für eine sehr eingehende Beobachtung gab. Und, last, but not least: Während mit der Nippeser Gentrification-Studie "Reichtum" beschrieben werden sollte, waren in den Wohnungen der benachteiligten Wohngebiete keine Reichtümer zu erwarten. Dieser letzte Punkt war Anlaß, nach weiteren Indikatoren zu suchen, mit denen die Bewohner der benachteiligte Wohngebiete unterschieden werden können.

8.2 Einrichtungsgegenstände

Auf der Basis der Indikatoren der Gentrification-Studie zur "Bestandsaufnahme" der Wohnungseinrichtung sollen Aussagen über die Lebensstile der Bewohner der benachteiligten Wohngebiete anhand von objektiven Indikatoren gemacht werden. Zudem lassen sich im Vergleich der Werte mit den einige Jahre zuvor in Köln-Nippes erhobenen Daten, also den Einrichtungen von Wohnungen in einem Viertel der Mittelschicht, Aussagen darüber formulieren, ob die Einrichtungsgegenstände die gleichen sind. Des weiteren soll die Beobachtung von Tobias und Boettner (1992) geprüft werden, wonach arme Leute versuchen, sich mit den gleichen Einrichtungsgegenständen zu umgeben, wie andere, nicht von Armut betroffene Bewohner der gleichen Stadt. Als Beispiel beschreiben Tobias und Boettner unter anderem eine Familie, die sich mit viel Mühe und mit Hilfe von gebrauchten bzw. weggeworfenen Teilen eine Schrankwand selbst baut, eine Schrankwand, die keinesfalls selbstgebaut aussehen sollte, sondern die aussehen sollte wie eine, die

Zustand der Wohnung 143

in jedem Kaufhaus erworben werden kann. Die Schrankwand wird damit zum Statussymbol, mit der eine Abgrenzung nach "Unten" möglich ist und mit dem der Haushalt zeigen kann, daß er noch imstande ist, ein "bürgerliches Leben" zu führen. Wenn diese Beobachtungen verallgemeinert werden können, so sollten Schrankwände, Teppichauslegware, Gardinen, Vorhänge, Blumen vor den Fenstern und andere Einrichtungsgegenstände bei den Bewohnern der benachteiligten Gebiete ähnlich oft vorkommen, wie bei den Bewohnern aus dem Mittelschichtgebiet Nippes.

Mit der Beobachtung, ob ein Einrichtungsgegenstand vorhanden oder nicht vorhanden ist und mit der Beobachtung, welche Art von Tapete an den Wänden und Decken verwendet wurde, soll gemessen werden, ob ein Haushalt sich den Anschein einer durchschnittlichen, einer unauffälligen Existenz, geben möchte oder ob er schon resigniert hat. Wenn nicht der Wert eines Teppichs Gegenstand der Beobachtung ist, sondern nur sein Vorhandensein, und wenn wir davon ausgehen, daß ein Teppich letztlich auch auf dem Sperrmüll besorgt werden kann, so ist das reine Vorhanden- bzw. Nicht-Vorhandensein eines Teppichs kein Indikator für Armut, sondern für einen Lebensstil. Dies gilt auch für die meisten der anderen Einrichtungsgegenstände, die, wenn sie auch nicht ganz umsonst erhältlich sind, wie z. B. Gardinen und Vorhänge, doch z. T. sehr preiswert im Discountmarkt bezogen werden können. Da zudem vom Sozialamt Bezugsscheine für derartige Einrichtungsgegenstände ausgegeben werden, ist das Vorhandensein keine Frage der finanziellen Situation, sondern des Aufwandes für die Beschaffung - und damit ein Indikator für den Umgang mit Armut und für die Einstellung zur eigenen Armut.

In den Tabellen 8.1 bis 8.5 sind die Häufigkeiten der im Beobachtungsprotokoll aufgenommenen Einrichtungsgegenstände sowie die Art der Wand-, Decken- und Fußbodengestaltung, unterteilt nach den vier benachteiligten Wohngebieten, aufgeführt. Da in der in Nippes durchgeführten Untersuchung ein nahezu identischer Beobachtungsbogen verwendet wurde, sind die entsprechenden Ergebnisse ebenfalls aufgeführt. Wie auch in jener Untersuchung wurden die Einrichtungsgegenstände und die Art der Wand-, Fußenboden- und Deckenverkleidung nur dann protokolliert, wenn das Interview im Wohnzimmer stattgefunden hat; die Fallzahl wird dadurch um nahezu die Hälfte reduziert (in Nippes wurden knapp 60% der Interviews im Wohnzimmer durchgeführt, Blasius, 1993: 160).

Tabelle 8.1: Wohnraumbeobachtung: Möbel, nach Wohngebiet, in Prozent

Möbel	Bilderst.	Kalk2	Kalk1	Kölnberg	Insgesamt	Nippes
Schrankwand	66,7	62,9	54,9	54,0	60,2	38,4
Regalwand	15,0	10,0	9,8	10,0	11,3	11,9
Einzelne, offene Regale	23,3	18,6	23,5	16,0	20,3	26,7
Bücherschrank/-regal	8,3	15,7	9,8	12,0	11,7	14,6
Normaler Schrank	20,0	18,6	11,8	38,0	21,6	22,0
Vitrine	23,3	45,7	31,4	14,0	29,9	18,0
Altes Buffet	6,7	7,1	3,9	0,0	4,8	11,9
Sonstige Schränke	3,3	7,1	9,8	2,0	5,6	n.e.
N	60	70	51	50	231	469

Werden die Werte für die Einrichtungsgegenstände über die vier Wohngebiete verglichen, so unterscheiden sie sich lediglich geringfügig und zudem relativ unsystematisch. Auffällig ist allenfalls, daß in dem ärmsten Gebiet, am Kölnberg, überdurchschnittlich oft ein "normaler Schrank" - was auch immer von den Interviewern als solches bezeichnet wurde - als Einrichtungsgegenstand protokolliert wurde, die Schrankwand und eine Vitrine hingegen relativ selten. Schrankwände gibt es anscheinend auch in dem zweitärmsten Gebiet relativ selten, Vitrinen hingegen relativ oft. Werden die Ergebnisse mit denen des relativ reichen Nippes verglichen, so waren in den dortigen Wohnzimmern Schrankwände deutlich seltener als am Kölnberg, und auch Vitrinen wurden, verglichen mit den vier benachteiligten Wohngebieten, relativ selten als Einrichtungsgegenstand wahrgenommen; überdurchschnittlich oft wurden hingegen "alte Buffets" und "einzelne, offene Regale" vermerkt. Werden die Werte auf der Ebene des "Vorhandenseins" verglichen, so kann daraus keinesfalls abgeleitet werden, daß die Einrichtungen in den vier benachteiligten Wohngebieten ärmlicher sind als die in Nippes.

Zustand der Wohnung

Tabelle 8.2: Wohnraumbeobachtung: Fußböden, nach Wohngebiet, in Prozent

Fußboden	Bilderst.	Kalk2	Kalk1	Kölnberg	Insgesamt	Nippes
Holzfußboden	8,2	9,7	3,8	4,0	6,8	9,8
Kunststoffbelag	4,9	12,5	17,3	14,0	11,9	7,3
Auslegeware	85,2	76,4	80,8	74,0	79,1	77,1
Einzelteppich	41,0	26,4	25,0	18,0	28,1	25,5
Kleiner Teppich	16,4	25,0	21,2	20,0	20,9	25,5
N	61	72	52	50	235	469

Werden die vorhandenen Unterschiede als "Lebensstile" interpretiert, so fällt auf, daß in Nippes relativ oft auf die als "bürgerlich, konservativ" zu bezeichnende Schrankwand verzichtet wurde, hingegen wurden in den benachteiligten Wohngebieten relativ selten offene Regale protokolliert. Die Schrankwand scheint für die Bewohner der benachteiligten Gebiete ein Symbol für "Wohlstand" zu sein - es ist ein Einrichtungsgegenstand, den sich der Haushalt leisten konnte. Da davon ausgegangen werden kann, daß die Anschaffung einer "durchschnittlichen" Schrankwand im gleichen Geschäft vermutlich mehr kostet als die Anschaffung von "durchschnittlichen" offenen Regalen, sollte der "Geschmack der Notwendigkeit" (Bourdieu, 1982) relativiert werden: der Geschmack der unteren Klassen ist anscheinend nicht ausschließlich durch finanzielle Restriktionen bestimmt, sondern auch durch Symbole.

Die "Schrankwand" ist damit beides: Symbol für einen gewissen Wohlstand (ökonomisches Kapital) innerhalb der unteren Klassen und damit Distinktionsmerkmal gegenüber noch ärmeren Bewohnern (Tobias und Boettner, 1992) und gleichzeitig "Geschmack", der sie von den Klassenfraktionen der mittleren Klassen abgrenzt, für die eine Schrankwand kein Luxusgegenstand wäre. Diese Beobachtung korrespondiert mit den fehlenden "offenen Regalen", diese werden in vielen Geschäften sehr preiswert angeboten, sie können daher kaum als Symbol für "Wohlstand" verwendet werden. Im Gegenteil, bei offenen Regalen kann der Besucher erkennen, was der Haushalt besitzt und was er nicht besitzt, z. B. Bücher.

Tabelle 8.3: Wohnraumbeobachtung: Wände, nach Wohngebiet, in Prozent

Tapete	Bilderst.	Kalk2	Kalk1	Kölnberg	Insgesamt	Nippes
Rauhfaser, weiß	40,0	40,0	28,8	42,6	38,0	42,5
Rauhfaser, farbig	5,0	12,9	5,8	8,5	8,3	9,5
Tapete, altmod.	33,3	12,9	13,5	10,6	17,9	24,1
Tapete, modern	5,0	10,0	11,5	12,8	9,6	5,6
Tapete, einfarbig	6,7	12,9	19,2	8,5	11,8	3,5
Bildtapete	3,3	0,0	0,0	4,3	1,7	4,1
Strukturtapete	15,0	18,6	25,0	14,9	18,3	13,9
N	60	70	52	47	229	469

Tabelle 8.4: Wohnraumbeobachtung: Decken, nach Wohngebiet, in Prozent

Wände	Bilderst.	Kalk2	Kalk1	Kölnberg	Insg.	Nippes
Rauhfaser	37,0	28,8	42,9	34,8	35,3	32,8
Gestrichen	22,2	47,8	36,7	58,7	41,2	37,2
Platten	18,5	6,0	10,2	2,2	9,3	10,0
Holzverkleidg.	9,3	6,0	6,1	6,5	6,9	14,1
Stuck	0,8	0,0	3,0	0,0	0,9	7,4
Holzimitat	11,1	7,5	8,2	0,0	6,9	5,4
N	54	66	49	46	215	469

Die Auslegeware unterscheidet sich weder in den vier hier untersuchten Wohngebieten noch im Vergleich zu Nippes. Wird der Wert der Teppiche nicht berücksichtigt, so ist dieses Merkmal nicht geeignet, die Bewohner der betrachteten Gebiete zu differenzieren. Auch bei der Wand- und Deckenverkleidung gibt es zwischen den vier benachteiligten Wohngebieten, als auch zwischen diesen und Nippes nur geringfügige Unterschiede. Auffällig ist allenfalls, daß sowohl in Bilderstöckchen als auch in Nippes der Begriff "altmodische Tapete" überdurchschnittlich oft genannt wurde; dieser Unterschied kann aber eine Funktion des Al-

Zustand der Wohnung

ters der Bewohner sein. Als einzige, von finanziellen Ressourcen abhängige Größe, ist das Vorhandensein von Stuck zu nennen; dieses Merkmal wurde in Nippes erwartungsgemäß überdurchschnittlich oft protokolliert.

Ein weiterer Beobachtungsgegenstand waren die Fenster der Befragten. Der einzige Indikator, der zur Differenzierung der vier Gebiete verwendet werden kann, ist das Blumenfenster; diese gab es in den beiden reicheren Gebieten der benachteiligten Wohngebiete Bilderstöckchen und Kalk2 relativ oft. In Nippes wurden Blumenfenster etwas öfter als in Kalk1 und Kölnberg protokolliert, aber deutlich seltener als in den anderen beiden benachteiligten Wohngebieten.

Im Vergleich mit Nippes fällt das in allen vier benachteiligten Wohngebieten überdurchschnittlich häufige Vorhandensein von Vorhängen auf; diese scheinen wie auch die Schrankwand als Teil dessen zu gelten, was ein "durchschnittlicher Haushalt" eben haben sollte. Um gegenüber Dritten nicht aufzufallen, decken sich die Haushalte mit den Gegenständen ein, die ihrer Meinung nach in einen "normalen Haushalt" gehören. Die bereits von Tobias und Boettner (1992) gegebenen Beschreibungen von finanziell benachteiligten Haushalten können demnach mit Hilfe der Kölner Daten bestätigt werden.

Tabelle 8.5: Wohnraumbeobachtung: Fenster, nach Wohngebiet, in Prozent

Fenster	Bilderst.	Kalk2	Kalk1	Kölnberg	Insgesamt	Nippes
Gardinen	70,0	64,7	70,6	76,9	70,1	71,3
Vorhänge	55,9	50,0	51,9	65,4	55,4	28,2
Blumenfenster	25,0	25,0	7,7	11,5	18,1	12,0
Jalousien	3,3	2,9	7,8	3,8	4,3	5,8
Rollo	11,7	2,9	1,9	1,9	4,7	6,0
Nichts davon	5,0	7,4	7,7	0,0	5,2	9,3
N	60	68	51	52	231	469

Die auch anhand dieser Daten nachgewiesene relativ große Gemeinsamkeit zwischen den Mitgliedern der unteren Klassen bezeichnet Bourdieu (1982) als "Geschmack der Notwendigkeit"; Unterschiede in den Einrichtungs- oder Lebensstilen, und zwar auch die, die nicht auf ökonomischen Restriktionen basieren, werden erst im Vergleich zu den Mitgliedern der anderen Klassen deutlich. Anders ausgedrückt: Mit Hilfe der reinen Bestandsaufnahme der Einrichtungen können die Bewohner der benachteiligten Gebiete kaum differenziert werden. Die wichtigsten Unterschiede zu den Bewohnern in einem Gebiet der "mittleren Klassen" bestehen darin, daß in den benachteiligten Wohngebieten relativ oft Schrankwände, einfarbige Tapeten und Vorhänge an den Fenstern protokolliert wurden, während Holzfußböden, alte Buffets sowie Holzverkleidung bzw. Stuck an den Decken Charakterisierungsmerkmale der Bewohner von Nippes sind. Wird davon abgesehen, daß sich die Haushalte in den benachteiligten Wohngebieten keine alten Buffets oder Wohnungen mit Stuck leisten können, so hat der "Geschmack der Notwendigkeit" mit seinen "Wandschränken" und "Vorhängen" Symbole, mit denen sich Haushalte nach "Unten" abgrenzen können. Der "Geschmack der Notwendigkeit" hat damit zwei Restriktionen: zum einen das geringe ökonomische Kapital, zum anderen das Bedürfnis "Normalität" zu vermitteln.

8.3 Die Pflege der Wohnung

Während mit Hilfe der Einrichtungsgegenstände und der Registrierung der Fußboden-, Wand-, Decken- und Fensterverkleidung eine formale Aussage über die Wohnung gemacht werden kann, soll mit Hilfe einer Zustandsbeschreibung der Wohnung sowohl eine Aussage über deren Pflege als auch über den Wert der Einrichtung gemacht werden. Wenn anhand der formalen Beschreibung keine Differenzierung zwischen den Bewohnern der benachteiligten Gebiete möglich ist, müssen andere Indikatoren gesucht werden, um zu untersuchen, ob der Umgang mit "Armut" in der Wohnung beobachtet werden kann. Wenn sich letztlich jeder Haushalt eine Schrankwand leisten kann, so können diese und andere Möbelstücke möglicherweise anhand ihres Zustandes unterschieden werden. So kann vermutet werden, daß ein Haushalt, der sich selbst aufgegeben hat, kaum noch Interesse hat, seinen äußeren Schein zu wahren - die Schrankwand mag noch aus "besseren Zeiten" vorhanden sein, der Zustand derselben kann infolge mangelnder Pflege oder auch aufgrund seines Alters dennoch sehr schlecht sein. Um die Haushalte mittels einer derartigen Zustandsbeschreibung differenzieren zu können, wurden fünf fünfstufige Gegensatzpaare in den Beobachtungsbogen integriert.

Dabei beziehen sich die Gegensatzpaare "sauber versus schmutzig" und "gepflegt versus nachlässig" auf die Pflege der Wohnung; diese beiden Variablen

Zustand der Wohnung

sind ein Indikator dafür, inwieweit auf dieser Ebene versucht wird, ein "bürgerliches Leben" zu demonstrieren. Mit Hilfe der Gegensatzpaare "neuwertig - abgenutzt", "heil - beschädigt" und "ärmlich - luxuriös" soll das Niveau der Armut gemessen werden. Um einen ersten Überblick über die Verteilung dieser Merkmale zu geben, wurden die Merkmale trichotomisiert (durch Zusammenfassung der Randausprägungen) und mit dem Wohngebiet kreuztabelliert (Tabelle 8.6). Für diesen Teil der Wohnungsbeschreibung wurden alle Beobachtungsbögen berücksichtigt, bei denen das Interview in der Wohnung des Befragten stattgefunden hat.

Tabelle 8.6: Zustand der Wohnung, nach Wohngebiet, in Prozent

Eigenschaft	Bilderst.	Kalk2	Kalk1	Kölnberg	Insg.	Sign.
Sauber	81,0	77,9	81,3	54,7	75,8	chi^2=24,6
	11,0	16,8	9,3	21,9	14,1	p<.001
Schmutzig	8,0	5,3	9,3	23,4	10,2	V=.18
Neuwertig	55,0	53,1	42,5	31,3	47,0	chi^2=17,8
	24,0	31,0	36,8	31,3	30,8	p<.01
Abgenutzt	21,0	15,9	20,8	37,5	22,2	V=.15
Gepflegt	77,0	74,3	74,5	46,9	70,5	chi^2=23,6
	11,0	16,8	17,0	28,1	17,2	p<.001
Nachlässig	12,0	8,8	8,5	25,0	12,3	V=.18
Heil	79,0	77,0	74,5	50,0	72,3	chi^2=22,4
	19,0	17,7	18,9	35,9	21,4	p<.01
Beschädigt	2,0	5,3	6,6	14,1	6,3	V=.17
Ärmlich	27,0	22,9	20,8	56,3	29,0	chi^2=35,7
	53,0	54,1	58,5	18,8	49,1	p<.001
Luxuriös	20,0	22,9	20,8	25,0	21,9	V=.22
N	100	113	107	64	384	

Auffallend sind die relativ häufigen Nennungen, mit denen die Wohnungen als "ärmlich", "abgenutzt" bzw. "schmutzig" charakterisiert wurden. Auch wenn keine Vergleichswerte vorhanden sind, die Werte sehr subjektiv und die Vergleichsmaßstäbe der Interviewer unterschiedlich sein dürften, sollten diese hohen Werte dennoch Indikatoren dafür sein, daß viele der Befragten in relativer Armut lebten. Des weiteren wird deutlich, daß am Kölnberg, dem am stärksten benachteiligten Wohngebiet, die Pflege der Wohnungen als überdurchschnittlich schlecht protokolliert wurde. So wurde in diesem Gebiet nahezu jede vierte der Wohnungen als "schmutzig" beschrieben gegenüber einem Durchschnitt von 10,2% (alle vier Gebiete, inkl. Kölnberg). Des weiteren wurden die Wohnungen in diesem Gebiet relativ oft als "abgenutzt", "nachlässig", "beschädigt" und "ärmlich" klassifiziert. Die Unterschiede zwischen den vier Gebieten sind bei allen fünf Variablen auf dem 1%-Niveau signifikant.

Wenn die implizite Annahme zutrifft, daß der Zustand der Wohnung um so schlechter ist, je ärmer der Haushalt ist bzw. je stärker er resigniert hat (vgl. Tobias und Boettner, 1992), dann sollte er bei den Empfängern von staatlichen Transferleistungen überdurchschnittlich schlecht sein. Um diese Annahme zu prüfen, wurden die fünf Beschreibungsmerkmale mit der Variable "Empfänger von Transferleistungen" kreuztabelliert. In Tabelle 8.7 sind nur die Werte für die Empfänger von Transferzahlungen aufgeführt, dies sind 82 von 375 oder 21,9% der Befragten.

Tabelle 8.7: Anteil der Empfänger von Transferzahlungen an dem jeweiligen Zustand der Wohnung, in Prozent

	1	2	3	4	5	
Sauber	10,0	22,8	35,3	38,5	81,8	Schmutzig
Neuwertig	7,8	12,0	26,7	33,9	52,2	Abgenutzt
Gepflegt	4,6	23,0	34,4	42,9	64,7	Nachlässig
Heil	10,0	21,8	35,9	47,6	50,0	Beschädigt
Ärmlich	47,6	35,9	15,8	14,3	0,0	Luxuriös

In Tabelle 8.7 wird deutlich, daß relativ viele Empfänger von Transferzahlungen ihre Wohnung vernachlässigt haben; die Zusammenhänge zwischen den Zustandsmerkmalen und dem Anteil der Empfänger von Transferzahlungen verläuft "fehlerfrei" ordinal. So ist der Anteil der Arbeitslosen und Sozialhilfeempfänger in der Gruppe der "saubersten Wohnungen" ("1" auf der Skala "sauber-

Zustand der Wohnung

schmutzig") mit 10% weit unterdurchschnittlich (der Anteil der Empfänger von Transferleistungen ist 21,9%), bei den "schmutzigsten Wohnungen" beträgt ihr Anteil hingegen über 80%. Bezogen auf die Skala "ärmlich - luxuriös" ist der Anteil der Transferzahlungsempfänger auf der "ärmlichsten Stufe" knapp 50%, in die "luxuriöse Stufe" wurde kein Haushalt dieser Personengruppe eingestuft.

Tabelle 8.8: Private Geselligkeit zu Hause und Zustand der Wohnung, in Prozent

Zustand der Wohnung	Private Geselligkeit zu Hause					
	Gar keine	Nein	Selten	Öfter	N	Sign.
Sauber	16,8	26,1	25,4	31,6	291	chi^2=3,7
	18,9	28,3	17,0	35,8	53	n.s.
Schmutzig	21,1	34,2	18,4	26,3	38	
Neuwertig	16,1	21,7	25,6	36,7	180	chi^2=8,7
	16,9	30,5	23,7	28,8	118	n.s.
Abgenützt	20,5	34,9	19,3	25,3	83	
Gepflegt	17,8	25,2	25,6	31,5	270	chi^2=8,8
	10,8	30,8	18,5	40,0	65	n.s.
Nachlässig	23,9	34,8	19,6	21,7	46	
Heil	16,6	23,8	26,0	33,6	277	chi^2=14,0
	16,0	40,7	14,8	28,4	81	p<.05 V=.14
Beschädigt	30,4	21,7	26,1	21,7	23	
Ärmlich	22,0	33,9	24,8	19,3	109	chi^2=14,5
	16,2	25,4	20,5	37,8	185	p<.05 V=.14
Luxuriös	13,3	24,1	30,1	32,5	83	

Eine der am Anfang dieses Buches formulierten Annahmen richtet sich auf die geringere Anzahl von sozialen Kontakte der Personen in den benachteiligten Gebieten; die bezog sich sowohl auf die Besuche, die ein Haushalt erhält (Kontakte in der eigenen Wohnung) als auch auf die Besuche, die er selbst macht (Kontakte anderswo). Des weiteren gilt der Zusammenhang mit den zur Verfügung stehenden finanziellen Mitteln: Je stärker Personen benachteiligt sind und je weniger finanzielle Mittel sie besitzen, desto seltener nehmen sie Einladungen bei anderen an. Ähnliches sollte für den Zustand der Wohnung gelten: Je schlechter dieser ist, desto seltener werden Einladungen angenommen bzw. ausgesprochen. Um diese Annahme testen zu können, wurden die fünf trichotomisierten Variablen mit den beiden Fragen zur privaten Geselligkeit kreuztabelliert, die Ergebnisse sind in den Tabellen 8.8 und 8.9 wiedergegeben.

Die Ergebnisse in beiden Tabellen weisen ein ähnliches Muster auf: Der geringste Zusammenhang besteht mit der Frage, ob eine Wohnung als "sauber" bzw. als "schmutzig" eingestuft wurde,- die Sauberkeit der Wohnung scheint sekundär zu sein, wenn es um private Geselligkeiten geht. Des weiteren sind auch die Zusammenhänge mit "neuwertig - abgenützt" und "gepflegt - nachlässig" statistisch nicht signifikant. Faßt man die Kategorien "gar keine" und "nein" zusammen, so wird ersichtlich, daß bei allen drei Variablen zumindest die Richtung des Zusammenhanges den postulierten Annahmen entspricht: Von den Haushalten, deren Wohnungen als "schmutzig" charakterisiert wurden, laden 55,5% (gar) keine Gäste ein und 42,2% gehen nicht anderswo zu privaten Gesellikeiten. Die analogen Werte für die Haushalte, deren Wohnungen als "sauber" eingestuft wurden, sind 42,9% und 29,5%.

Einen statistisch signifikanten oder zumindest einen tendenziellen Zusammenhang gibt es mit den Skalen "heil - beschädigt" und "ärmlich - luxuriös". Die Ausprägungen, mit denen die statistische Signifikanz bei diesen Variablen erklärt werden kann, sind die negativen Randkategorien: Wurde eine Wohnung als "ärmlich" bzw. als "beschädigt" charakterisiert, sind private Geselligkeiten selten, die Mittelkategorien haben keinen Effekt auf das Einladen von Gästen und auf private Geselligkeiten an anderen Orten. Mit anderen Worten: Es kommt nur dann überdurchschnittlich selten zu Kontakten, wenn der Zustand der Wohnung signifikant nach unten abweicht, wurde eine Wohnung als "weder beschädigt, noch heil" beschrieben, ist die Anzahl der Kontakte durchschnittlich.

Aus den oben beschriebenen Zusammenhängen kann ein Schwellenwertmodell abgeleitet werden. Den bisherigen Ergebnissen zufolge scheint es einen Punkt zu geben, an dem der Zustand der Wohnung derartig schlecht wird, daß private Kontakte signifikant seltener stattfinden. Um den Zustand der Wohnung als metrische Variable zu definieren, führen wir auf der Basis der fünf fünfstufigen Variablen eine Homogenitätsanalyse durch, die Ergebnisse der Skalierung für die erste latente Variable sind in Tabelle 8.10 wiedergegeben.

Zustand der Wohnung

Tabelle 8.9: Private Geselligkeit außer Haus und Zustand der Wohnung, in Prozent

Zustand der Wohnung	Private Geselligkeit außer Haus					
	Gar keine	Nein	Selten	Öfter	N	Sign.
Sauber	16,8	12,7	27,5	43,0	291	chi²=3,3
	18,9	13,2	22,6	45,3	53	n.s.
Schmutzig	21,1	21,1	21,1	36,8	38	
Neuwertig	16,1	14,4	24,4	45,0	180	chi²=5,5
	16,9	9,3	30,5	43,2	118	n.s.
Abgenützt	20,5	18,1	24,1	37,3	83	
Gepflegt	17,8	12,6	28,5	41,1	270	chi²=7,9
	10,8	15,4	20,0	53,8	65	n.s.
Nachlässig	23,9	17,4	21,7	37,0	46	
Heil	16,6	13,4	26,7	43,3	277	chi²=17,2
	16,0	8,6	30,9	44,4	81	p<.01 V=.17
Beschädigt	30,4	34,8	4,3	30,4	23	
Ärmlich	22,0	16,5	27,5	33,9	109	chi²=12,5
	16,2	14,1	28,6	41,1	185	n.s.
Luxuriös	13,3	9,6	19,3	57,8	83	

Tabelle 8.10: Zustand der Wohnung, Quantifizierungen nach HOMALS

	1	2	3	4	5	
Sauber	-0,89	0,13	0,93	1,93	2,10	Schmutzig
Neuwertig	-1,15	-0,66	0,17	1,28	1,94	Abgenutzt
Gepflegt	-0,99	-0,02	0,70	1,73	2,09	Nachlässig
Heil	-0,93	-0,02	1,08	1,89	2,98	Beschädigt
Ärmlich	1,57	0,79	-0,32	-0,68	-1,17	Luxuriös

Aus der Tabelle wird ersichtlich, daß die Reihenfolge der Ausprägungen auf der latenten Variable identisch ist mit der Reihenfolge der Ausprägungen auf den manifesten Variablen. D. h. über alle fünf Variablen war die ordinale Messung der Zustandsmerkmale konsistent; damit gilt für die Interpretation der neuen Variable: Je höher der Wert ist, desto schlechter ist der allgemeine Zustand der Wohnung. Aus den weitgehend identischen Wertebereichen der manifesten Variablenausprägungen auf der latenten Variable kann geschlossen werden, daß jeweils gleiche Variablenausprägungen bei allen fünf Merkmalen etwa im gleichen Maß zur Beschreibung der latenten Variable beitragen. Die neue Variable ist entsprechend dem Modell der Homogenitätsanalyse metrisch skaliert, und sie wird im folgenden als abhängiges Merkmal für einige Varianzanalysen verwendet.

Von allen in Tabelle 8.11 dokumentierten Zusammenhängen ist der mit "Transfereinkommen" am stärksten. Die Pflege der Wohnung ist bei den Sozialhilfe- und Arbeitslosenempfängern deutlich schlechter als bei der Vergleichsgruppe. Damit einhergehend hat die Höhe des Äquivalenzeinkommens einen hoch signifikanten Einfluß auf den Zustand der Wohnung: Dieser Zusammenhang ist bis zu einer Höhe von etwa DM 1750 ordinal, ab diesem Betrag kann keine weitere Verbesserung bzw. Verschlechterung des Wohnungszustandes nachgewiesen werden. Auffallend ist des weiteren der deutlich schlechtere Zustand der Wohnungen in dem am stärksten benachteiligten Wohngebiet. Die anderen drei Gebiete unterscheiden sich nur marginal bezüglich des Wohnungszustandes.

Auch durch diese Analysen wird die Vermutung bestätigt, daß es eine bestimmte Armutsgrenze gibt, ab der die Haushalte ihre Wohnung vernachlässigen bzw. aufgrund finanzieller Restriktionen vernachlässigen müssen. Fehlen die finanziellen Mittel für Neuanschaffungen und sehen die Einrichtungsgegenstände erst einmal abgenutzt aus, dann besteht auch nicht mehr die Notwendigkeit, diese sauber zu halten bzw. es besteht nicht mehr die Möglichkeit, diese sauber zu bekommen.

Als weiterer Faktor kann das Wohngebiet angesehen werden: Ist dies in einem sehr schlechten äußeren Zustand, d. h. wird die nähere Umgebung bzw. das Haus selbst vernachlässigt und gegenüber anderen Gebieten benachteiligt, so besteht anscheinend auch weniger Anreiz, den Zustand der Wohnung ordentlich zu halten. Dieser Effekt kann zirkulär sein: Ist ein Gebiet erst einmal benachteiligt und ist dies bekannt, so wird der Zustand seiner Bewohner als "schlecht" eingestuft und es besteht kein Bedarf, diese Haushalte (im Rahmen des behördlichen Ermessensspielraums) großzügig zu behandeln. Somit sollten diese Haushalte - verglichen mit den bedürftigen Haushalten in den anderen benachteiligten Wohngebieten - relativ große Schwierigkeiten haben, den Antrag auf eine neue Waschmaschine

Zustand der Wohnung

oder einen neuen Schrank bewilligt zu bekommen.

Nach dem Familienstand besteht ebenfalls ein signifikanter Zusammenhang mit dem Zustand der Wohnung. Bei den Verheirateten ist er überdurchschnittlich gut, relativ schlecht ist er hingegen bei den Zusammenlebenden, bei den Geschiedenen und bei den Ledigen. Die Mitglieder der drei zuletzt genannten Gruppierungen empfinden unter Umständen aufgrund ihres Lebensstils bzw. aufgrund ihrer Stellung im Lebenszyklus eine ordentliche Wohnung als weniger wichtig als Verheiratete und verhalten sich dementsprechend. Die Verwitweten dürften aufgrund ihres Alters bzw. aufgrund finanzieller Restriktionen kaum noch Interesse - oder auch kaum noch die Möglichkeit - haben, alte Einrichtungsgegenstände gegen neue auszutauschen.

Erwartungsgemäß bestehen keine Zusammenhänge zwischen dem Zustand der Wohnung und dem Geschlecht, dem im Gebiet verbrachten Zeitanteil und dem Alter der befragten Person. Hier dürften sich wohl mehrere Effekte überlagern. So können bei den Älteren, die überdurchschnittlich viel Zeit im Gebiet verbringen, zwei Gruppen unterschieden werden: Erstens, die Verwitweten, die aufgrund von Altersarmut wenig Geld zur Verfügung haben und deren Wohnungen in einem relativ schlechten Zustand sind, und zweitens, die Verheirateten, deren Wohnungen überdurchschnittlich gut gepflegt sind.

Auffallend und entgegen den Erwartungen ist der fehlende Zusammenhang mit Bildung. Auch wenn die Richtung des Zusammenhangs mit der prognostizierten übereinstimmt, so kann nicht behauptet werden, daß sich die Wohnungen der höher Gebildeten in einem überdurchschnittlich guten Zustand befinden. Dieser nicht vorhandene Zusammenhang bleibt auch bestehen, wenn die Ausprägung "Hauptschule" weiter aufgeschlüsselt wird. In diesem Fall kann lediglich gesagt werden, daß sich die Wohnungen derjenigen, die keinen Schulabschluß haben, in einem überdurchschnittlich schlechten Zustand befinden (der Mittelwert ist 0,87). Diese Aussage basiert jedoch lediglich auf elf Fällen und ist daher lediglich ein Indiz für einen Zusammenhang dieser Variable mit dem Zustand der Wohnung am unteren Ende der Bildungsskala.

Wird "Bildung" mit den anderen sozio-demografischen Merkmalen kreuztabelliert, so fällt auf, daß diese Variable nicht mit dem Transfereinkommen korreliert ist. Es gibt zwar einen tendenziellen Zusammenhang zwischen diesen beiden Merkmalen - von den Personen mit Abitur bzw. Hochschulabschluß bezogen 15,2% Arbeits- bzw. Sozialhilfe, von denen mit Hauptschulabschluß 25,4%; die-

Tabelle 8.11: Ergebnisse der Varianzanalysen, Zustand der Wohnung

Merkmal	Kategorien	N	Mittelwert	F, Sign.
Gebiet	Bilderstöckchen	109	-0,178	7,9 (.001)
	Kalk1	112	-0,020	
	Kalk2	120	-0,151	
	Kölnberg	90	0,429	
Äquiva-lenzein-kommen	unter DM 500	25	0,887	16,9 (.001)
	500 bis unter 1000	60	0,489	
	1000 bis unter 1500	102	0,114	
	1500 bis unter 2000	75	-0,379	
	DM 2000 und mehr	112	-0,365	
Transfer-einkommen	ja	93	0,643	58,4 (.001)
	nein	326	-0,199	
Bildung	Hauptschule	238	0,051	1,0 (n.s.)
	Mittlere Reife	113	-0,111	
	Abitur/Universität	79	-0,040	
Familien-stand	verheiratet	220	-0,221	5,2 (.001)
	ledig	80	0,228	
	zusammenlebend	48	0,100	
	geschieden	45	0,299	
	verwitwet	31	0,135	
Geschlecht	weiblich	235	-0,050	1,1 (n.s.)
	männlich	195	0,054	
Alter	18 bis 25 Jahre	36	0,163	1,4 (n.s.)
	26 bis 35 Jahre	78	-0,030	
	36 bis 45 Jahre	103	0,148	
	46 bis 55 Jahre	50	-0,090	
	56 bis 64 Jahre	73	-0,144	
	65 Jahre und älter	83	-0,158	
Zeitanteil im Gebiet	unter 50%	41	0,116	2,3 (n.s.)
	50% bis unter 75%	135	-0,171	
	75% bis unter 90%	70	-0,040	
	90% und mehr	181	0,110	
private Geselligkeit	weder noch	82	0,084	3,3 (.01)
	n + s, s + n	95	0,087	
	nicht zh, öfter aw	60	0,273	
	s + s, ö + s, s+ ö	81	-0,233	
	öfter zh, nicht aw	26	0,149	
	beides öfter	85	-0,248	

Zustand der Wohnung 157

ser ist jedoch statistisch nicht signifikant. Des weiteren ist der Zusammenhang mit Äquivalenzeinkommen ($chi^2 = 18,9$ mit $df = 8$, $p<.05$; Cramer's $V = 0,16$) und Gebiet ($chi^2 = 18,3$ mit $df = 6$, $p<.01$; Cramer's $V = 0,15$) zwar statistisch signifikant, jedoch nicht sehr stark. Anhand dieser Ergebnisse wird ersichtlich, daß es auch unter den Bessergebildeten eine relativ große Anzahl von Personen gibt, die relativ arm sind und die in benachteiligten Wohngebieten leben.

Ausschlaggebend für den fehlenden Zusammenhang von "Bildung" und "Zustand der Wohnung" sollte jedoch die hohe Assoziation von "Bildung" und "Familenstand" sein ($chi^2 = 46,0$ mit $df = 8$, $p<.001$; Cramer's $V = 0,23$): Insbesondere die Ledigen (bei den Abiturienten beträgt der Anteil der Ledigen 35,1%, an der Stichprobe lediglich 18,9%) und die Zusammenlebenden (22,1% versus 11,3%) sind bei den Bessergebildeten überdurchschnittlich stark vertreten, während der Anteil der Verheirateten unter dem Durchschnitt liegt (29,9% versus 51,9%). Somit scheint der "nur" als durchschnittlich zu bezeichnende Zustand der Wohnungseinrichtungen bei den Abiturienten und Hochschulabsolventen eine Folge der unterschiedlichen Lebensstile von Ledigen und Zusammenlebenden versus Verheirateten zu sein.

Im vorangegangenen Abschnitt wurde festgestellt, daß es zwischen den benachteiligten Gebieten nur geringfügige Unterschiede in den Einrichtungsgegenständen und in der Wand-, Fußboden- und Decken-Gestaltung der Wohnungen gibt. Im folgenden wird untersucht, ob es einen Zusammenhang dieser Einrichtungsgegenstände und Wohnraumgestaltungen mit den Zuständen der Wohnungen gibt. Auch für diese Merkmale wurden Mittelwertdifferenzentests gerechnet, auf deren ausführliche tabellarische Darstellung jedoch verzichtet wird.

Diese Ergebnisse rechtfertigen den Schluß, daß die Wohnungen, in denen es keine Schrankwand gab, in einem überdurchschnittlich schlechten Zustand waren. Das gleiche gilt für das Fehlen von einzelnen, offenen Regalen, von Vitrinen, einem polierten Holzfußboden, einer modernen Tapete, einer Strukturtapete, von Holzverkleidungen an der Decke, von Fenstern mit Gardinen und von Blumenfenstern. Überdurchschnittlich oft protokolliert wurden dagegen altmodische Tapeten und Wohnzimmer, in denen die Decke "nur" gestrichen war. Der Zustand der Wohnungen ist demnach hoch mit dem korreliert, was "der Haushalt sich leisten kann". Kann er sich moderne Tapeten oder eine Schrankwand leisten, so achtet er überdurchschnittlich stark auf das Äußere; fehlen hingegen die "Symbole des Wohlstandes", sei es aus persönlichen Gründen oder sei es aus finanziellen Restriktionen, so wird auch weniger Wert auf das äußere Erscheinungsbild der

Wohnung gelegt. Der Zustand der Wohnung geht damit mit dem "Geschmack der Notwendigkeit" einher - fehlt mit den Wandschränken und Vorhängen der symbolische Teil, so sind die Wohnungen in einem relativ ungepflegten Zustand.

9. Fertigkeiten

Im vorangegangenen Kapitel haben wir die Lebensstile der Bewohner diskutiert und festgestellt, daß die Annahme von Bourdieu (1979, 1982), der zufolge die Mitglieder der unteren Klassenfraktionen lediglich einen "Geschmack der Notwendigkeit" haben, auch für die Bewohner der vier benachteiligten Wohngebiete in Köln gilt. Auch in dieser Untersuchung konnten mit den in Anlehnung an Bourdieu formulierten Lebensstilmerkmalen die Bewohner lediglich tendenziell unterschieden werden; dabei hatte das ökonomische Kapital kaum einen Einfluß auf den gelebten Lebensstil.

9.1 Fertigkeiten als kulturelles Kapital?

Bislang nur unzureichend diskutiert - und wenn, dann meistens unter einer anderen Fragestellung - wurde die Annahme von Bourdieu (1983), daß die drei von ihm eingeführten Kapitalien (ökonomisches, kulturelles und soziales) kompatibel sind, d.h. daß mit Hilfe des einen Kapitals das andere erworben werden kann. Unmittelbar einsichtig ist diese Annahme wenn es sich um die Umwandlung von ökonomischem Kapital in Bildungskapital handelt. So kann mit Hilfe von Geld (ökonomisches Kapital) Wissen (kulturelles Kapital) erworben werden, mit Hilfe ausreichender finanzieller Mittel sind der Besuch von Opern und Konzerten, anderen Ländern sowie auch die Beschäftigung mit und der Erwerb von Kunstgegenständen möglich. Auf der anderen Seite kann Bildungskapital zum Erwerb von ökonomischem Kapital eingesetzt werden, z. B. wenn für die Besetzung einer freien Stelle auf dem Arbeitsmarkt - und damit die Möglichkeit des Erwerbs von ökonomischem Kapital - bestimmte Kenntnisse und Fähigkeiten erforderlich sind. Je größer das (spezifische) kulturelle Kapital ist, desto größer ist die Wahrscheinlichkeit, die Stelle zu erhalten.

Des weiteren gilt, daß je umfangreicher das kulturelle Kapital ist, desto höherwertig kann die Stelle sein. Während jedoch das ökonomische Kapital nahezu beliebig in unterschiedliche Arten von Bildungskapital umgewandelt werden kann, sind die Möglichkeiten der Umwandlung von kulturellem in ökonomisches Kapital an spezifische Fähigkeiten gebunden. So kann der nach der Bourdieuschen Definition mit einem hohen kulturellen Kapital ausgestattete Künstler, der zudem äußerst sprachbegabt sein mag, an einem tropfenden Wasserhahn scheitern, während dies für den geübten Heimwerker mit Hauptschulabschluß eine Sache von wenigen Minuten ist.

Während bei Bourdieu das kulturelle Kapital eindimensional ist und hauptsächlich die Höhe des "Wissens um Kunst" mißt, operationalisiert mit Variablen wie "Kenntnisse von Malerei", "Kenntnisse von Musik" und "Kenntnisse von Künstlern" (vgl. Bourdieu 1979), soll im folgenden eine zweite Art des kulturellen Kapitals eingeführt werden. Im Gegensatz zu von Bourdieu verwendeten Indikatoren sollen die Ausprägungen der hierfür formulierten Variablen nicht mit den Ausprägungen des ökonomischen Kapitals kovariieren. Diese zweite Art des kulturellen Kapitals soll im folgenden als "Wissen um Praxis" bezeichnet werden. Es ist insbesondere durch Fähigkeiten gekennzeichnet, die ein relativ hohes Maß an manuellen Fertigkeiten erfordern.

Wird dieses "Wissen um Praxis" als kontinuierlich skalierte latente Variable verstanden und sollen den beiden Achsenabschnitten idealtypische Personengruppen zugeordnet werden, so sollten Personen mit einem hohen handwerklichen Geschick, wie z. B. Meister in einem Handwerksbetrieb und Kunstnäherinnen, relativ viel von diesem Kapital aufweisen, während Personen, die kein handwerkliches Geschick besitzen, nur relativ wenig davon haben sollten. Zum Vergleich: Bourdieus kulturelles Kapital ist durch den Gegensatz von Personen mit einem hohen "Wissen um Kunst" und einem entsprechenden Lebensstil (z. B. Künstler) und Personen mit einem niedrigen "Wissen um Kunst" (z. B. Arbeiter) gekennzeichnet. Die beiden Arten von Kapitalien sollten unkorreliert sein. Die Fähigkeit, einen tropfenden Wasserhahn zu reparieren oder eine Hose umzunähen, sollten unabhängig von dem Wissen um Kunst sein.

Bezogen auf die Transformationsmöglichkeiten dieses neu eingeführten kulturellen Kapitals sollte es Unterschiede geben. Für die Mitglieder der unteren Klassen sind die entsprechenden manuellen Fähigkeiten eine notwendige Bedingung, eine Arbeitsstelle zu erhalten, aber auch dafür, die eigene Wohnung preis-

Fertigkeiten 161

günstig zu renovieren. Des weiteren können handwerkliche Fähigkeiten eingesetzt werden, um nebenberuflich Geld zu verdienen oder um sich im Freundes- und Verwandtenkreis gegenseitig zu helfen. Für die Mitglieder der oberen Klassen wäre es nicht sinnvoll, manuelle Fähigkeiten in ökonomisches Kapital zu transformieren - wenn die Wohnung renovierungsbedürftig ist, wird der Maler gerufen. Das Ausüben derartiger Tätigkeiten ist in dieser Gruppe eher als Hobby zu bezeichnen - die eigene Wohnung wird selbst renoviert, weil es einem Spaß macht, zu tapezieren oder die Wände zu streichen.

Des weiteren ist das soziale Kapital mit den anderen beiden Kapitalien in beiden Richtungen kompatibel. Durch persönliche Freundschaften oder durch regelmäßige Treffen mit Personen, die im Beruf etabliert sind und die über die Besetzung von neuen Positionen vorab informiert sind oder gar einen Einfluß auf die Besetzung dieser Positionen haben, steigt die Wahrscheinlichkeit, eine neue bzw. eine bessere Arbeitsstelle zu finden bzw. um "Aufträge" zu akquirieren. Ähnlich, wie für die Transfermöglichkeiten des kulturellen in das ökonomische Kapital beschrieben, wird der Transfer vom sozialen zum ökonomischen Kapital nur dann gelingen, wenn Angebot und Nachfrage übereinstimmen. So wird ein Handwerker keine Aufträge aus dem juristischen Bereich annehmen können und einem arbeitslosen Juristen wird die Kenntnis über eine frei werdende Position eines Gesellen bei einem Malerbetrieb kaum hilfreich sein. Die Transformation von sozialem in ökonomisches Kapital gelingt demnach nur unter der Bedingung des „richtigen" kulturellen Kapitals. Passen soziale Netzwerke und vorhandene manuelle Fertigkeiten bzw. vorhandenes Wissen nicht zusammen, ist eine Umwandlung sehr unwahrscheinlich.

Wenn andererseits ein ausreichend hohes ökonomisches Kapital vorhanden ist, können Freundschaften gepflegt und neue gewonnen werden, z.B. durch private Einladungen oder durch den gemeinsamen Besuch von Restaurants oder kulturellen Einrichtungen. Aber auch diese Transformation ist nur unter der Bedingung eines weitgehend übereinstimmenden kulturellen Kapitals erfolgreich. Sind die Interessenlagen und damit das Wissen über Kultur zu verschieden, sollte es zu keinen privaten Beziehungen kommen.

Aus diesen Ausführungen folgt, daß der Transfer von sozialem in kulturelles Kapital - und umgekehrt - nur innerhalb der eigenen Klasse bzw. sogar nur innerhalb der eigenen Klassenfraktion funktionieren sollte. So kann es durch gemeinsame Vorlieben für bestimmte kulturelle Veranstaltungen, sei es der Besuch eines

Spiels des 1. FC Köln oder der Besuch der Festspiele in Bayreuth, zu Kontakten kommen, die dann auch außerhalb der gemeinsamen kulturellen Aktivitäten erfolgen und es somit zu einer Erweiterung der sozialen Netzwerke kommt. In der anderen Richtung erfolgt der Transfer von sozialem zu kulturellem Kapital über den von den anderen Mitgliedern des sozialen Netzwerkes angeregten gemeinsamen Besuch von kulturellen Veranstaltungen.

Die Verbindung von sozialem, kulturellem und ökonomischem Kapital wurde, bezogen auf die oberen Klassen, bereits in relativ vielen Studien beschrieben, auch wenn es nicht explizit so formuliert wurde. So haben z. B. Scheuch und Scheuch (1992) anhand des Kölner Klüngels die Verbindung der Vergabe öffentlicher Aufträge bzw. der Vergabe von Leitungspositionen im (halb)öffentlichen Bereich und privaten Netzwerken zwischen den Politikern der großen Parteien sowie zwischen den Politikern und den Führern der regionalen Wirtschaft ausführlich diskutiert. Gemeinsam ist den beschriebenen Fällen, daß entweder mit Hilfe von sozialen Kontakten Aufträge akquiriert oder Stellen auf Vorstandsebene besetzt wurden oder mit Hilfe ökonomischen Kapitals (z.B. über Spenden an die Parteien) Kontakte geschaffen und ausgebaut wurden. Die Bedeutung der sozialen Netzwerke innerhalb der oberen Klassen kann auch überregional belegt werden: Nicht umsonst hat jedes größere Unternehmen und jeder größere Wirtschaftsverband seine Lobby in Bonn bzw. nun in Berlin. Der Erfolg dieser Vertretungen wird nahezu täglich in den Medien dokumentiert; sei es durch weitere Subventionen für die Agrarwirtschaft, sei es durch die Rücknahme von Gesetzesvorhaben, sei es durch Steuervergünstigungen an die private Wirtschaft oder allgemein: durch das Eingehen auf die Forderungen der jeweiligen Lobby. Diejenigen, die nicht in diesen Netzwerken vertreten sind, werden vernachlässigt und deren Begehren werden in Zeiten knapper finanzieller Mittel als letztes bzw. nicht erfüllt. An vorderster Stelle zählen hierzu die armen Bevölkerungsschichten, diese sind meistens als erstes und am stärksten von Budgetkürzungen in den öffentlichen Haushalten betroffen.

Wird das Konzept der Transformation von sozialem in ökonomisches Kapital auf die unteren Klassen übertragen, so wäre ein funktionales Äquivalent die Vermittlung von Aufträgen, die auf privater Ebene durchgeführt werden. Als Beispiel wäre hier die Privatperson zu nennen, die das Auto eines anderen repariert; dies kann sowohl ein Freund oder Verwandter als auch eine bis dahin unbekannte Person sein. Wird die Hilfe entgeltlich durchgeführt, so aufgrund einer bestehen-

Fertigkeiten 163

den Stellung oder aufgrund von Bestimmungen des Arbeits- bzw. Sozialamtes, sonst vermutlich zumeist als Schwarzarbeit.

Während Bourdieu (1982) seine Theorie überwiegend mit empirischen Ergebnissen der höheren und mittleren Klassen belegt, findet er zwischen den Klassenfraktionen innerhalb der unteren Klassen nur geringfügige Unterschiede, die er als "Geschmack der Notwendigkeit" bezeichnet. Auch bei unserer in Kapitel „Lebensstile" diskutierten Anwendung der Bourdieuschen Indikatoren auf die Bewohner der benachteiligten Wohngebiete sind die Unterschiede zwischen den Gruppen nur als marginal zu bezeichnen, was letztlich an der Wahl der Indikatoren liegt: Der Kauf von Möbeln beim Antiquitätenhändler oder das Servieren von erlesenen Speisen für Gäste, können nur zu geringfügigen Unterschieden zwischen den Gruppen von benachteiligten Bewohnern führen, denn von diesen Befragten ist schon aus finanziellen Gründen kaum jemand in der Lage, seine Möbel beim Antiquitätenhändler zu kaufen und seinen Gästen erlesene Speisen zu servieren. Lebensstile auf der Basis der Bourdieuschen Operationalisierung können daher auch nicht von den Mitgliedern der unteren Klassen entwickelt werden, das Resultat ist der "Geschmack der Notwendigkeit".

Um dennoch das kulturelle Kapital zwischen den unterschiedlichen Bewohnern der benachteiligten Gebiete differenzieren zu können, wurden in unserer Studie „kulturelle Kompetenzen" berücksichtigt, von denen angenommen werden kann, daß zumindest ein aussagekräftiger Anteil der Befragten darüber verfügt.

Zusätzlich zu der beabsichtigten Unterscheidung der Bevölkerungsgruppen anhand unterschiedlicher Fertigkeiten soll geprüft werden, ob diese Fertigkeiten in andere Kapitalien, insbesondere in ökonomisches Kapital, umgewandelt werden. Sofern das kulturelle Kapital zielgerichtet eingesetzt wird, kann es damit zu einer Verbesserung der finanziellen Situation kommen. Als Fertigkeiten, die den oben formulierten Randbedingungen entsprechen, wurden "Wohnungsrenovierung", "Elektroarbeiten", "Sanitärarbeiten", "Fliesen legen", "Autoreparatur", "Haare schneiden", "Gärtnern", "Nähen", "Kochen", "Putzen" und "Bügeln" berücksichtigt. Als weitere Merkmale wurden die relativ zeitaufwendigen Tätigkeiten "Alten- und Krankenpflege" sowie "Kinderbetreuung" in die Befragung aufgenommen. Auch diese Tätigkeiten können von sehr vielen Personen ausgeübt werden. Im Gegensatz zu den anderen Fertigkeiten sind für die Kinderbetreuung sowie für die Alten- und Krankenpflege weniger manuelle als vielmehr soziale (aber z.T. auch medizinische) Fähigkeiten erforderlich; diese können ebenfalls als Element des kulturellen Kapitals angesehen werden.

Allen berücksichtigten Fertigkeiten soll gemeinsam sein, daß über sie unabhängig von der formalen Bildung und unabhängig vom ökonomischen Kapital verfügt werden kann, sie mithin in einem Modell zur Differenzierung unterschiedlicher Bevölkerungsgruppen innerhalb der benachteiligten Wohngebiete verwendet werden können. Des weiteren sind die hier berücksichtigten Fertigkeiten alle als Dienstleistungen auf dem freien Markt zu erwerben - vom Handwerksbetrieb über den Kindergarten und das Altersheim bis zur Gebäudereinigung. Dort aber sind sie für die meisten der potentiellen Nachfrager aus den benachteiligten Wohngebieten zu teuer. Als Alternativen bleiben nur, entweder diese Arbeiten - nahezu unabhängig davon, wie gut die entsprechenden Fertigkeiten ausgebildet sind - für den eigenen Bedarf anzuwenden, also z. B. selbst die eigene Wohnung zu renovieren oder, sofern die Fähigkeiten als überdurchschnittlich gut bezeichnet werden, die Fähigkeiten auch Dritten anzubieten. Bestehen entsprechende Angebote, so kann die Entlohnung entweder bar erfolgen, im Tausch gegen andere Fertigkeiten (der eine macht die handwerklichen Arbeiten, der andere die Steuererklärung -- vgl. hierzu auch: www.tauschring.de.) oder sie kann als Hilfe ohne (direkte) Gegenleistung erfolgen. Zu welcher der oben genannten Alternativen es kommt, ist abhängig von der Stärke der sozialen Kontakte, der eigenen finanziellen Lage und gegebenenfalls von der finanziellen Lage desjenigen, bei dem die Arbeit ausgeführt werden soll.

Bezogen auf Bourdieus Kapitaltheorie könnte der Einsatz der oben genannten Fertigkeiten entweder dazu verwendet werden, das ökonomische Kapital zu erhöhen (durch entgeltliche Arbeit) oder das soziale Kapital zu festigen (durch unentgeltliches Helfen von Freunden und Verwandten). Verfügen Personen über Fertigkeiten, die sie in andere Kapitalien umwandeln können, so sollte ihre allgemeine Situation besser sein als die derjenigen Bewohner, die keine derartigen Fähigkeiten haben, aber auch besser gegenüber jenen, die sie nicht in andere Kapitalien umwandeln können. "Kulturelle Fertigkeiten" wie sie in der Kölner Untersuchung berücksichtigt wurden, sind somit auch ein Indikator für die mögliche Bewältigung von Armut.

Fertigkeiten 165

9.2 Beurteilung der Fertigkeiten

Um die Höhe des vorhandenen kulturellen Kapitals zu messen, wurde für jede der Fertigkeiten gefragt, ob sie schon einmal angewendet wurde, und wenn ja, wie gut sie beherrscht wird. Diese Bewertung erfolgte anhand von Schulnoten (von 1 = sehr gut bis 6 = ungenügend). Im Anschluß daran wurde gefragt, ob sie die betreffende Tätigkeit schon einmal entgeltlich bzw. unentgeltlich ausgeübt haben. Da bei den Noten die Fallzahl zum Teil sehr klein war und da auch die Kategorie "noch nie gemacht" in das Notenschema integriert werden soll, wurden die Bewertungen trichotomisiert: "sehr gut" und "gut" wurden zusammengefaßt, "befriedigend" und "ausreichend" wurden als "mittel" klassifiziert, "mangelhaft", "ungenügend" und "habe die Tätigkeit noch nicht ausgeübt" wurden als "schlecht, gar nicht" bezeichnet. In Tabelle 9.1 sind die Anteile der Nennungen wiedergegeben.

Tabelle 9.1: Beurteilung der eigenen Fertigkeiten, in Prozent, N = 430

Fertigkeit	Gut	Mittel	Schlecht	Gar nicht
Wohnungsrenovierung	40,0	30,5	5,3	24,2
Elektroarbeiten	15,9	20,5	10,0	53,6
Sanitärarbeiten	9,5	17,9	8,6	64,0
Fliesen legen	9,8	11,4	9,3	69,5
Autoreparatur	7,4	13,7	11,3	67,5
Haare schneiden	16,7	20,0	9,0	54,3
Gärtnern	30,0	28,1	4,5	37,4
Nähen	21,2	30,0	9,5	39,3
Alten-, Krankenpflege	20,7	14,5	4,9	59,9
Kinderbetreuung	46,5	17,7	3,0	32,8
Kochen	60,5	27,4	3,5	8,6
Putzen	58,1	30,9	4,0	7,0
Bügeln	47,2	25,3	7,0	20,4

Tabelle 9.1 zeigt, daß nach der Trichotomisierung bei allen Fragen genügend Variation für eine weitergehende Analyse vorhanden ist und daß alle Kategorien ausreichend besetzt sind. Dabei gibt es große Unterschiede bei der Anzahl der Nennungen in den verschiedenen Kategorien: Während über 50% der Befragten angaben, daß sie "gut" bzw. "sehr gut" kochen oder putzen können, waren es bei den Sanitärarbeiten, beim Fliesenlegen und bei der Autoreparatur weniger als

10%. Bei der getroffenen Auswahl an Fertigkeiten ist zu erwarten, daß es geschlechtsspezifische Unterschiede gibt: Während Elektro-, und Sanitärarbeiten, Fliesen legen und die Autoreparatur als "typisch männlich" zu bezeichnen sind, können Kochen, Putzen und Bügeln eher als "weibliche Fertigkeiten" angesehen werden. Daher sollte bei der Bestimmung von latenten Dimensionen zur Skalierung der Fähigkeiten eine Dimension geschlechtsspezifische Differenzen widerspiegeln, eine andere das "Niveau der Fertigkeiten" insgesamt.

Um die Ordinalität der Noten zu berücksichtigen und um gleichzeitig mit einem Minimum an Dimensionen auszukommen, wurde der PRINCALS-Ansatz verwendet (vgl. Gifi, 1990; Heiser und Meulman, 1994). Da die Fallzahl mit N=430 nicht sehr groß und über die einzelnen Noten relativ schief verteilt ist, da des weiteren die Bewertung von Fähigkeiten auf der Basis einer sechsstufigen Skala schwierig ist und da die Kategorie "noch nie gemacht" in einem ordinalen Modell berücksichtigt werden sollte, wurde die Trichotomisierung der Daten beibehalten (Tabelle 9.2).

Bei der zweidimensionalen Lösung, die 43,5% der gesamten Variation erklärt (1. Achse: 24,5%; 2. Achse: 19,0%), liegen die Kommunalitäten der Variablen (Spalte "Quality") zwischen 0,254 (Kinderbetreuung) und 0,609 (Elektroarbeiten), der Anteil der erklärten Varianz liegt zwischen 25,4% und 60,9%. In Tabelle 9.2 sind die Faktorladungen der Variablen auf den ersten beiden Dimensionen (Spalten "dim_1" und "dim_2") als auch die Lokalisationen im zweidimensionalen Projektionsraum angegeben.

Mit Hilfe der ersten Dimension können die unterschiedlichen Fertigkeiten in drei Gruppen unterteilt werden: Zwei Gruppen, deren Variablen untereinander positiv, d.h. in der gleichen Richtung verbunden sind und die mit den Variablen der jeweils anderen Gruppe negativ korrelieren sowie einer dritten Gruppe von Variablen, die nicht auf der ersten Achse laden. Dabei wird mit der ersten Achse der Gegensatz von "Elektroarbeiten" (dim_1 = .650), "Sanitärarbeiten" (dim_1 = .632), "Fliesen legen" (dim_1 = .510) und "Autoreparatur" (dim_1 = .621) versus "Haare schneiden" (dim_1 = -.407), "Nähen" (dim_1 = -.480), "Kochen" (dim_1 = -.507), "Putzen" (dim_1 = -.616) und "Bügeln" (dim_1 = -.680) beschrieben, d.h. wer gut bügeln kann, kann auch gut kochen und putzen, wer gut in Elektroarbeiten ist, ist auch gut in Sanitärarbeiten; die Fertigkeiten aus dem jeweils anderen Cluster werden als "schlecht" bezeichnet.

Tabelle 9.2: Fertigkeiten 1/Fertigkeiten 2

Variable	Fertigkeiten 1				Fertigkeiten 2				Quality
	gut	mittel	schlecht	dim_1	gut	mittel	schlecht	dim_2	
Wohnungsrenovierung	-0,41	0,09	0,46	.364	0,65	-0,14	-0,73	.579	.467
Elektroarbeiten	-1,15	-0,59	0,48	.650	0,76	0,39	-0,32	.431	.609
Sanitärarbeiten	-1,33	-0,84	0,38	.632	0,86	0,54	-0,25	.410	.567
Fliesen legen	-1,20	-0,77	0,26	.510	1,04	0,66	0,22	.441	.455
Autoreparatur	-1,25	-1,17	0,32	.621	0,64	0,60	-0,16	.318	.486
Haare schneiden	0,58	0,49	-0,31	-.407	0,58	0,49	-0,31	.405	.330
Gärtnern	-0,06	-0,04	0,07	.058	0,57	0,35	-0,64	.553	.309
Nähen	0,67	0,29	-0,47	-.480	0,53	0,23	-0,37	.376	.371
Alten-, Krankenpflege	0,23	0,16	-0,11	-.150	0,75	0,54	-0,36	.494	.267
Kinderbetreuung	0,24	0,06	-0,34	-.260	0,39	0,10	-0,56	.431	.254
Kochen	0,34	-0,24	-1,18	-.507	0,31	-0,21	-1,05	.448	.458
Putzen	0,46	-0,37	-1,40	-.616	0,27	-0,21	-0,81	.357	.507
Bügeln	0,63	-0,10	-1,00	-.680	0,31	-0,05	-0,48	.331	.572

Wird die Richtung der Skalierung berücksichtigt, so haben jene Befragte auf der ersten Dimension einen überdurchschnittlich hohen positiven Wert, die "gut" nähen und bügeln können, gleichzeitig aber "schlecht" in Elektro- und Sanitärarbeiten sind; einen überdurchschnittlich hohen negativen Wert haben jene Befragte auf der ersten Dimension, die "gut" in Elektro- und Sanitärarbeiten sind und sich gleichzeitig schlechte Noten beim Kochen, Putzen und Bügeln gaben (vgl. Tabelle 9.2). Diese Dichotomie der Zuschreibung von Fertigkeiten spiegelt die "klassische Verteilung" von geschlechtsspezifischen Aufgaben wider, wie sie auch in anderen Studien nachgewiesen wurde (vgl. Thiessen und Rohlinger, 1988, Thiessen u.a., 1994).

Gärtnern als auch die Alten- und Krankenpflege sowie - etwas weniger deutlich - die Kinderbetreuung und die Wohnungsrenovierung sind mit dieser Dichotomie der Aufgaben unkorreliert, sie gehören weder in das eine noch in das andere Cluster. Diese Fertigkeiten gehören zur dritten Gruppe von Variablen und sind mit der ersten Achse unkorreliert. Bei der Alten- und Krankenpflege sowie bei der Kinderbetreuung sind weniger manuelle als soziale Fähigkeiten gefragt, von daher sollten sie nicht sehr stark mit den manuellen Fertigkeiten verbunden sein. Für das Gärtnern und auch für die Wohnungsrenovierung sind weniger spezielle Kenntnisse erforderlich als vielmehr ein Garten bzw. die Notwendigkeit, daß die Wohnung renoviert werden muß und daß dabei, im Gegensatz zu Elektro- oder Sanitärarbeiten, relativ wenig Schaden angerichtet werden kann. Des weiteren gelten beide Tätigkeiten weder als "typisch männlich" noch als "typisch weiblich".

Mit Hilfe der zweiten Dimension kann angegeben werden, in welchem Ausmaß die Befragungspersonen sich die vorgegebenen Fertigkeiten zugeschrieben haben, ohne daß dabei zwischen den Fertigkeiten unterschieden wird (vgl. die durchweg positiven Vorzeichen bei den Faktorladungen der ersten Dimension, Tabelle 9.2). Das heißt, es gibt keine Differenzierung zwischen den Fertigkeiten wie für die erste Dimension, die zweite Dimension spiegelt das Ausmaß an Fertigkeiten insgesamt wider. Die Befragten haben sich die bewerteten Fertigkeiten entweder als überdurchschnittlich "gut" oder als überdurchschnittlich "schlecht" zugeschrieben. Die "mittleren" Nennungen bei den einzelnen Aufgaben liegen dabei näher an "gut" als an "schlecht", was u.a. darauf zurückzuführen ist, daß es bei den meisten Fertigkeiten weniger "gute" als "schlechte" Wertungen gibt. Der Wert auf der zweiten Achse ist um so größer, je besser die "durchschnittliche Fertigkeit" bewertet wurde - unabhängig von der Art der Fertigkeit.

Fertigkeiten

Tabelle 9.3: Ergebnisse der Varianzanalysen: Fertigkeiten

Merkmal	Kategorien	N	Fertigkeit 1 Mittelwert	Sign.	Fertigkeit 2 Mittelwert	Sign.
Gebiet	Bilderstöckchen	109	0,026	F=0,3	0,015	F=0,3
	Kalk2	120	0,018	n.s.	0,058	n.s.
	Kalk1	112	0,021		-0,027	
	Kölnberg	89	-0,082		-0,065	
Äquivalenz-einkommen	unter DM 500	25	-0,188	F=3,4	-0,308	F=2,3
	500 bis unter 1000	60	0,206	p<.01	0,058	n.s.
	1000 bis unter 1500	102	-0,229		-0,047	
	1500 bis unter 2000	75	-0,211		0,306	
	DM 2000 und mehr	112	0,140		0,017	
Sozialhilfe	ja	59	0,160	F=1,8	-0,087	F=0,5
	nein	362	-0,027	n.s.	0,016	n.s.
Arbeitslosen-geld(-hilfe)	ja	55	-0,043	F=0,1	0,160	F=1,6
	nein	361	-0,006	n.s.	-0,021	n.s.
Bildung	Hauptschule	237	-0,005	F=0,2	-0,077	F=1,9
	Mittlere Reife	105	0,050	n.s.	0,029	n.s.
	Abitur/Universität	79	-0,030		0,171	
Familien-stand	verheiratet	220	-0,082	F=5,3	-0,026	F=3,4
	ledig	80	-0,084	p<.001	-0,199	p<.01
	zusammenlebend	47	0,209		0,347	
	geschieden	45	-0,156		0,279	
	verwitwet	31	0,704		-0,170	
Geschlecht	weiblich	235	0,561	F=267,5	-0,012	F=0,1
	männlich	194	-0,686	p<.001	0,015	n.s.
Alter	18 bis 24 Jahre	29	-0,032	F=0,3	-0,246	F=3,7
	25 bis 34 Jahre	79	0,064	n.s.	0,179	p<.01
	35 bis 49 Jahre	127	-0,056		0,071	
	50 bis 64 Jahre	104	-0,019		0,087	
	65 Jahre und älter	83	0,062		-0,320	
Zeitanteil im Gebiet	unter 50%	41	-0,172	F=2,6	0,110	F=2,7
	50% bis unter 75%	135	-0,165	n.s.	0,129	p<.05
	75% bis unter 90%	70	0,079		0,119	
	90% und mehr	180	0,117		-0,157	
Wohndauer im Gebiet	bis 3 Jahre	83	-0,079	F=4,0	0,129	F=1,1
	4 bis 9 Jahre	129	-0,062	p<.01	-0,032	n.s.
	10 bis 24 Jahre	120	-0,134		0,039	
	25 Jahre und mehr	97	0,298		-0,126	

Mithilfe dieser beiden Skalen soll im folgenden untersucht werden, ob die zu Bevölkerungsgruppen unterschiedliche Fertigkeiten, also ob sie unterschiedliche Mittelwerte auf der ersten Achse haben bzw. ob von diesen die "durchschnittliche Fertigkeit" unterschiedlich eingestuft wurde, also die Mittelwerte auf der zweiten Achse unterschiedlich sind. Wir testen dies mit einfaktoriellen Varianzanalysen. Wenn die oben gemachten Annahmen richtig und die Fähigkeiten unabhängig von "Bildung" und "ökonomischem Kapital" vorhanden sind, dann sollte es bei den Varianzanalysen mit der zweiten latenten Variablen keine signifikanten Unterschiede bei diesen Merkmalen geben. Wenn "Bildung", "Einkommen" und andere sozio-ökonomische Merkmale keinen Einfluß auf die Fertigkeiten haben, dann sollte es auch zwischen den Bewohnern der vier benachteiligten Wohngebiete keine signifikanten Unterschiede geben. Gibt es keine Unterschiede zwischen den Bewohnern der vier benachteiligten Wohngebiete hinsichtlich ihrer Fertigkeiten, aber unterscheiden sie sich bezüglich der relativen Häufigkeit der entgeltlichen und unentgeltlichen Tätigkeiten, dann muß es andere Indikatoren geben, mit denen diese Unterschiede erklärt werden können - einer davon wäre der postulierte Gebietseffekt. In Tabelle 9.3 sind die Mittelwerte der einzelnen Gruppen (die Bewohner der vier benachteiligten Gebiete, Männer und Frauen, die gruppierte Wohndauer im Gebiet) angegeben.

Bezogen auf die erste Achse gibt es - wie schon auf der Basis der ausgewählten Variablen erwartet werden konnte - die deutlichsten Unterschiede beim "Geschlecht"; die erste Achse kann somit als "Geschlechtsdimension" interpretiert werden. Dabei verfügen die Frauen über Fertigkeiten wie Haare schneiden, Nähen und Bügeln, die Männer über Fertigkeiten wie Elektro- und Sanitärarbeiten, Fliesenlegen und die Autoreparatur.

Der Unterschied zwischen den Geschlechtern ist hoch signifikant, der Anteil der erklärten Varianz beträgt nahezu 40%. Bezogen auf den Durchschnitt aller Fertigkeiten (Spalte "Fertigkeit 2" in Tabelle 9.3) gibt es keine geschlechtsspezifischen Unterschiede; die beiden Mittelwerte sind nicht einmal tendenziell voneinander zu unterscheiden. Somit können die Fertigkeiten zwar nach ihrer Art mit Hilfe des Geschlechts unterschieden werden, nicht aber anhand der "Qualität" ihrer Ausübung.

Mit der Kovariation von "Geschlecht" mit der ersten latenten Variablen dürften auch die anderen signifikanten Unterschiede auf der ersten Achse zu erklären sein: So gaben sich die Personen, die 25 Jahre und mehr im Viertel leben, und diejenigen, die 75% und mehr Zeit im Viertel verbringen sowie die Zusam-

Fertigkeiten

menlebenden und insbesondere die Verwitweten bei den "weiblichen" Fertigkeiten wie Nähen und Haare schneiden überdurchschnittlich gute Noten. Der ebenfalls signifikante Zusammenhang der "Geschlechtsdimension" mit dem Äquivalenzeinkommen sollte als zufällig betrachtet werden, da die Richtung des Zusammenhanges nicht eindeutig ist.

Auch im Durchschnitt der Fertigkeiten gibt es ebenfalls nur geringe Unterschiede zwischen den Gruppen (vgl. die niedrigen eta^2-Werte in Tabelle 9.3): Die Zusammenlebenden und die Geschiedenen sowie die Mitglieder der mittleren Altersgruppen als auch jene Befragten, die weniger als 90% ihrer Zeit im Gebiet verbringen, haben ihre Fertigkeiten überdurchschnittlich hoch bewertet (vgl. die Angaben für die zweite Dimension, Spalte "Fertigkeit 2").

Werden die Mitglieder der unterschiedlichen Bildungsgruppen, die Bewohner der vier Untersuchungsgebiete sowie die Bezieher/Nicht-Bezieher von Arbeitslosengeld, Arbeitslosenhilfe und Sozialhilfe auf der Basis der beiden Skalen zu den Fertigkeiten miteinander verglichen, so gibt es keine statistisch signifikanten Zusammenhänge. Die oben postulierten Annahmen, wonach diese Variablen mit dem Niveau der Fertigkeiten unkorreliert sein sollten, können durch die Ergebnisse der Varianzanalysen nicht widerlegt werden.

Ein Zusammenhang von "Einkommen" und "Bildung" mit den latenten Variablen wurde auch nicht erwartet, da gerade jene Fertigkeiten abgefragt wurden, bei denen angenommen wurde, daß sie unabhängig von der formalen Bildung und von finanziellen Ressourcen vorhanden bzw. nicht vorhanden sind. Im Gegensatz zu Bourdieu (1982), dessen Fragen insbesondere für die Mitglieder der oberen Gruppen formuliert wurden und der schon aus diesem Grund bei den unteren Gruppen nur einen einheitlichen Geschmack - den "Geschmack der Notwendigkeit" - feststellen konnte, sollten mit der Kölner Studie die unteren Gruppen differenziert werden.

Es bestehen ebenfalls keine Unterschiede in den Fertigkeiten zwischen den Bewohnern der vier benachteiligten Wohngebiete, die entsprechenden Mittelwerte auf den beiden latenten Variablen sind nahezu identisch. Damit kann auf der Basis der Selbsteinschätzung der Fertigkeiten keine zusätzliche Benachteiligung der Bewohner der stärker benachteiligten Gebiete Kalk1 und Kölnberg nachgewiesen werden. Wird vorausgesetzt, daß die Fertigkeiten in allen vier Gebieten gleich valide erhoben wurden und ist die Annahme richtig, daß die Bewohner der beiden am stärksten benachteiligten Gebiete seltener die Möglichkeit haben, ihre Fertigkeiten einzusetzen, so kann dieser Zusammenhang weder über die Bildung noch

Abbildung 9.1: Fertigkeiten

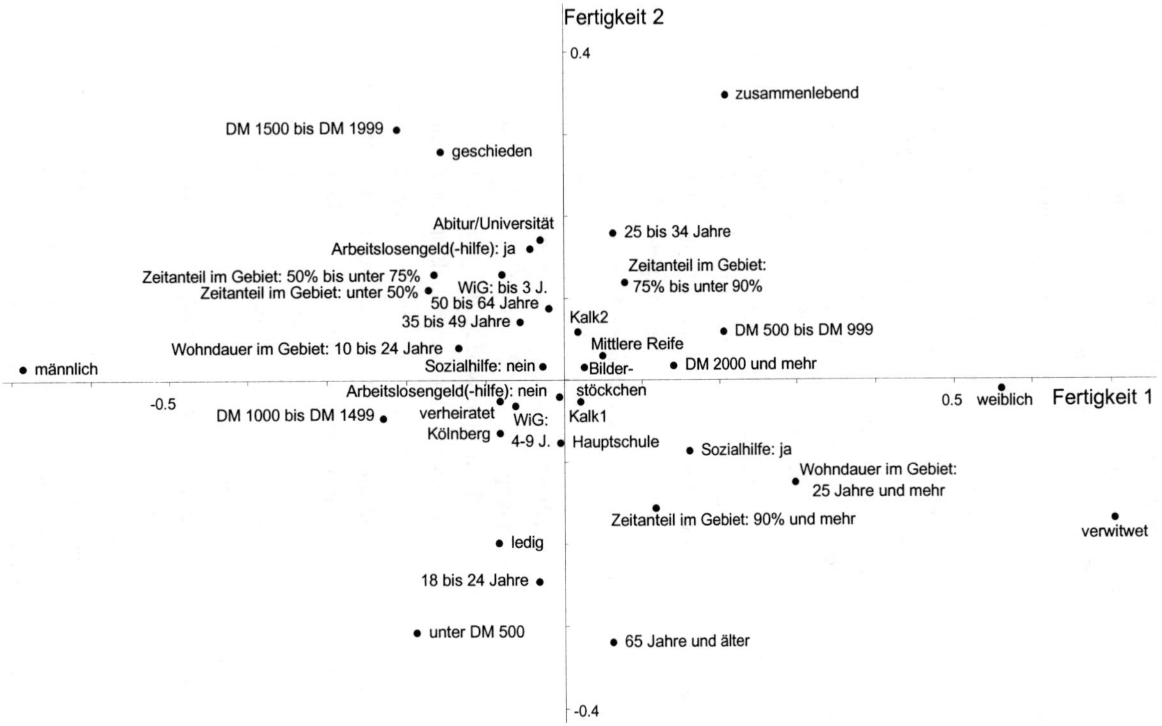

Fertigkeiten 173

über die finanziellen Mittel erklärt werden.

Auch wenn es bei den Fertigkeiten lediglich tendenzielle Unterschiede zwischen den betrachteten Gruppierungen gibt, so können die vorhandenen Fertigkeiten von unterschiedlichen Bevölkerungsgruppen in einem unterschiedlichen Ausmaß dazu verwendet werden, die persönliche Lage zu verbessern. So kann das kulturelle Kapital eingesetzt werden, um damit ökonomisches Kapital zu gewinnen, sprich entgeltlich zu arbeiten (ausschließlich der beruflichen Arbeit) bzw. um soziales Kapital zu erwerben bzw. es aufrecht zu erhalten, sprich unentgeltlich zu arbeiten. Um die zugrunde liegende Frage nach der Kompatibilität des vorhandenen kulturellen Kapitals beantworten zu können, wird in den nachfolgenden Analysen nach den einzelnen Fertigkeiten unterschieden.

Zusätzlich zur Selbsteinschätzung der eigenen Fertigkeiten haben wir danach gefragt, ob sie diese auch schon einmal entgeltlich bzw. unentgeltlich ausgeführt haben (Tabelle 9.4). Die Problematik bei dieser Frage sollte "entgeltlich" sein: Antworteten die Befragten hier mit "ja", so setzten sie sich dem Verdacht der Schwarzarbeit aus - und letztlich konnten sie nicht wissen, ob wir als Mitarbeiter der Universität zu Köln nicht doch mit den Sozialhilfebehörden kooperieren, die ihnen irgendwelche Leistungen wegnehmen wollen bzw. ob wir nicht im Auftrag ihres Arbeitgebers nachprüfen, ob sie noch eine "zweite Berufstätigkeit" haben. Aber auch wenn die Werte für die "nebenberufliche Arbeit" vermutlich unterschätzt sind, so sollten sie dennoch für alle Bevölkerungsgruppen in der gleichen Richtung verzerrt sein,- die Wahrscheinlichkeit, eine entgeltliche Arbeit nicht anzugeben, sollte für alle Befragten ähnlich sein.

Auch wenn die Anzahl der entgeltlich nebenher Arbeitenden vermutlich unterschätzt wird, so fällt dennoch die niedrige Anzahl der Nennungen auf. So ist im Handwerk, also bei den Elektro- und Sanitärarbeiten oder beim Fliesenlegen, bei dem die Nebenverdienst-Möglichkeiten relativ groß sein sollten, die Anzahl der Nennungen deutlich unter 5%; Nebenverdienste im Handwerk haben anscheinend in allen benachteiligten Wohngebieten nur eine geringe Bedeutung. Von den aufgeführten Fertigkeiten wurden Putzen und Wohnungsrenovierung noch am häufigsten angegeben; mit diesen Aufgaben haben sich jeweils gut 5% der Befragten etwas Geld hinzuverdient. Werden die Angaben insgesamt betrachtet, so haben "lediglich" 18,1% der Befragten ihre Fähigkeiten für einen entgeltlichen Nebenerwerb eingesetzt. Da in der Fragestellung zudem auf eine zeitliche Einschränkung verzichtet wurde, dürften einige der Angaben weit in die Vergangenheit zurückreichen, so daß unter Umständen der Nebenerwerb unter anderen persönlichen Bedingungen erfolgte, als sie zum Befragungszeitpunkt gegeben waren. Insgesamt gesehen wurden die Fertigkeiten als Bestandteil des kulturellen Kapitals jedoch nur relativ selten in ökonomisches Kapital umgewandelt.

Während nicht einmal jeder fünfte der Befragten angab, schon einmal nebenberuflich Geld verdient zu haben, gaben etwa zwei von drei Befragten an, daß sie schon einmal unentgeltlich gearbeitet haben. Aber auch bei den Angaben zur unentgeltlichen Arbeit muß beachtet werden, daß die Frage zeitlich unbefristet gestellt wurde und daß zudem die Hilfe bei Familienangehörigen mitgezählt wurde. Werden diese Randbedingungen berücksichtigt, so ist der Anteil der positiven Nennungen bei den Tätigkeiten, bei denen eigentlich jeder unabhängig von seinen Fähigkeiten helfen kann, relativ niedrig, z. B. bei der Wohnungsrenovierung 35,6% und bei der Kinderbetreuung 34,7%. Fehlendes ökonomisches Kapital, z.B. für die Bezahlung des Handwerkers oder für die Betreuung der Kinder durch Dritte, scheint bei den Bewohnern der benachteiligten Gebiete nicht "zwangsmäßig" zu einer gegenseitigen Selbsthilfe und damit zur Stärkung bzw. zum Erwerb des sozialen Kapitals zu führen.

Werden die entgeltlich und unentgeltlich durchgeführten Arbeiten nach den vier Wohngebieten unterschieden, so wird ersichtlich, daß insbesondere in dem am stärksten benachteiligten Gebiet "Kölnberg" der Anteil derjenigen, die angaben, schon einmal entgeltlich bzw. unentgeltlich gearbeitet zu haben, mit Abstand am niedrigsten ist. Da gleichzeitig die Fähigkeiten der Bewohner des Kölnbergs - verglichen mit den Fähigkeiten der Bewohner der anderen benachteiligten Wohngebiete - als durchschnittlich zu bezeichnen sind, muß es andere Ursachen geben, mit denen die unterdurchschnittlichen Werte erklärt werden können. Im Ausführen von unentgeltlicher Arbeit, mit dem auch die Verbundenheit des sozialen Netzwerkes gemessen wird, scheinen somit die Netzwerke der Bewohner des Kölnbergs weniger intensiv zu sein als die der anderen Befragten. Dies wäre ein Hinweis auf den postulierten Effekt des Wohngebietes, demzufolge die Bewohner des Kölnbergs aufgrund ihres Wohnstandortes stark benachteiligt sind und daher weniger oder weniger intensive soziale Kontakte haben als die Bewohner in den anderen drei Gebieten. Dieser Effekt ist vermutlich zweiseitig: Aufgrund ihrer wenigen bzw. ihrer wenig intensiven sozialen Kontakte mit relevanten Personen hatten die Bewohner des Kölnbergs zur Zeit der Wohnungssuche auf dem Wohnungsmarkt weniger Chancen und mußten daher mit einer relativ

Fertigkeiten

Tabelle 9.4: Fertigkeiten - Arbeiten entgeltlich und unentgeltlich, deutsche Befragte, in Prozent

Fertigkeit		Bilderst.	Kalk2	Kalk1	Köln-berg	Insgesamt %	N
Wohnungs-renovierung	entgeltl.	4,6	7,5	5,4	4,4	5,6	24
	unentg.	41,3	45,0	30,6	22,2	35,6	153
Elektroarbeiten	entgeltl.	0,9	2,5	2,7	0,0	1,6	7
	unentg.	15,6	14,3	12,6	4,4	12,1	52
Sanitärarbeiten	entgeltl.	0,9	3,3	0,9	1,1	1,6	7
	unentg.	7,3	7,5	4,5	2,2	5,6	24
Fliesen legen	entgeltl.	0,9	3,3	1,8	0,0	1,6	7
	unentg.	4,6	8,3	4,5	2,2	5,1	22
Autoreparatur	entgeltl.	0,9	0,8	0,9	1,1	0,9	4
	unentg.	7,3	8,3	6,3	5,6	7,0	30
Haare schneiden	entgeltl.	1,8	0,8	2,7	0,0	1,4	6
	unentg.	23,9	21,7	21,6	6,7	19,1	82
Gärtnern	entgeltl.	2,8	3,3	3,6	1,1	2,8	12
	unentg.	19,3	27,5	12,6	2,2	16,3	70
Nähen	entgeltl.	1,8	0,0	0,9	2,2	1,2	5
	unentg.	15,6	15,0	11,7	5,6	12,3	53
Alten-, Krankenpflege	entgeltl.	3,7	7,6	5,4	0,0	4,4	19
	unentg.	23,9	16,8	23,4	2,2	17,2	74
Kinder-betreuung	entgeltl.	3,7	5,0	5,4	1,1	4,0	17
	unentg.	43,1	44,2	31,5	15,6	34,7	149
Kochen	entgeltl.	0,0	2,5	1,8	0,0	1,2	5
	unentg.	37,6	42,5	34,2	12,2	32,8	141
Putzen	entgeltl.	7,3	6,7	7,2	0,0	5,6	24
	unentg.	24,8	30,0	19,8	6,7	21,2	91
Bügeln	entgeltl.	0,0	1,7	0,9	0,0	0,7	3
	unentg.	14,7	22,5	18,0	4,4	15,6	67
Insgesamt	entgeltl.	21,1	19,2	21,4	8,9	18,1	78
	unentg.	81,7	75,8	69,6	41,1	68,6	295
N		109	120	111	90		430

unattraktiven Wohngegend wie den Kölnberg vorlieb nehmen. Dies wiederum erklärt ihre relativ starke Unzufriedenheit mit der Wohnung bzw. mit der Wohngegend und den überdurchschnittlich häufigen Wunsch nach einer anderen Wohnung (vgl. Abschnitt 3.3).

Eine weitere mögliche Erklärung für den oben beschriebenen Effekt ist, daß er durch den überdurchschnittlich hohen Anteil an Arbeitslosen- und Sozialhilfeempfängern am Kölnberg verursacht wird. Wenn dem so ist, dann müßten die Mitglieder dieser beiden Gruppierungen relativ selten eine entgeltliche bzw. eine unentgeltliche Arbeit haben. Um diese Frage beantworten zu können, wird die Frage nach der entgeltlichen und der unentgeltlichen Arbeit im folgenden nach Sozialhilfeempfängern und Arbeitslosen versus den jeweiligen Komplementärgruppen unterschieden (vgl. Tabelle 9.5).

Tabelle 9.5: Fertigkeiten, entgeltliches und unentgeltliches Arbeiten von Arbeitslosen (N=55) und Sozialhilfeempfängern (N=58) versus Nicht-Arbeitslosen (N=361) und Nicht-Sozialhilfeempfängern (N=363), deutsche Befragte

Fertigkeit	entgeltlich				unentgeltlich			
	A	-A	S	-S	A	-A	S	-S
Wohnungsrenovierung	7,3	5,5	8,6	5,2	36,4	35,5	39,7	35,0
Elektroarbeiten	1,8	1,7	1,7	1,7	9,1	12,8	10,3	12,7
Sanitärarbeiten	3,6	1,4	0,0	1,9	9,1	5,3	3,4	6,1
Fliesen legen	1,8	1,7	1,7	1,7	3,6	5,5	1,7	5,8
Autoreparatur	1,8	0,8	0,0	1,1	9,1	6,9	10,3	6,6
Haare schneiden	3,6	1,1	5,2	0,8	14,5	19,1	20,7	19,3
Gärtnern	5,5	2,5	8,6	1,9	14,5	16,3	12,1	16,8
Nähen	1,8	0,8	1,7	0,8	7,3	12,7	12,1	12,4
Alten-/Krankenpflege	3,7	4,4	8,6	3,9	13,0	17,7	20,7	16,6
Kinderbetreuung	3,6	4,2	8,6	3,3	27,3	35,7	32,8	35,5
Kochen	0,0	1,1	1,7	1,1	29,1	32,7	39,7	32,0
Putzen	3,6	6,1	6,9	5,5	18,2	20,8	24,1	20,7
Bügeln	0,0	0,8	1,7	0,6	18,2	15,0	17,2	15,7
Insgesamt	21,8	17,7	27,1	16,8	65,5	69,1	67,8	69,4

Aus der Tabelle wird ersichtlich, daß zumindest die Arbeitslosigkeit nur einen geringen Effekt darauf hat, ob jemand entgeltlich nebenbei arbeitet oder nicht. Während 21,8% der Arbeitslosen angaben, schon einmal nebenbei ge-

Fertigkeiten

arbeitet zu haben, waren es bei der Vergleichsgruppe der Nicht-Arbeitslosen 17,7%. Somit ist der Effekt sogar entgegen der oben formulierten These: Nebenerwerbstätigkeiten werden von Berufstätigen seltener ausgeübt als von denjenigen, die von Transferzahlungen leben. Unter der Bedingung, daß die mögliche Entlassung bei Kenntnis des bezahlten Nebenerwerbes einen ähnlich starken Effekt auf die Nichtwahrnehmung einer Gelegenheit hat wie die drohende Kürzung (Streichung) des Arbeitslosengeldes, scheinen Arbeitslose etwas eher bereit zu sein, ihr kulturelles Kapital in ökonomisches Kapital umzuwandeln. Welchen Effekt dabei der ökonomische Druck, der bei den Arbeitslosen größer sein dürfte als bei den Beschäftigten, auf die Entscheidung für den Nebenerwerb hat, kann auf der Basis dieser Daten nicht angegeben werden.

Insgesamt gab von den Sozialhilfe-Empfängern lediglich etwas mehr als jeder vierte an, sich schon einmal etwas nebenbei verdient zu haben; d.h. Nebenerwerbstätigkeiten werden auch von Sozialhilfeempfängern nur selten angenommen. Werden die Zahlen auf die 59 Befragten bezogen, die angaben, Sozialhilfe zu beziehen, so waren es gerade fünf Personen, die "schon einmal" außerhalb der regulären Arbeit "eine Wohnung" gegen Entgelt renovierten - und dabei kann nicht einmal angegeben werden, ob diese Nebentätigkeit zeitgleich mit dem Bezug von Sozialhilfe zusammen fiel.

Bezogen auf unentgeltliche Arbeit gibt es keine Unterschiede zwischen Arbeitslosen, Nicht-Arbeitslosen, Sozialhilfeempfängern und Nicht-Sozialhilfeempfängern. Aus diesen Befunden folgern wir, daß freundschaftliche, verwandtschaftliche und nachbarschaftliche Hilfeleistungen unabhängig vom beruflichen Status erfolgen. Inwieweit hier zwei Effekte überlagert werden, nämlich die "freie Zeit" von Empfängern von Transferzahlungen, welche einen positiven Effekt auf das Ausführen von unentgeltlichen Arbeiten haben sollte und der Mangel an Gelegenheiten - weniger soziale Kontakte, insbesondere soziale Kontakte mit Personen, die keine Empfänger von Transferzahlungen sind -, welcher einen negativen Effekt auf das Ausführen von unentgeltlichen Arbeiten haben sollte, kann anhand dieser Ergebnisse nicht beantwortet werden.

Auf der Basis der hier vorgestellten Zahlen können die niedrigen Werte für unentgeltliches und entgeltliches Arbeiten der Bewohner des Kölnbergs nicht erklärt werden. Wenn weder die sozio-ökonomischen Merkmale noch die Qualität der Fertigkeiten einen Einfluß auf die relativ niedrigen Werte für entgeltliches und unentgeltliches Arbeiten der Bewohner des Kölnbergs haben, so müssen diese Unterschiede über andere Faktoren erklärt werden können. Einer dieser möglichen Faktoren ist der Gebietseffekt, der mit der Dichte und "Qualität" des sozialen Netzwerkes kovariiert: Aufgrund ihres als "schlecht" angesehenen Wohngebietes bekommen sie nur relativ selten die Gelegenheit, sich nebenberuflich Geld zu verdienen und aufgrund dessen werden sie auch nur relativ selten um "unentgeltliche Hilfe" gebeten.

10. Gebiets- und Individualeffekte

In diesem Kapitel führen wir die Ergebnisse der Studie zusammen. Das geschieht in drei Schritten: Wir stellen zuerst die wichtigsten Befunde zu den Lebensstilen der Bewohner vor, führen dann zwei Typologien aus Merkmalen der Aktionsräume und Netzwerke ein und verwenden diese, um die Einstellungen zu abweichendem Verhalten zu untersuchen. Abschließend führen wir eine multiple Regression durch, um für die Einstellungen (Devianz, Toleranz) zu prüfen, welche Effekte die Merkmale der Bewohner im Vergleich zu denen des Wohngebietes haben. Das Ziel ist, die ursprünglich getrennten Theorieteile zusammen zu bringen, um die Lebensbedingungen in den benachteiligten Wohngebieten zu beschreiben.

10.1 Benachteiligung und Devianz

In unserer Explikation der Theorie von Wilson besteht der theoretische Kern in folgenden Hypothesen: In einem Wohngebiet mit devianten Verhaltensmustern führen Restriktionen des Aktionsraums und der Netzwerke (vorwiegend lokale Netzwerke) die Bewohner dazu, ihre Interaktionen auf das Gebiet zu beschränken; dieses wiederum verstärkend dazu, von anderen Bewohnern deviante Normen zu übernehmen und abweichendes Verhalten eher zu billigen. Nun können wir diese lerntheoretischen Hypothesen nicht direkt testen, weil dazu eine Panelstudie erforderlich wäre. Wohl aber können wir Hypothesen testen, die sich aus dem theoretischen Kern ableiten lassen. So zeigte sich z.B., daß die Netzwerke der Deutschen und Türken nur sehr wenige Personen der jeweils anderen Ethnie aufweisen. Zugleich stellen wir erhebliche Unterschiede in der Billigung abweichenden Verhaltens bei Deutschen und Türken in denselben Wohngebieten fest. Wenn also kaum eine Interaktion stattfindet, die so weit geht, andere in das

Netzwerk aufzunehmen, dann werden wohl beide Gruppen bei "ihren" Normen bleiben - die Deutschen machen die Türken nicht liberaler, die Türken die Deutschen nicht normkonformer.

Der theoretische Kern erlaubt es auch, näher zu bestimmen, was unter "Benachteiligung" zu verstehen ist, also einen Vorschlag zu machen, wie die begriffliche Unklarheit verringert werden kann. Im allgemeinen wird unter Benachteiligung eine weit unterdurchschnittliche Ausstattung *und* ein weit unterdurchschnittlicher Zugang zu Ressourcen verstanden. Wir sehen in unserer Studie, daß die Benachteiligung auch darin besteht (nicht: verursacht wird), auf ein lokales Gebiet und dessen Handlungsoptionen angewiesen zu sein. Es tritt eine zunächst ungewollte Restriktion der Handlungsoptionen ein: Die Bewohner sind sowohl auf die Ausstattung des Wohngebietes mit Gelegenheiten (privaten und öffentlichen Einrichtungen) als auch auf die dort wohnenden Personen angewiesen. (Dabei sei hier nicht erörtert, ob man sich nach längerer Zeit damit abfindet, z.B. apathisch wird, - vergleichbar der von Jahoda, Lazarsfeld und Zeisel (1974 [1933]) beschriebenen vierten Phase der Entwicklung von über lange Zeit Arbeitslosen oder vergleichbar Mertons (1968) Kategorie "Apathie" in seiner Ziel-Mittel-Klassifikation.) Dadurch tritt die von Wilson behauptete "soziale Isolation" von dem "mainstream" der Gesellschaft ein. Die Normen des Wohngebiets werden schließlich zu den dominanten Normen solcher isolierter Personen. Die Bewohner werden Gefangene des Gebiets, ohne daß es eine sichtbare Mauer hätte. Hier tritt zudem ein Problem auf, das wir mit unseren Querschnitt-Daten nicht untersuchen können: Überträgt sich die Diffusion devianter Normen von den Deutschen - trotz geringer Kontakte - auch auf die ethnischen Minoritäten in einem Wohngebiet, hier: die türkische Bewohner?

Wir können daher bestimmen, worin unserer Theorie zufolge die soziale Benachteiligung besteht. Sie ist hier definiert als Restriktion des Verhaltens auf Ressourcen des Gebiets, gemessen über die Indikatoren: a) kleine Aktionsräume, b) kleine Netzwerke, c) einen hohen Zeitanteil im Wohngebiet. Da diese Merkmale von der ökonomischen Position des Haushalts abhängig sind, ergibt sich folgendes Modell:

Ökonomische Bedingungen → Restriktion → Billigung abweichenden
(einschl. kulturelles Kapital)   auf Ressourcen   Verhaltens
                                 des Gebiets:
                                 a) Zeit
                                 b) Raum
                                 c) Netzwerkpersonen

Unter "ökonomischen Bedingungen" verstehen wir das Einkommen eines Haushalts, speziell die Dichotomie "Empfänger vs. Nicht-Empfänger von Transferzahlungen", darüber hinaus auch das kulturelle Kapital einer Person im Sinne der Theorie von Bourdieu. In dem Modell ist die Benachteiligung eine Folge der ökonomischen Bedingungen eines Haushaltes; zu diesen Folgen gehört auch, daß der Haushalt gezwungen war, in ein benachteiligtes Wohngebiet zu ziehen, ungeachtet der Tatsache, ob a) das Wohngebiet sich "verschlechtert" hat, b) der Haushalt keine anderen Alternativen auf dem Wohnungsmarkt hatte oder c) dem Haushalt eine Wohnung in diesem Gebiet zugewiesen wurde. Es kann auch eine Rückkopplung auftreten, u.a. dann, wenn ein/e Bewohner/in bei der Arbeitssuche aufgrund des schlechten Leumunds des Wohngebiets diskriminiert wird.

Nun richtet sich unsere Studie nicht allein auf die oben definierte Form der Benachteiligung. Wir haben zusätzlich, aufbauend auf der Theorie von Bourdieu, das Konzept der Lebensstile verwendet. Hierbei ging es speziell um Bourdieus These, in den unteren Klassen bestehe eine "Kultur der Notwendigkeit". Wie verhält sich nun das Konzept des Lebensstils zu dem oben dargestellten Modell? Unsere Messung des Lebensstils ist quasi ein summiertes Ergebnis aus unterschiedlichen Verhaltensformen der Bewohner benachteiligter Wohngebiete. Der Lebensstil beschreibt damit auch die Formen der Anpassung an das Leben unter ökonomischen Restriktionen in einem solcherart benachteiligten Wohngebiet.

Während Bourdieu seine unteren Klassen anhand der Berufsposition differenziert, haben wir eine Differenzierung nach dem Wohngebiet vorgenommen. Dabei sind wir davon ausgegangen, daß alle Bewohner von benachteiligten Wohngebieten den unteren Klassen angehören. Entgegen den Randbedingungen bei der Studie von Bourdieu (1979, 1982) war unsere Fallzahl ausreichend, um testen zu können, ob es den von Bourdieu postulierten „Geschmack der Notwendigkeit" gibt. Die empirischen Befunde unserer Studie zeigen, daß bei Verwendung der Lebensstilmerkmale von Bourdieu, die mit Hilfe der Korrespondenzanalyse bestimmte erste Achse im „sozialen Raum" (Bourdieu 1985) das kulturelle Kapital widerspiegelt und daß mit der zweiten Achse überwiegend das ökonomische Kapital beschrieben wird. Werden in diesen latenten Raum die Ausprägungen des Äquivalenzeinkommens als passive Merkmale hineinprojiziert, so bleibt die Ordinalität der Merkmale auf der zweiten Dimension erhalten, nicht jedoch auf der ersten. Damit kann die Annahme des Geschmacks der Notwendigkeit nicht widerlegt werden - die Mitglieder der unteren Klassen haben unabhängig von der Höhe ihres zur Verfügung stehenden Einkommens einen nicht zu differenzierenden Geschmack.

Nachdem wir die empirischen Ergebnisse dargestellt haben, ist es notwendig, zu der Ausgangsfrage zurück zu kehren: Handelt es sich um eine Benachteiligung, die vor allem auf Merkmale der Bewohner zurück geht (Individualeffekt), vor allem auf die Bedingungen im Wohngebiet zurück geht (Gebiets- oder Kontext-Effekt) oder auf beide Effekte? Während ein (reiner) Individualeffekt sehr plausibel erscheint, ist der Gebietseffekt weniger offenkundig. Er besteht, pointiert formuliert, darin, daß Personen oder Haushalte ungeachtet ihrer Merkmale durch das Gebiet geprägt werden: Wer immer in ein solches Wohngebiet zieht, wird durch die Merkmale des Gebietes, d.h. dessen Ausstattung und die (aggregierten) Merkmale der Bewohner in seinen Einstellungen und seinem Verhalten geprägt oder zumindest beeinflußt. Diese deterministische Hypothese schließt ein, daß eine Person oder ein Haushalt in ein Gebiet zieht, weil dort spezifische Verhaltensmuster (und Normen) bestehen. Der Interaktionseffekt liegt vor, wenn die Merkmale oder Bedingungen des Gebietes nur dann einen Effekt hätten, wenn es sich um Personen bestimmter Merkmale handelt - das Gebiet hätte demnach nicht auf alle Personen einen gleich starken Einfluß.

Eine für unsere Studie zentrale Frage ist daher, ob das Wohngebiet Effekte auf die Einstellungen der Bewohner hat, oder ob die Einstellungen nur durch Merkmale der Individuen zu erklären sind. Diesem Problem wenden wir uns abschließend zu. Der theoretische Kern der im Kapitel 1 formulierten Hypothesen richtet sich auf die Zusammenhänge von lokalen Aktionsräumen, kleinen Netzwerken und die Billigung abweichenden Verhaltens. Um diese Hypothesen zu prüfen, haben wir zwei Klassifikationen entwickelt, die jeweils resultierenden Typen dann nach dem Ausmaß, zu dem sie abweichendes Verhalten billigen, untersucht. Die abhängige Variable ist die im Kapitel 6 dargestellte Devianz-Skala.

Gebiets- und Individualeffekte 183

Die erste Klassifikation bezeichnen wir als "Typologie des Wohngebietsbezugs". Die aus Wilson explizierten Hypothesen lauteten, daß sowohl der Anteil der Aktivitäten, der Anteil der im Wohngebiet lebenden Netzwerkpersonen als auch die Anteile der Zeit, die man im Wohngebiet zubringt, mit der positiven Einstellung gegenüber abweichendem Verhalten im Wohngebiet zusammenhängen. Diese Hypothesen wurden aus den Annahmen über soziales Lernen hergeleitet.

Die erste Form, diese Hypothesen zu prüfen, besteht darin, die Bewohner danach zu gruppieren, ob sie sowohl wenig (viel) Zeit im Wohngebiet verbringen als auch wenige (viele) Netzwerkpersonen im Gebiet haben. Die Klassifikation besteht aus einer Matrix mit 3 x 3 = 9 Zellen, die wir auf fünf Typen reduzieren: die Typen A und E stellen dabei die Extreme dar (Tab. 10.1). Diese fünf Typen sollten nun unterschiedliche Werte auf den Skalen der „Devianz" und des „aggressiven bzw. nicht-aggressiven devianten Verhaltens" aufweisen, A die niedrigsten, E die höchsten Werte, denn die Bewohner des Typs A sind am wenigsten an das Gebiet gebunden, die des Typs E am meisten. Entsprechend der Rangfolge A - B - C - D - E sollten sie auch stärker abweichende Normen billigen (Dimension „Devianz") und tolerant gegenüber gewalttätiger Devianz sein (Dimension „aggressives vs. nicht-aggressives deviantes Verhalten"). Die Ergebnisse zeigen die Tabellen 10.2 und 10.3.

Tabelle 10.1: Typologie der Gebietsbezogenheit

Anteil Netzwerk-personen im Gebiet	Zeitanteil im Wohngebiet		
	- 49%	50-89%	90% +
- 49%	A 31 (7,6%)	B 123 (30,3%)	C 72 (17,8%)
50-89%	B 6 (1,5%)	C 51 (12,6%)	D 54 (13,3%)
90%+	C 3 (0,7%)	D 20 (4,9%)	E 45 (11,1%)

chi²=30,3; df=9; p<.001; Cramer's V=.18.

Wir beginnen hier mit der Interpretation der Tabelle 10.3. Auf der Skala "aggressives vs. nicht-aggressives deviantes Verhalten" ist eine von Typ A zu Typ

E zunehmende Billigung gewalttätigen abweichenden Verhaltens zu erkennen, z. B. für das Verhalten „Eltern schlagen Kinder". Mit anderen Worten: Typ A und Typ B billigen eher einen Sozialhilfebetrug oder daß eine ältere Frau im Supermarkt Käse stiehlt, billigen aber kein gewalttätiges Verhalten, was hingegen von den Befragten des Typs D und E eher gebilligt wird. Diese Ergebnisse entsprechen unserer Hypothese, derzufolge diejenigen, die stärker auf das Gebiet bezogen sind, auch im stärkeren Maße deviante Verhaltensweisen vertreten.

Tabelle 10.2: Varianzanalyse der Gebietsbezogenheit-Typologie mit „Devianz"

Gebietsbezogenheit	Mittelwert	Std. Abw.	N	
A: sehr gering	0,169	0,82	31	$F=2,5$
B: gering	-0,058	0,96	129	$p<.05$
C: mittel	-0,102	0,93	126	$eta^2=.02$
D: hoch	-0,165	1,17	74	
E: sehr hoch	0,346	1,03	45	

Tabelle 10.3: Varianzanalyse der Gebietsbezogenheit-Typologie mit „aggressivem vs. nicht-aggressivem devianten Verhalten"

Gebietsbezogenheit	Mittelwert	Std. Abw.	N	
A: sehr gering	-0,338	1,01	31	$F=2,6$
B: gering	-0,085	0,89	129	$p<.05$
C: mittel	-0,015	0,97	126	$eta^2=.03$
D: hoch	0,127	1,08	74	
E: sehr hoch	0,323	1,18	45	

Der Wert für Typ A ist zwar niedriger als der für Typ E, dennoch ist er überdurchschnittlich hoch, obwohl er den niedrigsten Wert haben sollte. Der Wert für Typ E ist zwar erwartungsgemäß hoch positiv, was einer relativ starken Billigung von Devianz entspricht - die Werte für die Typen B bis D entsprechen jedoch ebenfalls nicht der Hypothese, da sie von B nach D stärker negativ werden. Dementgegen gibt es eine deutliche Unterscheidung der Typen entlang der „aggressives. vs. nicht-aggressives Verhalten"-Dimension: Je höher die Gebietsbezogenheit ist, desto eher werden die abweichenden Verhaltensweisen toleriert, die als „gewalttätig" beschrieben wurden.

Die Diskrepanzen entlang der ersten Dimension lassen sich erklären, wenn die Daten nach den vier Wohngebieten differenziert werden (Abbildung 10.1). Wenn die Wohngebiete einen Effekt auf die Devianz haben und wenn letztere Situationen nach „Billigung aggressiven Verhaltens" und „Billigung nicht-aggressiven Verhaltens" unterschieden werden können, so müßte es zwei sich einander überlagernde Effekte geben. Zum einen sollte mit zunehmender Benachteiligung eines Wohngebietes das Ausmaß der Devianz, also die Bewegung auf der horizontalen Achse (vgl. Abbildung 10.1) zunehmen, zum anderen sollte es eine Bewegung auf der vertikalen Achse geben, der zufolge in den stärker benachteiligten Wohngebieten eher „Gewalt" toleriert wird (z. B. wenn der Nachbar die Kinder schlägt) und der zufolge in den weniger benachteiligten Wohngebieten eher nicht gewalttätige abweichende Verhaltensweisen (z. B. wenn die alte Frau im Supermarkt Käse stiehlt) toleriert werden. Werden die oben beschriebenen Varianzanalysen für jedes Gebiet durchgeführt, so sollte es zum einen eine Differenzierung der fünf Merkmale der „Gebietsbezogenheit" geben, zum anderen eine Unterscheidung der vier Gebiete. Dabei ist zu erwarten, daß die Differenzierung der vier Gebiete entlang der ersten Achse verläuft und sich zudem die fünf Typen entlang der zweiten Achse unterscheiden.

In Abbildung 10.1 kann anhand der Mittelwerte für die vier Gebiete diese Aussage bestätigt werden: Es gibt eine deutliche Bewegung entlang der beiden Dimensionen von Bilderstöckchen über Kalk2 und Kalk1 bis Kölnberg: Je stärker ein Gebiet benachteiligt ist, desto höher ist das Ausmaß der Tolerierung devianter Verhaltensweisen und desto seltener werden „gewalttätige" Verhaltensformen als „sehr/ziemlich schlimm" bewertet.

Die Muster der Bewegungen für die fünf Merkmale der Gebietsbezogenheit sind zwar nicht parallel zueinander, haben aber eine gleichlaufende Tendenz. Werden die Mittelwerte betrachtet, so verlaufen diese hufeisenförmig entlang der zweiten Achse: Typ E hat sowohl den höchsten Anteil der Billigung devianten Verhaltens als auch den höchsten Wert auf der Skala der Billigung aggressiven devianten Verhaltens, d. h. hier wird das stärkste Ausmaß an Billigung abweichender Verhaltensweisen deutlich. Typ A hat zwar auch einen leicht überdurchschnittlichen Wert auf der Devianzskala, jedoch basiert dieser Wert auf einer überdurchschnittlich hohen Toleranz gegenüber nicht-gewalttätigen Verhaltensweisen; dazwischen liegen die anderen drei Typen: Auf einem nahezu fast konstanten

Devianzniveau wechselt die Toleranz gegenüber nichtgewältigen devianten Verhaltensweisen hin zur Toleranz gegenüber gewalttätigen abweichenden Verhaltensweisen. Wahrscheinlich sollte an dieser Stelle die Hypothese von Wilson modifiziert werden, indem nicht generell von "devianten" Verhaltensweisen gesprochen wird, sondern von unterschiedlichen Formen devianter Verhaltensweisen.

Werden die Mittelwerte der fünf Merkmale der „Gebietsbezogenheit" für die vier benachteiligten Wohngebiete separat in den durch die beiden Skalen definierten latenten Raum eingetragen, so ist das Muster zwar nicht in allen Fällen genau hufeisenförmig, die grundlegende Richtung entspricht jedoch den Erwartungen.[1] Diesen Ergebnissen zufolge hat die Gebietsbezogenheit in allen vier Wohngebieten in etwa den gleichen Effekt auf die Einstellung zu devianten Verhaltensweisen; das *Niveau*, auf dem diese Einstellungen vorhanden sind, unterscheidet sich jedoch nach den Wohngebieten.

Die zweite Klassifikation richtet sich nur auf die Netzwerke. Sie wurde als "Netzwerk-Typologie" im Kapitel 4 dargestellt; in ihr wurden die Befragten anhand der Netzwerkpersonen insgesamt („wenige" = 0 bis 3 versus „viele" = 4 und mehr) und der Anzahl der Alteri im Gebiet („wenige" = 0 und 1 versus „viele" = 2 und mehr) klassifiziert. Die vier aus der Kreuztabellierung dieser beiden Variablen resultierenden Typen sind Tabelle 4.4 zu entnehmen.

Nach dieser Typologie unterscheiden sich die vier Wohngebiete signifikant (Tabelle 10.4). Zudem haben wir im Kapitel 4 gezeigt, daß die Befragten sich nicht nur hinsichtlich des Anteils der Alteri im Wohngebiet unterscheiden, sondern stärker noch nach der Zahl der Netzwerkpersonen. Es reicht demnach nicht aus, nur den Anteil lokaler Netzwerkpersonen zu berücksichtigen: Nennt nämlich Ego nur zwei Alteri und beide wohnen im Wohngebiet, so ist der Anteil 100%, wobei unberücksichtigt bleibt, wieviele Alteri die befragte Person überhaupt nennt. Wir haben daher sowohl die Größe des Netzwerkes (Zahl der genannten Alteri) als auch die Zahl derer, die in der Wohnung, im Haus oder im Viertel wohnen, berücksichtigt. Aus einer Kreuztabelle beider Merkmale wurde die in Tabelle 10.4 dargestellte Klassifikation entwickelt. (Aufgrund der geringen Anzahl der Netzwerkpersonen haben wir dies nicht für die türkischen Befragten berechnet.)

---

1   Es sei an dieser Stelle angemerkt, daß aufgrund der Aufteilung in insgesamt 20 Teilgruppen die Fallzahl zum Teil sehr klein ist und daher die Vertrauensintervalle einiger Gruppen relativ groß sind.

Gebiets- und Individualeffekte 187

Abbildung 10.1: Gebietsbezogenheit, nach „Devianz" und „aggressivem und nicht-aggressivem Verhalten", nach Wohngebieten

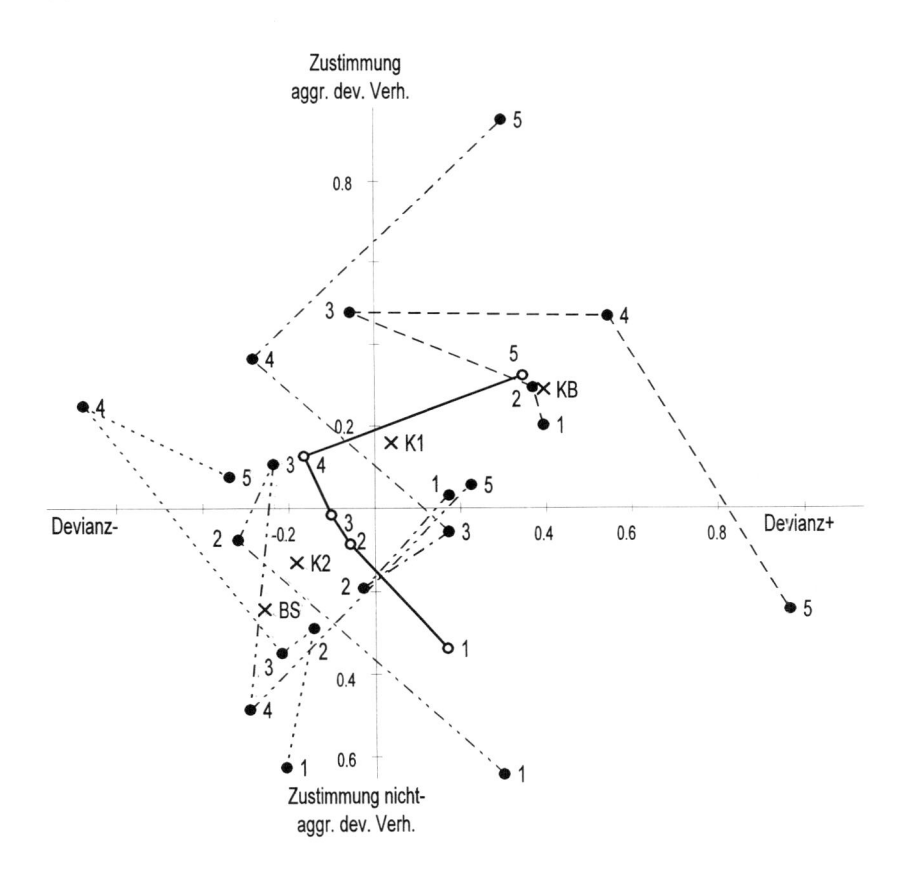

Wenden wir die Annahmen über die ungleich starke Benachteiligung der Bewohner der vier Gebiete an, so mußten die Anteile der Typen 1 und 3 von Bilderstöckchen nach Kölnberg zunehmen, zumindest die Anteile des Typs 3. Beide Hypothesen treffen zu, wie den Daten in Tabelle 10.4 zu entnehmen ist.

Die Hypothese eines Gebietseffekts richtet sich im Kern auf die Zellen 2 und 3: Befragte des Typs 2 sollten in geringerem Maße deviantes Verhalten billigen als solche des Typs 3. Diese Hypothese wird durch die empirischen Befunde gestützt. In der Tat haben Personen mit vielen Alteri, davon aber nur wenigen im Gebiet, weniger deviante Einstellungen als jene mit wenigen Alteri, von denen viele im Gebiet wohnen (Tabelle 10.5). Demnach hat das Wohngebiet auf Befragte des Typs 3 eine stärkere Auswirkung.

Tabelle 10.4: Netzwerktypologie, nach Wohngebieten, deutsche Befragte, in Prozent

Netzwerktypologie	Bilderst.	Kalk2	Kalk1	Kölnberg
1: P wenig, G wenig	23,4	28,6	35,7	42,5
2. P viel, G wenig	27,1	26,9	17,9	18,4
3: P wenig, G viel	8,4	11,8	11,6	18,4
4: P viel, G viel	41,1	32,8	34,8	20,7
Summe	100,0	100,1	100,0	100,0
N	107	119	112	87

P = Netzwerkpersonen insgesamt, G = Netzwerkpersonen im Wohngebiet
$chi^2=20,4$; df=9; p<.01; Cramer's V=.13.

Die einfache Varianzanalyse belegt zunächst signifikante Unterschiede zwischen den vier Typen für das Ausmaß der Devianz. Es ergibt sich die Reihenfolge: Typ 4 - Typ 2 - Typ 1 - Typ 3. Somit wird von Befragten des Netzwerk-Typs 3 ein deviantes Verhalten stärker akzeptiert als von Befragten des Typs 2. Die Mißbilligung abweichenden Verhaltens nimmt mit der Anzahl der Netzwerkpersonen zu, unabhängig von ihrem Anteil im Gebiet. Anders formuliert: Die Nähe zu den Ansichten des „mainstream" der Gesellschaft korreliert positiv mit der Zahl der Netzwerkpersonen; in der Typologie heißt das: Typ 1 + 3 vs. Typ 2 + 4.[1]

---

[1] Des weiteren haben wir auch untersucht, ob extreme Typen andere Zusammenhänge aufweisen. Dazu wurde die Klassifikation von vier auf sieben Klassen erweitert, u.a. wurden aus folgenden Kombinationen eigene Gruppen gebildet: a) keine Alteri und keine im Gebiet; b) ein Alter, keiner oder dieser im Gebiet; c) zwei oder drei Alteri, keiner oder einer im Gebiet; d) am anderen Ende der Skala: 4 - 25 Alteri, davon 4 - 18 im Gebiet. Die Ergebnisse dieser Analysen stimmen völlig mit denen für die 4-Klassen Typologie überein. Sie zeigen darüber hinaus, daß die beiden erstgenannten extremen Gruppen (a, b) auch stärker deviante Normen vertreten; es besteht ein Schwellenwert, von dem an die Billigung der Devianz sprunghaft ansteigt. Im übrigen unterscheiden sich auch nach dieser erweiterten Netzwerktypologie die vier Wohngebiete signifikant (p<.01).

Gebiets- und Individualeffekte

Demnach ist nicht die Zahl der Netzwerkpersonen im Gebiet entscheidend, sondern die Zahl der Netzwerkpersonen insgesamt. Die Missbilligung abweichenden Verhaltens nimmt mit der Zahl der Netzwerkpersonen insgesamt zu - unabhängig von der Anzahl oder dem Anteil der Netzwerkpersonen im Gebiet. Ist diese Hypothese zutreffend, sollten sich in Tabelle 10.5 die Typen 1 und 3 stärker von 2 und 4 unterscheiden als die Typen 1 und 2 vs. 3 und 4. Das ist, wie die Ergebnisse zeigen, der Fall; folglich ist die Zahl der Netzwerkpersonen insgesamt die bedeutsamere Variable. Wir erklären dies durch folgende Hypothesen: Mit der Zahl der Netzwerkpersonen steigt auch die Wahrscheinlichkeit, Personen zu kennen, die dem "mainstream" (Wilson) der Gesellschaft angehören, was solche Bewohner wiederum dazu führt, nicht so stark wie andere Bewohner (mit weniger Netzwerkpersonen) deviante Normen im Wohngebiet zu billigen.

Tabelle 10.5: Ergebnisse der Varianzanalyse: Devianz nach Netzwerk-Typologie, deutsche Befragte

Netzwerktypologie	Mittelwert	Std. Abw.	N	
1: P wenig, G wenig	0,189	1,12	136	F=4,7
2: P viel, G wenig	-0,107	0,78	97	p<.01
3: P wenig, G viel	0,241	1.24	52	eta^2=.03
4: P viel, G viel	-0,189	0,91	140	

Die Befunde für die Devianz gelten auch, wenn die einzelnen Situationen untersucht werden. In folgenden Items billigen Befragte des Typs 3 stärker deviantes Verhalten als solche des Typs 2: Nachbar beschimpft Kinder, sexuelle Belästigung, Jugendliche beschimpfen Ausländerin, Eltern schlagen Kinder. Es gilt nicht für die Items "Ältere Frau stiehlt Käse", "Sozialhilfebetrug", "frühe Schwangerschaft", "Betrunkener". Das zeigt erneut, daß die Situationen/Items unterschiedliche Dimensionen erfassen; die zuletzt angeführten Items messen eher das Ausmaß der Toleranz. Für diese sind die Unterschiede zwischen den vier Typen nicht signifikant.

Für die Dimension "Billigung aggressiven vs. nicht-aggressiven devianten Verhaltens" ergeben sich scheinbar keine Unterschiede zwischen den vier Typen (Tabelle 10.6). Das ändert sich jedoch sehr stark, wenn nach den vier Wohngebieten differenziert wird (Abbildung 10.2).

Abbildung 10.2: Netzwerktypologie nach „Devianz" und „aggressives vs. nicht-aggressives deviantes Verhalten", und nach Wohngebieten

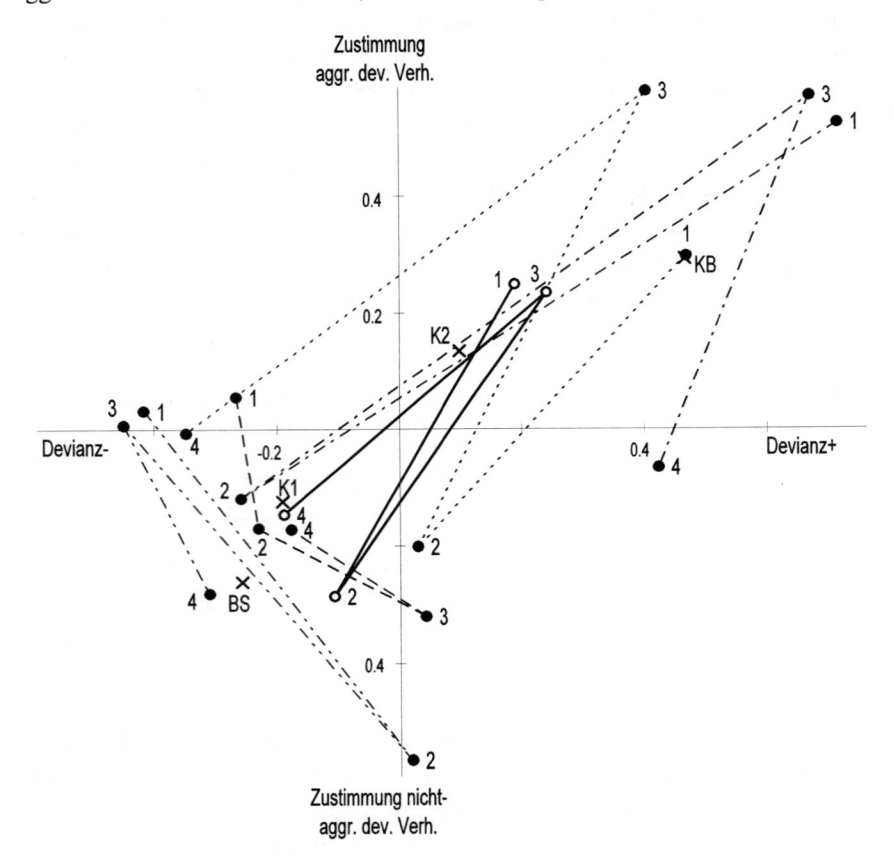

Tabelle 10.6: Ergebnisse der Varianzanalyse: Gewalt/Toleranz nach Netzwerk-Typologie, deutsche Befragte

Typologie	Mittelwert	Std. Abw.	N	Sign.
1: P wenig, G wenig	-0,003	1,09	136	F=0,13
2: P viel, G wenig	-0,059	0,98	97	n.s.
3: P wenig, G viel	0,021	1,02	52	
4: P viel, G viel	0,019	0,99	140	

10.2 Der Einfluß des Gebietes

Die vorangegangenen Analysen haben belegt, daß es sowohl Individual- als auch Gebietseffekte gibt. In einem weiteren - und letzten - Schritt unserer zusammenfassenden Analysen untersuchen wir die Effekte von Merkmale des Lebensstils, der Aktionsräume, der Netzwerke und weniger sozio-demographischer Merkmale auf die Billigung von Devianz.

Um alle Effekte in eine einzige Gleichung einbringen zu können und um dabei zu testen, welche Effekte eine wie starke Wirkung auf die abhängige Variable „Ausmaß der Devianz" haben, verwenden wir die multiple Regression. Die Gebiete werden als Dummy-Variablen eingeführt, wobei „Bilderstöckchen" als Referenzgebiet gewählt wird.

Entsprechend den vorangegangen Analysen werden als Individualeffekte die „Anzahl der Netzwerkpersonen insgesamt" (ANZNETGS), der „im Gebiet verbrachte Zeitanteil" (ZGEBIET), die auf der Basis der Wohnraumbeobachtungen gebildete latente Variable „Zustand der Wohnung" (ZUSTWHG), die ebenfalls latenten Variablen „Ausmaß der Fertigkeiten" (FERTIG2), das „kulturelle Kapital" (LEBENS1), das „ökonomische Kapital" (LEBENS2), das dichotome Merkmal „Bezug von Transferleistungen" (BEZUG), die Bildung in drei Abstufungen (BILDUNG) und das ALTER verwendet. Als Gebietseffekte gehen die dichotomen Merkmale des Wohnstandortes in die Gleichung ein (KALK2, KALK1 und KOELNBERG). Die Ergebnisse der Regressionsanalyse sind in Tabelle 10.7 wiedergegeben. Dabei wurden die unstandardisierten Regressionskoeffizienten (b) gewählt, um die unterschiedlichen Ausprägungen der Variablen in der Interpretation zu berücksichtigen; mit Hilfe der T-Werte wird die Signifikanz der Zusammenhänge beschrieben. Lesebeispiele: Bei den Bewohnern des Kölnberg ist die durchschnittliche Billigung devianten Verhaltens um 0,536 Einheiten größer als in Bilderstöckchen (Referenzgebiet); dieser Wert ist hoch signifikant. Des weiteren haben Befragte, die keine Transferzahlungen erhalten haben, eine um durchschnittlich 0,139 Einheiten niedrigere Billigung der Devianz als die Befragten, die Transferleistungen erhielten.

Wie aus Tabelle 10.7 ersichtlich wird, hat als Individualeffekt lediglich das ökonomische Kapital (LEBENS2) einen signifikanten Effekt ($p < .01$) auf das „Ausmaß des abweichenden Verhaltens": Je niedriger dieses Kapital ist, desto eher werden deviante Verhaltensweisen toleriert. Des weiteren hat noch der „Zustand der Wohnung" einen tendenziellen Effekt - je schlechter er ist, desto eher wird devianten Verhaltensweisen zugestimmt. Alle anderen Individualmerkmale haben keinen Effekt auf die Einstellungen zu devianten Verhaltensweisen und sollen daher nicht weiter diskutiert werden. Da zudem mit der oben angegebenen Regression nicht einmal 10% der Variation erklärt werden können (adj. $r^2=.09$), kann auf der Basis der individuellen Merkmale nur sehr wenig „Einstellung zu devianten Verhaltensweisen" erklärt werden.

Tabelle 10.7: Ergebnisse der multiplen Regression für die Variable „Devianz"

Variable	b	T
ANZNETGS	-0,003	-0,19
ZGEBIET	-0,002	-0,92
ZUSTWHG	0,094	1,78
FERTIG2	0,054	1,01
LEBENS1	0,033	0,58
LEBENS2	-0,147	-2,76
BEZUG	-0,139	-1,04
BILDUNG	0,034	0,46
ALTER	0,004	1,06
KALK2	0,061	0,47
KALK1	0,275	2,07
KOELNBERG	0,536	3,45

Es gibt keinen Zusammenhang zwischen dem kulturellen Kapital (LEBENS1) und dem Ausmaß der Zustimmung zu devianten Verhaltensweisen. Der Annahme von Bourdieu zufolge gibt es einen Geschmack der Notwendigkeit, d. h. es gibt zwar einen Lebensstil der unteren Klassen, der aber nicht weiter nach relativen Einkommensunterschieden differenziert werden kann: Die Lebensstilmerkmale werden entlang der kulturellen Dimension von den Personen unabhängig von ihren finanziellen Ressourcen gleichermassen gewählt bzw. nicht gewählt. Da die Zustimmung zu devianten Verhaltensweisen mit dem Wohngebiet zusammenhängt und da es gleichzeitig weder einen Zusammenhang mit der Netzwerkgröße noch mit dem kulturellen Kapital gibt, müssen die devianten Verhaltensweisen über die *Qualität* der sozialen Netzwerke erklärt werden. Die Qualität der Netzwerke ist dabei um so niedriger, je stärker sie auf das eigene Wohngebiet bezogen sind. Da insbesondere in den am stärksten benachteiligten Wohngebieten die Netzwerke sehr lokal sind, sollte hier die Qualität am geringsten sein, d. h. die Interaktion in diesen Gruppen führt zu einer relativ starken Billigung von devianten Verhaltensweisen.

Bei den Gebietseffekten kann die postulierte Reihenfolge der Benachteiligung nachgewiesen werden: In Kalk2 ist die Zustimmung zu devianten Verhaltensweisen geringfügig größer als in Bilderstöckchen (aber bei weitem nicht signifikant), deutliche Unterschiede gibt es jedoch in Kalk1 ($p < .05$) und noch deutlicher am Kölnberg ($p < .001$). Damit dominieren die Gebietseffekte die Individualeffekte; d. h. unabhängig von den sozio-demografischen Merkmalen der Individuen, von deren vorhandenen Netzwerken, von ihren Lebensstilen und von den im Gebiet verbrachten Zeitanteilen hat das Wohngebiet den stärksten Einfluß auf die Einstellung zu devianten Verhaltensweisen.

Damit bewährt sich die Theorie von Wilson in der von uns explizierten Form. Wir haben somit auch aufklären können, durch welche Restriktionen der Gebietseffekt, d.h. der Einfluß der Bewohner auf die Bewohner, zustande kommt. Allerdings zeigt sich auch, daß ein solcher Effekt - im Gegensatz zu Wilsons Annahme - nicht bei allen Bewohnern mit der gleichen Wahrscheinlichkeit auftritt, sondern nur bei jenen, die überdurchschnittlich viel Zeit im Wohngebiet verbringen und die wenige Netzwerkpersonen haben.

10.3 Zusammenfassung: Leben in benachteiligten Wohngebieten

Die zentrale Frage der Studie war, welche Folgen das Leben in einem benachteiligten Wohngebiet hat. Wir haben vor allem zwei Zusammenhänge unterstellt: 1. Die Lebensstile seien weitgehend homogen und durch eine Kultur der Notwendigkeit geprägt. Wir nennen dies vereinfacht die Bourdieu-Hypothese. 2. Das Wohngebiet, d.h. dessen Ausstattung und Bewohnerstruktur, hat einen Effekt auf die Bewohner dergestalt, daß sie zusätzlich benachteiligt werden. Wir nennen dies vereinfacht die Wilson-Hypothese. Beide Hypothesen wurden ausführlich im Kapitel 1 dargestellt.

Unsere abhängigen Variablen waren: Die Umzugsbereitschaft, die Zufriedenheit mit dem Wohngebiet, der Zustand der Wohnung, das Einladen von Gästen, die von Bourdieu (1982) zur Beschreibung des Lebensstils verwendeten

Variablen (die Art der Wohnungseinrichtung, die Quellen des Möbelerwerbs und die Arten von Speisen, die Gästen serviert werden), die Größe und die Zusammensetzung des sozialen Netzwerkes, die im Wohngebiet und anderswo verbrachte Zeit, die im Wohngebiet und anderswo ausgeübten Aktivitäten, die Billigung abweichenden Verhaltens und die Zustimmung zu aggressiven und nicht-aggressiven devianten Verhaltensweisen.

Um die Hypothesen zu testen, haben wir vier Wohngebiete mit einer überdurchschnittlichen Quote von Sozialhilfeempfängern ausgewählt, wobei sich die vier Gebiete in der Höhe der Quote unterscheiden. Unsere Hypothese lautet nun, daß das Ausmaß der Benachteiligung hinsichtlich der aufgelisteten Merkmale der Rangfolge der Benachteiligung entsprechen sollte, also: Bilderstöckchen, Kalk2, Kalk1, Kölnberg. Diese Rangfolge konnte durch zahlreiche empirische Befunde bestätigt werden.

Den stärksten Gegensatz bilden die Wohngebiete Bilderstöckchen und Kölnberg. Die Bewohner Kölnbergs sind mit Abstand am stärksten benachteiligt, was sich u.a. an folgenden Indikatoren zeigt: überdurchschnittlich hoher Anteil Umzugswilliger, relativ kleine soziale Netzwerke, seltene Einladung von Gästen, höhere Billigung devianten Verhaltens. Die Gebiete Kalk2 und Kalk1 liegen zwischen diesen Extremen, wobei Kalk2 den Beurteilungen der Bewohner zufolge Bilderstöckchen ähnlich ist, während Kalk1 in einzelnen Merkmalen ähnlich wie Kölnberg, in anderen ähnlich wie Kalk2 ist.

Zusätzlich zu den Individualeffekten können wir auch deutliche Gebietseffekte nachweisen. Damit bewährt sich die Wilson-Hypothese in der eingangs explizierten Form. Der entscheidende Befund ist, daß die Handlungsrestriktionen in der Zahl der Netzwerkpersonen liegen sowie - in schwächerem Maße - in der im Wohngebiet verbrachten Zeit und den dort ausgeübten Aktivitäten.

Insgesamt zeigt sich, daß die Bewohner der armen Viertel überdurchschnittlich viele Aktivitäten im Wohngebiet ausüben. Dieser Anteil ist vor allem in Kölnberg hoch. Ferner ist der Anteil der Aktivitäten im Wohnviertel höher, wenn der Haushalt Transferzahlungen erhält. Wir können diese Befunde als Bewährung unserer Hypothese „Je größer die Benachteiligung eines Bewohners, desto stärker beschränken sich dessen Aktivitäten auf das eigene Wohngebiet" interpretieren.

Die Größe der Netzwerke hängt ebenfalls mit dem Wohngebiet zusammen: Je stärker das Wohngebiet benachteiligt ist, desto kleiner sind die Netzwerke der Bewohner. Dies ist jedoch kein reiner Gebietseffekt, sondern die durchschnittliche

Anzahl der Alteri hängt auch von der Schulbildung und dem Alter der Bewohner ab - und die Schulbildung der Bewohner Kölnbergs ist unterdurchschnittlich. Es besteht demnach aber der vermutete *zusätzliche* benachteiligende Effekt des Wohngebietes auf die Bewohner. Die Netzwerke der türkischen Bewohner sind deutlich kleiner als die der deutschen.

Des weiteren gibt es einen Zusammenhang zwischen Einstellungen zu abweichenden Verhaltensweisen und dem Wohngebiet: Je stärker das Gebiet benachteiligt ist, desto größer ist die Billigung abweichender Verhaltensweisen, insbesondere solcher, die eine Aggression gegen Personen aufweisen. Die türkischen Bewohner lehnen abweichendes Verhalten in viel stärkerem und einheitlicherem Maße ab als die deutschen Bewohner. Die türkischen Bewohner können demnach als stabilisierender Faktor in benachteiligten Wohngebieten angesehen werden.

Die Hypothese von Bourdieu, bei den Angehörigen der unteren Klassen bestehe eine Kultur der Notwendigkeit, d.h. der Geschmack dieser Personen unterscheide sich nicht, kann durch unsere Ergebnisse nicht widerlegt werden. Verwendet man die Bourdieuschen Variablen, können wir zwar eine Kulturdimension ermitteln, die - entsprechend den Erwartungen - mit der Schulbildung, dem Alter und dem Familienstand der Befragten korreliert ist, jedoch nicht mit dem Äquivalenzeinkommen und auch nicht mit dem Wohngebiet. Während Bourdieu die unteren Klassen mit Hilfe der Berufsposition definiert, verwendeten wir das Wohngebiet, d.h. wir gingen von der Annahme aus, daß wenn jemand in einem benachteiligten Wohngebiet lebt, dann kann diese Person auch den unteren Klassen zugerechnet werden. Hätte sie ein höheres ökonomisches, kulturelles und/oder soziales Kapital, dann würde sie mit einer hohen Wahrscheinlichkeit das Gebiet verlassen bzw. dort gar nicht hinziehen. Es gibt somit in der Tat eine Kultur der Notwendigkeit, es gibt einen „einheitlichen Geschmack", so daß sich die Bourdieu-Hypothese ebenfalls bewährt.

Fertigkeiten stellen in unserem Verständnis ein Humankapital dar, das wir dem kulturellen Kapital zugeordnet haben. Es besteht kein Zusammenhang zwischen der Höhe dieses kulturellen Kapitals und dem Ausmaß der Benachteiligung, gemessen über das Äquivalenzeinkommen und über das Wohngebiet. Wohl aber läßt sich ein Gebietseffekt nachweisen, demzufolge Bewohner aus dem am stärksten benachteiligten Wohngebiet, Kölnberg, deutlich seltener sowohl entgeltlich als auch unentgeltlich Arbeiten außerhalb ihrer beruflichen Tätigkeit verrichten als die Bewohner der anderen drei Wohngebiete. Dies kann ein Effekt des sozialen Kapitals sein, für das wir schon nachgewiesen haben, daß die Anzahl der sozialen Kontakte mit dem Wohngebiet zusammenhängt. Damit gibt es einen Effekt des Gebietes, der unabhängig vom Einkommen und auch unabhängig von Transferzahlungen besteht. Sowohl die Höhe des Einkommens als auch das Vorhandensein von Transferzahlungen sind mit der Wahrscheinlichkeit, entgeltlich oder unentgeltlich zu arbeiten, nicht korreliert; das Gebiet ist, wie angenommen, ein zusätzlicher Faktor der Benachteiligung.

Ein weiterer wichtiger Indikator zur Beschreibung von Armut oder Benachteiligung ist der Zustand der Wohnung: Während es bei den Einrichtungsgegenständen keine Unterschiede entlang der ökonomischen Dimension gibt, unterscheidet sich der Zustand der Wohnung signifikant nach dem Grad der Benachteiligung: Je stärker ein Haushalt benachteiligt ist, sowohl gemessen über das Äquivalenzeinkommen als auch das Wohngebiet, desto häufiger wurde die Wohnung von den Interviewern als „schmutzig", „beschädigt" und „ärmlich" bezeichnet. Da es zugleich einen Zusammenhang zwischen dem Zustand der Wohnung und der Anzahl der privaten Kontakte gibt (je schlechter der Zustand ist, desto seltener lädt man Gäste ein und desto seltener geht man zu Besuch), folgern wir, daß mit zunehmender finanzieller und räumlicher Benachteiligung auch die soziale Benachteiligung, mithin die soziale Isolation, zunimmt.

Literatur

Alisch, Monika und Jens S. Dangschat, 1998: Armut und soziale Integration. Strategien sozialer Stadtentwicklung und lokaler Nachhaltigkeit. Opladen: Leske + Budrich.

Alpheis, Hannes, 1988: Kontextanalyse. Wiesbaden: Deutscher Universitäts-Verlag.

Alpheis, Hannes, 1990: Erschwert die ethnische Konzentration die Eingliederung? S. 147-184 in: Hartmut Esser and Jürgen Friedrichs (Hg.), 1990: Generation und Identität. Opladen: Westdeutscher Verlag.

BAGS (= Behörde für Arbeit, Gesundheit und Soziales der Freien und Hansestadt Hamburg), 1993: Armut in Hamburg. Hamburg: BAGS.

Balsen, Werner, Hans Nakielski, Karl Rössel und Rolf Winkel, 1984: Die neue Armut. Ausgrenzung von Arbeitslosen aus der Arbeitslosenunterstützung. 2. Erw. Aufl. Köln.

Bandura, Albert und Richard H. Walters, 1963: Social Learning and Personality Development. New York: Holt, Rinehart and Winston.

Bartelheimer, Peter, 1977: Risiken für die soziale Stadt. Frankfurter Sozialbericht. Frankfurt/M.: Eigenverlag des deutschen Vereins für öffentlich und private Fürsorge.

Beck, Ulrich, 1986: Risikogesellschaft. Frankfurt/Main, Suhrkamp.

Benzécri, J.-P. u.a, 1973: L'Analyse des données. L'Analyse des correspondances. Paris: Dunod.

Berger, Peter A. und Stefan Hradil (Hg.), 1990: Lebenslagen, Lebensläufe und

Lebensstile. Göttingen: Otto Schwartz. (Sonderband 7 der Zeitschrift „Soziale Welt")

Bergmann, Joachim, Gerhard Brandt, Klaus Körber u.a., 1969: Herrschaft, Klassenverhältnis und Schichtung. S. 67-87 in: Theodor W. Adorno (Hg.): Spätkapitalismus oder Industriegesellschaft. Verhandlungen de 16. Deutschen Soziologentages. Stuttgart: Enke.

Blasius, Jörg, 1993: Gentrification und Lebensstile. Wiesbaden: Deutscher UniversitätsVerlag.

Blasius, Jörg und Joachim Winkler, 1989: Gibt es die feinen Unterschiede? Eine empirische Überprüfung der Bourdieuschen Theorie. Kölner Zeitschrift für Soziologie und Sozialpsychologie 41: 72-94.

Blass, Wolf, 1980: Zeitbudgetforschung. Eine kritische Einführung in die Grundlagen und Methoden. Frankfurt/M.-New York: Campus.

Bluestone, Barry und Barry Harrison, 1982: The Deindustrialization of America. New York: Basic Books.

Böltken, Ferdinand, 2000: Soziale Distanz und räumliche Nähe - Einstellungen und Erfahrungen im alltäglichen Zusammenleben von Ausländern und Deutschen im Wohngebiet. S. 147-194 in: Richard Alba, Peter Schmidt und Martina Wasmer (Hg.): Deutsche und Ausländer: Freunde, Fremde oder Feinde? Opladen: Westdeutscher Verlag.

Booth, Charles, 1989: Life and Labour of People in London. London: Williams and Margate.

Bourdieu, Pierre, 1974: Klassenstellung und Klassenlage, S. 42-74 in Pierre Bourdieu (Hg.): Zur Soziologie der symbolischen Formen. Frankfurt/Main, Suhrkamp.

Bourdieu, Pierre, 1979: La Distinction. Critique Sociale du Jugement. Paris: Les Editions de Minuit. (Dt. Übersetzung von 1982, Die feinen Unterschiede. Kritik der gesellschaftlichen Urteilskraft. Frankfurt/Main: Suhrkamp.)

Bourdieu, Pierre, 1983: Ökonomisches Kapital, kulturelles Kapital und soziales

Literatur

Kapital, S. 183-198 in: Reinhard Kreckel (Hg.): Soziale Ungleichheiten. Göttingen: Otto Schwartz. (Sonderband 2 der Zeitschrift „Soziale Welt").

Bourdieu, Pierre, 1982: Die feinen Unterschiede. Frankfurt/M.: Suhrkamp.

Bourdieu, Pierre, 1985: Sozialer Raum und "Klassen". Leçon sur la leçon. Frankfurt/M: Suhrkamp.

Bourdieu, Pierre, 1988: Homo Academicus. Frankfurt/M.: Suhrkamp.

Burgess, Ernest W., 1925: The Growth of the City: An Introduction to a Research Project. S. 47-62 in: Robert E. Park, Ernest W. Burgess und Roderick D. McKenzie: The City. Chicago: University of Chicago Press.

Burt, Ronald S., 1984: Network Items and the General Social Survey. Social Networks 6: 293-339.

Chapin, F. Stuart, 1928: A Quantitative Scale for Rating the Home and Social Environment of Middle Class Families in Urban Community. Journal of Educational Psychology 19: 99-111.

Dangschat, Jens S., 1991: Gentrification - Indikator und Folge globaler ökonomischer Umgestaltung, des Sozialen Wandels, politischer Handlungen und von Verschiebungen auf dem Wohnungsmarkt in innenstadtnahen Wohngebieten. Hamburg: unveröffentlichte Habilitationsschrift

Dangschat, Jens S. 1997a: Armut und sozialräumliche Ausgrenzung in den Städten Deutschlands. S. 167-212 in: Jürgen Friedrichs (Hg.): Die Städte in den 90er Jahren. Opladen: Westdeutscher Verlag.

Dangschat, Jens S., 1997b: Reichtum und Wohlstand auf Kosten der Armen. Folgen der städtischen Modernisierung für wachsende Einkommenspolarisierung und Segregation. S. 321-335 in: Ernst-Ulrich Huster (Hg.): Reichtum in Deutschland. Die Gewinner der sozialen Polarisierung. Frankfurt/M.-New York: Campus.

Dangschat, Jens S., 1988: Gentrification: der Wandel innenstadtnaher Wohnviertel. S. 272-292 in: Jürgen Friedrichs (Hg.): Soziologische Stadtforschung. Opladen: Westdeutscher Verlag. (Sonderheft 29 der Kölner Zeitschrift für

Soziologie und Sozialpsychologie)

Dangschat, Jens S. und Jörg Blasius (Hg.) 1994: Lebensstile in den Städten. Opladen: Leske + Budrich.

Dangschat, Jens S., Wolfram Droth, Jürgen Friedrichs und Klaus Kiehl, 1982: Aktionsräume von Stadtbewohnern. Opladen: Westdeutscher Verlag.

Dangschat, Jens S. und Jürgen Friedrichs, 1988: Gentrification in der inneren Stadt von Hamburg. Eine empirische Untersuchung des Wandels von drei Wohnvierteln. Hamburg: Gesellschaft Sozialwissenschaftliche Stadtforschung

Döring, Dieter, Walter Hanesch und Ernst-Ulrich Huster (Hg.), 1990: Armut im Wohlstand. Frankfurt/M.: Suhrkamp.

Dubet, Francois und Didier Lapeyronnie, 1994: Im Aus der Vorstädte. Der Zerfall der demokratischen Gesellschaft. Stuttgart: Klett.

Düppe, Wolfgang, 1995: Wahrnehmung von Armut und die Einstellung gegenüber armen Menschen unter Berücksichtigung des Umfeldes. Köln: Universität, Seminar für Soziologie. (Unveröff. Magisterarbeit)

Erbring, Lutz and Alice A. Young, 1979: Individuals and Social Structure. Sociological Methods and Research 7: 396-430.

Farwick, Andreas, 1996a: Armut in der Stadt - Prozesse und Mechanismen der räumlichen Konzentration von Sozialhilfeempfängern. Bremen: Universität Bremen, Arbeitseinheit ZWE.

Farwick, Andreas, 1996b: Die Dynamik von Armutsgebieten - Prozesse und Mechanismen der räumlichen Konzentration von Armut in benachteiligten Gebieten. Stadtforschung und Statistik Heft 1-2/96: 23-35.

Farwick, Andreas und Wolfgang Voges, 1997: Segregierte Armut und das Risiko sozialer Ausgrenzung. Zum Einfluß der Nachbarschaft auf die Verstetigung von Sozialhilfebedürftigkeit. Bremen: Universität Bremen, Arbeitseinheit ZWE.

Feld, Scott L., 1981: The Focused Organization of Social Ties. American Journal of Sociology 86: 1015-1035.

Fischer, Claude S., 1982: To Dwell Among Friends. Personal Networks in Town and City. Chicago-London: University of Chicago Press.

Freie Hansestadt Bremen, 1991: Zweiter Sozialbericht für die Freie Hansestadt Bremen. Bremen: Der Senator für Jugend und Soziales.

Freie und Hansestadt Hamburg, Behörde für Arbeit, Gesundheit und Soziales, 1993: Armut in Hamburg. Hamburg: Behörde für Arbeit, Gesundheit und Soziales.

Friedrichs, Jürgen, 1973: Methoden empirischer Sozialforschung. Reinbek bei Hamburg: Rowohlt.

Friedrichs, Jürgen, 1983: Stadtanalyse. 3. A. Opladen: Westdeutscher Verlag.

Friedrichs, Jürgen, 1985: Ökonomischer Strukturwandel und Disparitäten von Qualifikationen. S. 48-69 in: Jürgen Friedrichs (Hg.): Die Städte in den 80er Jahren. Opladen: Westdeutscher Verlag.

Friedrichs, Jürgen, 1991: Middle-Class Leakage in Large New Housing Estates: Empirical Findings and Policy Implications. Journal of Architectural and Planning Research 8: 287-295.

Friedrichs, Jürgen, 1995: Stadtsoziologie. Olpaden: Leske + Budrich.

Friedrichs, Jürgen, 1998: Do Poor Neighborhoods Make Their Residents Poorer? Context Effects of Poverty Neighborhoods on Residents. S. 77-99 in: Hans-Jürgen Andreß (Hg.): Empirical Poverty Research in Comparative Perspective. Aldershot: Ashgate.

Friedrichs, Jürgen und Jens Dangschat, 1986: Gutachten zur Nachbesserung des Stadtteils Mümmelmannsberg. Hamburg: Forschungsstelle Vergleichende Stadtforschung.

Friedrichs, Jürgen, Tobias Hüsing und Ingmar Türk, 1997: Die Kölner City. Köln: Universität zu Köln, Forschungsinstitut für Soziologie.

Friedrichs, Jürgen, Wolfgang Jagodzinski und Hermann Dülmer, 1994: Städtische Konflikte und Wahlverhalten. Hamburg in Zahlen, Heft 2: 36-41.

Friedrichs, Jürgen, Hartmut Häußermann und Walter Siebel (Hg.), 1986: Süd-Nord-Gefälle in der Bundesrepublik? Opladen: Westdeutscher Verlag.

Froessler, Rolf, 1994: Stadtviertel in der Krise? Innovative Ansätze zu einer integrierten Quartiersentwicklung in Europa. Dortmund: Institut für Landes- und Stadtentwicklungsforschung des Landes Nordrhein-Westfalen. (ILS-Schriften Nr. 87)

Froessler, Rolf, Markus Lang, Klaus Selle und Reiner Staubach (Hg.), 1994: Lokale Partnerschaften: Die Erneuerung benachteiligter Quartiere in europäischen Städten. Basel: Birkhäuser.

Gans, Herbert J., 1961a: Planning and Social Life. Friendship and Neighbor Relations in Suburban Communities. Journal of the American Institute of Planners 27: 134-140.

Gans, Herbert J., 1961b: The Balanced Community: Homogeneity or Heterogeneity in Residential Areas? Journal of the American Institute of Planners 27: 176-184.

Geißler, Heiner, 1976: Die neue soziale Frage. Analysen und Dokumente. Freiburg: Herder.

Giegler, Helmut, 1994: Lebensstile in Hamburg. S. 255-272 in: Jens Dangschat und Jörg Blasius (Hg.): Lebensstile in Städten. Opladen: Leske + Budrich.

Gifi, Albert, 1981: Nonlinear Multivariate Analysis. Leiden: Department of Data Theory.

Gifi, Albert, 1990: Nonlinear Multivariate Analysis. Chichester: Wiley.

Gillmeister, Helmut, Hermann Kurthen und Jürgen Fijalkowski, Jürgen, 1989: Ausländerbeschäftigung in der Krise? Berlin: Sigma.

Granovetter, Mark S., 1973: The Strength of Weak Ties. American Journal of Sociology 78: 1360-1380.

Granovetter, Mark S., 1978: Threshold Models of Collective Behavior. American Journal of Sociology 83: 1421-1443.

Granovetter, Mark und Roland Soong, 1988: Threshold Models of Diversity: Chinese Restaurants, Residential Segregation, and the Spiral of Silence. Sociological Methodology 18: 69-104.

Greenacre, Michael J., 1984: Theory and Applications of Correspondence Analysis. London: Academic Press.

Greenacre, Michael J., 1990: Some Limitations of Multiple Correspondence Analysis. Computational Statistics Quarterly 3: 249-256.

Greenacre, Michael J., 1991: Interpreting Multiple Correspondence Analysis. Applied Stochastic Models and Data Analysis 7: 195-210.

Greenacre, Michael J., 1993: Correspondence Analysis in Practice. London: Academic Press.

Häußermann, Hartmut, 1997: Armut in Großstädten - eine neue städtische Unterklasse? Leviathan 25: 12-27.

Hanesch, Walter u.a., 1994: Armut in Deutschland. Der Armutsbericht des DGB und des Paritätischen Wohlfahrtsverbandes. Reinbek: Rowohlt.

Hartmann, Peter H., 1999: Lebensstilforschung. Darstellung, Kritik und Weiterentwicklung. Opladen: Leske + Budrich.

Heinen, Werner und Anne-Marie Pfeffer, 1988: Köln: Siedlungen 1938-1988. Stadtspuren - Denkmäler in Köln. Bd. 10, II. Köln: Bachem.

Heiser, Willem J. und Jacqueline J. Meulman, 1994: Homogeneity Analysis: Exploring the Distribution of Variables and their Nonlinear Relationsships. S. 179-209 in: Michael J. Greenacre und Jörg Blasius (Hg.): Correspondence Analysis in the Social Sciences. Recent Developments and Applications. London: Academic Press.

Herlyn, Ulfert (Hg.), 1980: Großstadtstrukturen und ungleiche Lebensbedingungen in der Bundesrepublik. Frankfurt/M.-New York: Campus.

Herlyn, Ulfert und Barbara Lettko, 1991: Armut in der Stadt. Zu einer empirischen Untersuchung in Hannover. S. 516-536 in: Bernhard Blanke (Hg.): Stadt und Staat.

Opladen: Westdeutscher Verlag. (Sonderheft 22 der Politischen Vierteljahresschrift)

Herlyn, Ulfert, Ulrich Lakemann und Barbara Lettko, 1991: Armut und Milieu. Benachteiligte Bewohner in großstädtischen Quartieren. Basel: Birkhäuser.

Hess, Henner und Achim Mächler, 1973: Ghetto ohne Mauern. Ein Bericht aus der Unterschicht. Frankfurt/M.: Suhrkamp.

Heuwinkel, Dirk, 1981: Aktionsräumliche Analysen und Bewertung von Wohngebieten. Hamburg: Christians.

Hradil, Stefan, 1987: Sozialstrukturanalyse in einer fortgeschrittenen Gesellschaft. Opladen: Leske + Budrich.

Hübinger, Werner, 1989: Zur Lebenslage und Lebensqualität von Sozialhilfeempfängern. Eine theoretische und empirische Armutsuntersuchung. Sozialer Fortschritt 38: 172- 180.

ISK (= Institut für Kulturforschung e.V.) Hg., 1994: Sozialbericht über die Stadt Duisburg. Endbericht. Duisburg: ISK.

Jahoda, Marie, Paul F. Lazarsfeld und Hans Zeisel, 1974: Marienthal. London: Tavistock. (Zuerst: Die Arbeitslosen von Marienthal. Jena 1933.)

Jargowsky, Paul A., 1996: Poverty and Place. New York: Russell Sage.

Jazouli, Adil, 1992: Les années banlieue. Paris: Seuil.

Junkernheinrich, Martin und Jörg Pohlan, 1997: Arme Städte - Reiche Städte. Großstädtische Finanzlagen in der Bundesrepublik Deutschland. S. 136-166 in: Jürgen Friedrichs (Hg.): Die Städte in den 90er Jahren. Opladen: Westdeutscher Verlag.

Kasarda, John D. und Jürgen Friedrichs, 1985: Comparative Demographic Employment Mismatches in US and West German Cities. S. 1-30 in: Richard L. Simpson und Ida Harper Simpson (Hg.): Research in the Sociology of Work. Greenwich, CT: JAI Press.

Kecskes, Robert und Christof Wolf, 1996: Konfession, Religion und soziale Netzwerke. Opladen: Leske + Budrich.

Keller, Carsten, 1999: Armut in der Stadt. Zur Segregation benachteiligter Gruppen in Deutschland. Opladen: Westdeutscher Verlag.

Klein, Thomas, 1987: Sozialer Abstieg und Verarmung von Familien durch Arbeitslosigkeit: eine mikroanalytische Untersuchung für die Bundesrepublik Deutschland. Frankfurt/M.-New York: Campus.

Konietzka, Dirk, 1995: Lebensstile im sozialstrukturellen Kontext. Ein theoretischer und empirischer Beitrag zur Analyse soziokultureller Ungleichheiten. Opladen: Westdeutscher Verlag.

Krätke, Stefan, 1990: Städte im Umbruch. Städtische Hierarchien und Raumgefüge im Prozeß gesellschaftlicher Restrukturierung. S. 7-38 in: Renate Borst, Stefan Krätke, Margit Mayer, Roland Roth und Fritz Schmoll (Hg.): Das neue Gesicht der Städte. Theoretische Ansätze und empirische Befunde aus der internationalen Debatte. Basel: Birkhäuser.

Krais, Beate, 1983: Bildung als Kapital: Neue Perspektiven für die Analyse der Sozialstruktur. S. 199-220 in: Reinhard Kreckel (Hg.): Soziale Ungleichheiten. Göttingen: Otto Schwartz. (Sonderband 2 der Zeitschrift „Soziale Welt")

Landeshauptstadt München, 1991: Münchner Armutsbericht '90. München: Landeshauptstadt, Sozialreferat.

Landeshauptstadt München, 1994a: Kommunalpolitische Konsequenzen des Münchner Armutsberichts '90. München: Landeshauptstadt, Sozialreferat. (Beiträge zur Sozialplanung 009)

Landeshauptstadt München, 1994b: Münchner Armutsbericht - Fortschreibung 1992. München: Landeshauptstadt, Sozialreferat. (Beiträge zur Sozialplanung 008)

Landeshauptstadt Stuttgart, 1990: Soziale Ungleichheit und Armut. Sozialhilfebericht für die Stadt Stuttgart. Stuttgart: Sozial- und Schulreferat. (Beiträge zur Stadtforschung Bd. 30)

Landeshauptstadt Wiesbaden, 1992: Sozialräumliche Ungleichheiten in Wiesbaden

1987. Wiesbaden: Amt für Wahlen, Statistik und Stadtforschung.

Landeshauptstadt Wiesbaden, 1993: Die räumliche Verteilung von soziodemographischen Ungleichheiten in Wiesbaden. Statistische Berichte 2/1993. Wiesbaden: Amt für Wahlen, Statistik und Stadtforschung.

Landeshauptstadt Wiesbaden, 1996: Armutsrisiken und Sozialhilfebedürftigkeit in Wiesbaden. Wiesbaden: Amt für Wahlen, Statistik und Stadtforschung.

Lapeyronnie, Didier, 1993: L'individu et les minorités. La France et la Grande Bretagne face leurs immigrés. Paris: PUF.

Laumann, Edward O. and James S. House, 1970: Living Room Styles and Social Attributes: The Patterning of Material Artifacts in a Modern Urban Community. Sociology and Social Research 54: 321-342.

Lebart, Ludovic, Allan Morineau and Ken M. Warwick, 1984: Multivariate Descriptive Statistical Analysis. Correspondence Analysis and Related Techniques for Large Matrices. New York: Wiley.

Le Roux, Brigitte und Henry Rouanet, 1998: Interpreting Axes in Multiple Correspondence Analysis: Method of the Contributions of Points and Deviations. S. 197-220 in: Jörg Blasius und Michael J. Greenacre (Hg.): Visualization of Categorical Data. San Diego: Academic Press.

Lüdtke, Hartmut, 1989: Expressive Ungleichheit. Zur Soziologie der Lebensstile. Opladen: Leske + Budrich.

Massey, Douglas S. und Eric Fong, 1990: Segregation and Neighborhood Quality: Blacks, Hispanics, amd Asians in the San Francisco Metropolitan Area. Social Forces: 69: 15-32.

Massey, Douglas S., Andrew B. Gross und Mitchell L. Eggers, 1991: Segregation, the Concentration of Poverty, and the Life Chances of Individuals. Social Science Research 20: 397-420.

Massey, Douglas, S. und Nancy A. Denton,1993: American Apartheid. Segregation and the Making of the Underclass. Cambridge, MA-London: Harvard University Press.

McCallister, Lynne und Claude S. Fischer, 1978: A Procedure for Surveying Personal Networks. Sociological Methods and Research 7: 131-148.

Merton, Robert K., 1968: Social Structure and Anomie. S. 185-214 in: Ders.: Social Theory and Social Structure. New York: Free Press.

Müller, Hans-Peter, 1989: Lebensstile. Ein neues Paradigma der Differenzierungs- und Ungleichheitsforschung. Kölner Zeitschrift für Soziologie und Sozialpsychologie 41: 53-71.

Nishisato, Shizuhiko, 1994: Elements of Dual Scaling: An Introduction to Practical Data Analysis. Hillsdale, NJ: Lawrence Erlbaum.

Nishisato, Shizuhiko, 1996: Gleaning in the Field of Dual Scaling. Psychometrika 61: 559-600.

Oliver, Pamela, Gerald Marwell und Ruy Teixeira, 1985: A Theory of Critical Mass. I. American Journal of Sociology 91: 522-556.

Oliver, Pamela und Gerald Marwell,1988: The Paradox of Group Size in Collective Action. American Sociological Review 53: 1-8.

Opp, Karl-Dieter, 1974: Abweichendes Verhalten und Gesellschaftsstruktur. Neuwied: Luchterhand.

Pappi, Franz Urban, 1973: Sozialstruktur und soziale Schichtung in einer Kleinstadt mit heterogener Bevölkerung. Kölner Zeitschrift für Soziologie und Sozialpsychologie 25: 23-74.

Pappi, Franz Urban und Ingeborg Pappi, 1978: Sozialer Status und Konsumstil. Eine Fallstudie zur Wohnzimmereinrichtung. Kölner Zeitschrift für Soziologie und Sozialpsychologie 30: 87-115.

Pappi, Franz Urban and Melbeck, Christian, 1988: Die sozialen Beziehungen städtischer Bevölkerungen. S. 223-250 in: Jürgen Friedrichs (Hg.): Soziologische Stadtforschung. Opladen: Westdeutscher Verlag. (Sonderheft 29 der Kölner Zeitschrift für Soziologie und Sozialpsychologie)

Parkin, Frank, 1979: Marxism and Class Theory. New York: Columbia University Press.

Parkin, Frank, 1983: Strategien sozialer Schließung und Klassenbildung. S. 121-135 in: Reinhard Kreckel (Hg.): Soziale Ungleichheiten. Göttingen: Otto Schwartz. (Sonderband der Zeitschrift „Soziale Welt")

Paugam, Serge, 1991: La disqualification sociale. Essay sur la nouvelle pauvreté. Paris: Presses Universitaires de France.

Paugam, Serge, 1993: La société francaise et ses pauvres. Paris: Presses Universitaires de France.

Pfeil, Elisabeth, 1963: Zur Kritik der Nachbarschaftsidee. Archiv für Kommunalwissenschaften 2: 39-54.

Pfeil, Elisabeth, 1965: Die Familie im Gefüge der Großstadt. Hamburg: Christains.

Pfeil, Elisabeth und Jeanette Ganzert, 1973: Die Bedeutung der Verwandten für die großstädtische Familie. Zeitschrift für Soziologie 2: 366-383.

Pfennig, Astrid und Uwe Pfennig, 1987: Egozentrierte Netzwerke: Verschiedene Instrumente - verschiedene Ergebnisse? ZUMA-Nachrichten 21: 64-77.

Pincon-Charlot, Monique u.a., 1986: Ségrégation urbaine et classes sociales en région parisienne. Paris: Anthropos.

Podzuweit, Ulrich, Wolfgang Schütte und Norbert Swiertka, 1992: Datenhandbuch Hamburg. Hamburg: Fachhochschule Hamburg.

Quillian, Lincoln, 1999: Migration Patterns and the Growth of High-Poverty Neighborhoods, 1970-1990. American Journal of Sociology 105: 1-37.

Reuband, Karl-Heinz, 1974: Differentielle Assoziation und soziale Schichtung. Hamburg: Unveröffentlichte Dissertation.

Reuband, Karl-Heinz, 1975: Zur Existenz schichtungsähnlicher Gruppierungen im interpersonalen Präferenzgefüge. Kölner Zeitschrift für Soziologie und Sozialpsychologie 27: 293-311.

Reuber, Paul, 1993: Heimat in der Großstadt. Eine sozialgeographische Studie zu Raumbezug und Entstehung von Ortsbindung am Beispiel Kölns und seiner Stadtviertel. Köln: Geographisches Institut. (Kölner Geographische Arbeiten, Heft 58)

Rhein, Catherine, 1994: La division sociale de l'espace parisien et son évolution (1954-1975). S. 229-258 in: Jacques Brun and Catherine Rhein (Hg.): La ségrégation dans la ville. Paris: L'Harmattan.

Rhein, Catherine, 1996: Social Segmentation and Spatial Polarization in Greater Paris. Pp. 45-70 in: John O'Loughlin and Jürgen Friedrichs (eds.): Social Polarization in Post-Industrial Societies. Berlin-New York: de Gruyter.

Riede, Thomas, 1989: Problemgruppen. S. 514-523 in: Statistisches Bundesamt (Hg.): Datenreport 1989. Bonn: Bundeszentrale für politische Bildung.

Rijckevorsel, Jan van, 1987: The Application of Fuzzy Coding and Horseshoes in Multiple Correspondence Analysis. Leiden: DSWO Press.

Rossi, Peter H., 1955: Why Families Move. Glencoe, IL: Free Press.

Rouanet, Henry und Brigitte Le Roux, 1993: Analyse des données multidimensionelles. Paris: Dunod.

Rowntree, B. Seebohm, 1901: Poverty: A Study of Town Life. London: Macmillan.

Sampson, Robert J, Jeffrey D. Morenoff und Felton Earls, 1999: Beyond Social Capital: Spatial Dynamics of Collective Efficacy for Children. American Sociological Review 64: 633-660.

Scheuch, Erwin K. (unter Mitarbeit von H. Daheim), 1970 [1961]: Sozialprestige und soziale Schichtung S. 65-103 in: David V. Glass und René König (Hg.): Soziale Schichtung und Mobilität. (Sonderheft 5 der Kölner Zeitschrift für Soziologie und Sozialpsychologie)

Scheuch, Erwin K., 1976: Gesellschaft und Wohnen - Funktionelles Wohnen in einer funktionellen Gesellschaft - Untersuchungen über die letzten 20 Jahre - Zukunftsperspektiven. Möbelmarkt 4: 781-788.

Scheuch, Erwin K. und Ute Scheuch, 1992: Cliquen, Klüngel und Karrieren. Reinbek: Rowohlt.

Schneider, Nicole und Annette Spellerberg 1999: Lebensstile, Wohnbedürfnisse und räumliche Mobilität. Opladen: Leske + Budrich.

Schüler, Horst, 1997: Einkommen und seine Verteilung in Hamburg 1989. Hamburg in Zahlen, Heft 4: 112-119.

Schütte, Wolfgang und Waldemar Süß, 1988: Armut in Hamburg. Eine Dokumentation zu Arbeitslosigkeit und Sozialhilfebedürftigkeit. Hamburg: VSA.

Schulze, Gerhard, 1992: Die Erlebnisgesellschaft. Kultursoziologie der Gegenwart. Frankfurt/M-New York: Campus.

Schwesig, Roland, 1988: Räumlich Strukturen von Außerhausaktivitäten. Ein Konzept zur Analyse räumlichen Verhaltens und empirische Überprüfung am Beispiel der Aktionsräume von Bewohnern der Stadtregion Hamburg. Diss. Phil. Hamburg, Universität, Fachbereich Geowissenschaften.

Shaw, Clifford R und Henry McKay, 1942: Juvenile Delinquency and Urban Areas. Chicago: University of Chicago Press.

Shepherd, John, John Westaway und Trevor Lee, 1974: A Social Atlas of London. Oxford: Clarendon Press.

Simcha-Fagan, Ora, und Joseph E. Schwartz, 1986: Neighborhood and Delinquency: An Assessment of Contextual Effects. Criminology 24: 667-703.

Skogan, Wesley G., 1990: Disorder and Decline. Crime and the Spiral of Decay in American Neighborhoods. Berkeley-Los Angeles: University of California Press.

South, Scott J. und Kyle D. Crowder, 1997: Escaping Distressed Neighborhoods: Individual, Community, and Metropolitan Influences. American Journal of Sociology 102: 1040-1084.

Spellerberg, Annette, 1996: Lebensstile in Deutschland - Verteilung und Beitrag zur Erklärung unterschiedlichen Wohlbefindens. S. 237-260 in: Otto G. Schwenk

(Hg.): Lebensstil zwischen Sozialstrukturanalyse und Kulturwissenschaft. Opladen: Leske + Budrich.

Stadt Essen, 1993: Soziale Ungleichheit im Stadtgebiet. Kleinräumige Entwicklungen im Zeitraum 31.12.1988 bis 31.12.1991. Essen: Amt für Entwicklungsplanung, Statistik, Stadtforschung und Wahlen.

Stadt Köln, 1994: Statistisches Jahrbuch 1992/93. Köln: Amt für Statistik und Einwohnerwesen.

Stadt Köln, 1998: Kölner Sozialbericht. Teil I und II. Köln: Der Oberstadtdirektor, Dezernat für Soziales und Gesundheit.

Sutherland, Edwin H., 1968: Die Theorie der differentiellen Kontakte. S. 395-399 in: Fritz Sack und René König (Hg.): Kriminalsoziologie. Frankfurt/M.: Akademische Verlagsgesellschaft.

Taub, Richard P., D. Garth Taylor und Jan D. Dunham, 1984: Paths of Neighborhood Change. Race and Crime in Urban America. Chicago-London: Chicago University Press.

Thiessen, Victor und Harald Rohlinger, 1988: Die Verteilung von Aufgaben und Pflichten in ehelichen Haushalten. Kölner Zeitschrift für Soziologie und Sozialpsychologie 40: 640-658.

Thiessen, Victor, Rohlinger, Harald und Jörg Blasius, 1994: The 'Signicance' of Minor Changes in Panel Data: A Correspondence Analysis of the Devision of Household Tasks. S. 252-266 in: Michael J. Greenacre und Jörg Blasius (Hg.): Correspondence Analysis in the Social Sciences. Recent Developments and Applications. London: Academic Press.

Thornberry, Terence P., Alan J. Lizotte, Marvin D. Krohn, Margaret Farnworth und Sung Joon Jang, 1994: Delinquent Peers, Beliefs, and Delinquent Behavior: A Longitudinal Test of Interaction Theory. Criminology 32: 47-83.

Tienda, Marta, 1991: Poor People, Poor Places: Deciphering the Neighborhood Effects on Poverty Outcomes. S. 244-262 in: Joan Huber (Hg.): Micro-macro Linkages in Sociology. Newbury Park, CA: Sage.

Tobias, Gertrud und Johannes Boettner (Hg.), 1992: Von der Hand in den Mund.

Armut und Armutsbewältigung in einer westdeutschen Großstadt. Essen: Klartext.

Townsend, Peter, 1979: Poverty in the United Kingdom. Harmondsworth: Penguin.

Wacquant, Loic J.D., 1993: Urban Outcasts: Stigma and Division in the Black American Ghetto and the French Urban Periphery. International Journal of Urban and Regional Research 17: 366-383.

Weber, Max, 1972 [1920]: Wirtschaft und Gesellschaft. 5. Auflage, Tübingen: Mohr.

Wegener, Bernd, 1989: Soziale Beziehungen im Karriereprozeß. Kölner Zeitschrift für Soziologie und Sozialpsychologie 41: 270-297.

Weicher, John C., 1990: How Poverty Neighborhoods are Changing. S. 68-110 in: Laurence E. Lynn and Michael G.H. McGeary (Hg.): Inner-City Poverty in the United States. Washington, DC: National Academy Press.

Wellmann, Barry, 1979: The Community Question: The Intimate Networks of East Yorkers. American Journal of Sociology 84: 1201-1231.

Wellmann, Barry, Peter J. Carrington, und Alan Hall, 1988: Networks as Personal Communities. S. 130-184 in: Barry Wellmann und S.D. Berkowitz (Hg.): Social Structures. A Network Approach. Cambridge: Cambridge University Press.

Wilson, James Q. und George L. Kelling, 1982: Broken Windows. The Atlantic Monthly, March 1982: 29-38.

Wilson, William J., 1987: The Truly Disadvantaged. Chicago: Chicago University Press.

Wilson, William J. (ed.), 1993: The Ghetto Underclass. Social Science Perspectives. Newbury Park, CA: Sage.

Wilson, William J., 1996: When Work Disappears. New York: Vintage Books.

Wolf, Christof, 1996: Gleich und gleich gesellt sich. Hamburg: Dr. Kovac.

Anhang

Deutscher Fragebogen

UNIVERSITÄT ZU KÖLN
FORSCHUNGSINSTITUT FÜR SOZIOLOGIE
Prof. Dr. Jürgen Friedrichs, Dr. Jörg Blasius
Greinstr. 2, 50939 Köln; Tel.: 470-2409

Fragebogennummer

Guten Tag, mein Name ist ..... . Ich komme vom Forschungsinstitut für Soziologie der Universität zu Köln. Ich würde gerne Frau/Herrn ... (Vor- und Zunamen) sprechen.

INT.: FOLGENDES NUR DER ZIELPERSON VORLESEN.

Wir haben Ihnen vor kurzem geschrieben und Ihnen mitgeteilt, daß wir Sie befragen möchten. Haben Sie den Brief bekommen?

JA: Ich möchte das Interview jetzt mit Ihnen durchführen.

NEIN: Wir führen eine wissenschaftliche Untersuchung durch. Es geht dabei um *Ihre* Ansichten zu Ihrem Wohnviertel und um Ihre Zufriedenheit im Viertel. Ich möchte das Interview jetzt mit Ihnen durchführen.

Meine ersten Fragen beziehen sich auf Ihre Zufriedenheit mit Ihrer Wohnung und Ihrer Wohnumgebung.

Frage	Cd.	Antwort	Sp.
01. Seit wann wohnen Sie in dieser Wohnung?	98 99	Monat: ... Jahr: 19.. w.n. k.A.	I/6-7 8-9
02. Wo haben Sie vorher gewohnt?	1 2 3 4 9	hier im Haus hier im Viertel Köln, Viertel:................... außerhalb Kölns k.A.	10
03. Und wie lange haben sie da gewohnt?	1 2 3 4 5 8 9	bis unter 6 Monaten 6 Monate bis unter 2 Jahre 2 bis unter 6 Jahre 6 Jahre und mehr weiß nicht nicht betroffen k. A.	11
04. Wohnen Sie bzw. Ihre Familie hier zur Miete oder als Eigentümer?	1 2 9	Mieter Eigentümer k.A.	12

Frage	Cd.	Antwort	Sp.
05. Haben Sie einen WBS-Schein benötigt, um die Wohnung zu bekommen?	1 2 3 9	ja nein w.n. k.A.	13
06. Wieviel Räume hat Ihre Wohnung? (ohne Bad, Flur und Küche) INT.: HALBE RÄUME ZÄHLEN ALS GANZE RÄUME!	1 2 3 4 5 6 9	ein Raum zwei Räume drei Räume vier Räume fünf Räume sechs und mehr k.A.	14
07. Wenn Sie an Ihr Wohnviertel denken: Was gefällt Ihnen hier besonders gut?	 98 99	 w.n. k.A.	15-16 17-18 19-20 21-22 23-24 25-26 27-28
08. Und was gefällt Ihnen nicht?	 98 99	 w.n. k.A.	29-30 31-32 33-34 35-36 37-38 39-40 41-42
09. Wenn Sie jetzt alles zusammen nehmen, wie zufrieden sind Sie mit Ihrer Wohnsituation hier im Viertel? INT.: Antworten vorlesen!	1 2 3 4 5 8 9	gar nicht zufrieden wenig zufrieden mittelmäßig zufrieden, überwiegend zufrieden völlig zufrieden w.n. k.A.	43
10. Haben Sie schon einmal daran gedacht, hier wegzuziehen?	1 2 8 9	ja nein --> FRAGE 12 w.n. k.A.	44

Frage	Cd.	Antwort	Sp.
11. Haben Sie schon etwas unternommen?	1	nein	45
	1	ja, Makler	46
	1	ja, Freunde/Bekannte gefragt	47
MEHRFACHNENNUNGEN	1	ja, Zeitungsanz. gelesen	48
MÖGLICH!	1	ja, Zeitungsanz. aufgegeb.	49
	1	ja, Wohnungsbau-Gesellschaft gefragt	50
	1	ja, Wohnungs-/Sozialamt gefragt	51
	1	ja, Wohnung(en) angesehen	52
	1	ja, sonstiges	53
	9	k.A.	54
12. Und nun möchte ich Sie bitten, mir zu sagen, wo Sie gestern waren. Denken Sie daran, was Sie gemacht haben - wichtig ist für uns aber nur, wo sie es gemacht haben: [1] in der Wohnung, [2] im Viertel, [3] im Nachbarviertel, [4] sonstwo in Köln oder [5] außerhalb von Köln. Lassen Sie uns mit 0 Uhr beginnen! INT.: FORMULAR FÜR WERKTAG BENUTZEN! INT.: WENN GESTERN SAMSTAG ODER SONNTAG WAR, DANN: LETZTEN DONNERSTAG ERFRAGEN.			
13. Und nun würde ich das gleiche gerne für den letzten Sonntag wissen. Lassen Sie uns auch wieder mit 0 Uhr beginnen! INT.: FORMULAR FÜR SONNTAG BENUTZEN!			

WERKTAG

Zeit	Whg 1	Viertel 2	Nb. Vie. 3	Köln 4	Ah 5	SP	Zeit	Whg 1	Viertel 2	Nb. Vie. 3	Köln 4	Ah 5	SP
0.00						55	12.00						28
0.15						56	12.15						29
0.30						57	12.30						30
0.45						58	12.45						31
1.00						59	13.00						32
1.15						60	13.15						33
1.30						61	13.30						34
1.45						62	13.45						35
2.00						63	14.00						36
2.15						64	14.15						37
2.30						65	14.30						38
2.45						66	14.45						39
3.00						67	15.00						40
3.15						68	15.15						41
3.30						69	15.30						42
3.45						70	15.45						43
4.00						71	16.00						44
4.15						72	16.15						45
4.30						73	16.30						46
4.45						74	16.45						47
5.00						75	17.00						48
5.15						76	17.15						49
5.30						77	17.30						50
5.45						78	17.45						51
6.00						79	18.00						52
6.15						80	18.15						53
6.30						II/6	18.30						54
6.45						7	18.45						55
7.00						8	19.00						56
7.15						9	19.15						57
7.30						10	19.30						58
7.45						11	19.45						59
8.00						12	20.00						60
8.15						13	20.15						61
8.30						14	20.30						62
8.45						15	20.45						63
9.00						16	21.00						64
9.15						17	21.15						65
9.30						18	21.30						66
9.45						19	21.45						67
10.00						20	22.00						68
10.15						21	22.15						69
10.30						22	22.30						70
10.45						23	22.45						71
11.00						24	23.00						72
11.15						25	23.15						73
11.30						26	23.30						74
11.45						27	23.45						75

SONNTAG

Zeit	Whg 1	Viertel 2	Nb. Vie. 3	Köln 4	Ah 5	SP	Zeit	Whg 1	Viertel 2	Nb. Vie. 3	Köln 4	Ah 5	SP
0.00						III/6	12.00						54
0.15						7	12.15						55
0.30						8	12.30						56
0.45						9	12.45						57
1.00						10	13.00						58
1.15						11	13.15						59
1.30						12	13.30						60
1.45						13	13.45						61
2.00						14	14.00						62
2.15						15	14.15						63
2.30						16	14.30						64
2.45						17	14.45						65
3.00						18	15.00						66
3.15						19	15.15						67
3.30						20	15.30						68
3.45						21	15.45						69
4.00						22	16.00						70
4.15						23	16.15						71
4.30						24	16.30						72
4.45						25	16.45						73
5.00						26	17.00						74
5.15						27	17.15						75
5.30						28	17.30						76
5.45						29	17.45						77
6.00						30	18.00						78
6.15						31	18.15						79
6.30						32	18.30						80
6.45						33	18.45						IV/6
7.00						34	19.00						7
7.15						35	19.15						8
7.30						36	19.30						9
7.45						37	19.45						10
8.00						38	20.00						11
8.15						39	20.15						12
8.30						40	20.30						13
8.45						41	20.45						14
9.00						42	21.00						15
9.15						43	21.15						16
9.30						44	21.30						17
9.45						45	21.45						18
10.00						46	22.00						19
10.15						47	22.15						20
10.30						48	22.30						21
10.45						49	22.45						22
11.00						50	23.00						23
11.15						51	23.15						24
11.30						52	23.30						25
11.45						53	23.45						26

Frage
14. Jetzt möchte ich gerne wissen, wie häufig Sie im *letzten Monat* die folgenden Tätigkeiten ausgeübt haben; und wo Sie das getan haben. Oft werden es ja mehrere Orte sein; geben Sie dann bitte die Häufigkeit für jeden Ort an. INT.: DIE TÄTIGKEITEN EINZELN VORLESEN. FÜR JEDE TÄTIGKEIT NOTIEREN: HÄUFIGKEIT: IN SPALTE "Hfg".

Tätigkeit	Hfg.	Ort(e)	Sp.
a) Einkaufen		im Viertel	27
		im Nachbarviertel	28
		sonstwo	29
b) Erledigungen (z.B. Bank, Post, Reinigung, Behörden/Amt)		im Viertel	30
		im Nachbarviertel	31
		sonstwo	32
c) Kulturelle Aktivitäten (u.a. Kino, Theater, Konzert)		im Viertel	33
		im Nachbarviertel	34
		sonstwo	35
d) Ausgehen (u.a. Gaststätte, Tanzen)		im Viertel	36
		im Nachbarviertel	37
		sonstwo	38
e) Private Geselligkeit (u.a. Feiern, Besuch Verwandte)		eigene Wohnung	39
		im Viertel	40
		im Nachbarviertel	41
		sonstwo	42
f) Sport treiben / Sportveranstaltungen besuchen		im Viertel	43
		im Nachbarviertel	44
		sonstwo	45
g) Erholen im Freien (inkl. Camping)		im Viertel	46
		im Nachbarviertel	47
		sonstwo	48
h) Kinderspielplatz		im Viertel	49
		im Nachbarviertel	50
		sonstwo	51

Frage
14. Jetzt möchte ich gerne wissen, wie häufig Sie im *letzten Monat* die folgenden Tätigkeiten ausgeübt haben; und wo Sie das getan haben. Oft werden es ja mehrere Orte sein; geben Sie dann bitte die Häufigkeit für jeden Ort an. INT.: DIE TÄTIGKEITEN EINZELN VORLESEN. FÜR JEDE TÄTIGKEIT NOTIEREN: HÄUFIGKEIT: IN SPALTE "Hfg".

Tätigkeit	Hfg.	Ort(e)	Sp.
a) Einkaufen		im Viertel	27
		im Nachbarviertel	28
		sonstwo	29
b) Erledigungen (z.B. Bank, Post, Reinigung, Behörden/Amt)		im Viertel	30
		im Nachbarviertel	31
		sonstwo	32
c) Kulturelle Aktivitäten (u.a. Kino, Theater, Konzert)		im Viertel	33
		im Nachbarviertel	34
		sonstwo	35
d) Ausgehen (u.a. Gaststätte, Tanzen)		im Viertel	36
		im Nachbarviertel	37
		sonstwo	38
e) Private Geselligkeit (u.a. Feiern, Besuch Verwandte)		eigene Wohnung	39
		im Viertel	40
		im Nachbarviertel	41
		sonstwo	42
f) Sport treiben / Sportveranstaltungen besuchen		im Viertel	43
		im Nachbarviertel	44
		sonstwo	45
g) Erholen im Freien (inkl. Camping)		im Viertel	46
		im Nachbarviertel	47
		sonstwo	48
h) Kinderspielplatz		im Viertel	49
		im Nachbarviertel	50
		sonstwo	51

Frage	Cd.	Antwort	Sp.
15. Im folgenden haben wir eine Liste von praktischen Fertigkeiten zusammengestellt. Wie gut beherrschen Sie die einzelnen Fertigkeiten? Bitte geben Sie sich jeweils eine Schulnote von 1 bis 6. Wenn Sie das noch nie gemacht haben, geben Sie bitte "0" an.			
16. Und welche davon haben Sie schon einmal unentgeltlich für Verwandte oder andere Personen (z.b. Nachbarn, Freunde, Kollegen) gemacht?			
17. Und für welche Fertigkeiten haben Sie schon einmal Geld bekommen? (INT.: AUSSERHALB DER REGULÄREN ARBEIT)			

Fertigkeit	Note	Unentgeltlich		Entgeltlich		
		Verw	Andere	Verw	Andere	
Wohnungsrenovierung						52-56
Elektroarbeiten						57-61
Sanitärarbeiten						62-66
Fliesen legen						67-71
Autoreparatur						72-76
Haare scheiden, frisieren						V/6-10
Gärtnern						11-15
Nähen, Schneidern						16-20
Alten-, Krankenpflege						21-25
Kinderbetreuung						26-30
Haushalt: Kochen						31-35
Haushalt: Putzen						36-40
Haushalt: Bügeln						41-45
Musik machen						46-50
Sonstiges:						51-56

Frage	Cd.	Antwort	Sp.
18. Sind Sie aktives Mitglied in einem Verein, einer kirchlichen Gruppe, einer Initiative oder sonstigen Gruppe?	1 2 9	ja nein k.A.	57

Frage	Cd.	Antwort	Sp.
19. Worüber unterhalten Sie sich am liebsten mit Ihren Freunden, Bekannten oder Arbeitskollegen?			58-59 60-61 62-63 64-65 66-67 68-69
	98 99	w.n. k.A.	70-71
20. Haben Sie in den letzten vier Wochen ein Buch gekauft?	1 2 8 9	ja nein --> FRAGE 22 w.n. --> FRAGE 22 k.A. --> FRAGE 22	72
21. Und welches?			73-74
	98 99	nicht betroffen k.A.	
22. Welche Tageszeitungen lesen Sie regelmäßig? INT.: MEHRFACHNENNUNGEN	1 1 1 8 9	Bild, Express Stadtanzeiger, Rundschau überreg. Tageszeitung keine davon k.A.	75 76 77 78 79
23. Und welche Zeitschriften lesen Sie regelmäßig?		....	VI/6-7 8-9 10-11 12-13 14-15
	98 99	keine k.A.	

Frage	Cd.	Antwort	Sp.
24. Im folgenden geht es darum, wo und wie Sie Ihre Lebensmittel *in der Regel* kaufen. Ich habe hierzu eine Reihe von Aussagen. Welche entspricht Ihrem Einkaufsverhalten am ehesten?	1 2 3 4 5 9	Ich vergleiche die Preise in verschiedenen Supermärkten und kaufe in der Regel die Sonderangebote Ich kaufe in der Regel im billigsten Supermarkt Ich kaufe in der Regel im Supermarkt um die Ecke, auch wenn es teurer ist. Ich kaufe in der Regel im Fachgeschäft Ich kaufe nicht selber ein k.A.	16

Frage	Cd.	Antwort	Sp.
25. Wo kaufen Sie in der Regel Ihre Möbel? Sagen Sie mir bitte, woher Sie die meisten Ihrer Möbel bezogen haben. INT.: MAX. 3 NENNUNGEN	1 2 3 4 5 6 7 8 9 10 11 99	geerbt, geschenkt selbst gebaut Kaufhaus Antiquitätengeschäft Möbelhaus Fachgeschäft vom Handwerker gekauft Designer/Inneneinrichtungsstudio Flohmarkt Versteigerung gemietet k.A.	17-18 19-20 21-22
26. Welche der folgenden Einrichtungen besuchen Sie gelegentlich, um etwas für Ihre Gesundheit zu tun? INT.: Mehrfachnennungen möglich!	1 1 1 1 1 1 1 1 8 9	Sauna Fitneßstudio Bad, Spaßbad Sonnenstudio Kosmetik, Fußpflege Massage Beauty-Farm Sportclub keine davon k.A.	23 24 25 26 27 28 29 30 31

Frage	Cd.	Antwort	Sp.
32. Bitte versetzen Sie sich in folgende Situationen, bewerten Sie sie und sagen Sie mir, ob so etwas in ihrer Nachbarschaft vorgekommen ist.			
a) Ihre Kinder spielen mit anderen mittags vor dem Haus, ein älterer Nachbar, der im ersten Stock wohnt, beschimpft die Kinder und schlägt eines von ihnen, weil die Kinder nicht sofort ruhig sind und verschwinden. Das finde ich:	1 2 3 4 9	sehr schlimm ziemlich schlimm weniger schlimm gar nicht schlimm k.A.	52
Ist so etwas in Ihrer Nachbarschaft schon vorgekommen?	1 2 3 8 9	ja, oft ja, selten nein w.n. k.A.	53
INT.: Wenn JA: Stört Sie das oder ist Ihnen das egal?	1 2 9	stört mich ist mir egal k.A.	54
b) Eine Frau wird in der Kneipe von einem angetrunkenen Mann sexuell belästigt. Das finde ich:	1 2 3 4 9	sehr schlimm ziemlich schlimm weniger schlimm gar nicht schlimm k.A.	55
Ist so etwas in Ihrer Nachbarschaft schon vogekommen?	1 2 3 8 9	ja, oft ja, selten nein w.n. k.A.	56
INT.: Wenn JA: Stört Sie das oder ist Ihnen das egal?	1 2 9	stört mich ist mir egal k.A.	57
c) Sie sehen wie eine ältere Frau im Supermarkt eine Packung Käse in ihrer Handtasche verschwinden läßt. Das finde ich:	1 2 3 8 9	sehr schlimm ziemlich schlimm weniger schlimm gar nicht schlimm k.A.	58
Ist so etwas in Ihrer Nachbarschaft schon vorgekommen?	1 2 3 4 9	ja, oft ja, selten nein w.n. k.A.	59
INT.: Wenn JA: Stört Sie das oder ist Ihnen das egal?	1 2 9	stört mich ist mir egal k.A.	60

Frage	Cd.	Antwort	Sp.
d) An der Straßenecke ist ein Treffpunkt von Jugendlichen. Sie sehen, wie die Jugendlichen eine ausländische Frau beschimpfen. Das finde ich:	1 2 3 4 9	sehr schlimm ziemlich schlimm weniger schlimm gar nicht schlimm k.A.	61
Ist so etwas in Ihrer Nachbarschaft schon vorgekommen?	1 2 3 8 9	ja, oft ja, selten nein w.n. k.A.	62
INT.: Wenn JA: Stört Sie das oder ist Ihnen das egal?	1 2 9	stört mich ist mir egal k.A.	63
e) Sie hören des öfteren, wie der Nachbar seine Kinder schlägt. Das finde ich:	1 2 3 4 9	sehr schlimm ziemlich schlimm weniger schlimm gar nicht schlimm k.A.	64
Ist so etwas in Ihrer Nachbarschaft schon vorgekommen?	1 2 3 8 9	ja, oft ja, selten nein w.n. k.A.	65
INT.: Wenn JA: Stört Sie das oder ist Ihnen das egal?	1 2 9	stört mich ist mir egal k.A.	66
f) Eine Bekannte lebt mit ihren drei Kindern von Sozialhilfe. Nun bekommt sie eine gutbezahlte Putzstelle in einem naheliegenden Büro angeboten. Sie nimmt die Stelle an, ohne dies dem Sozialamt anzugeben. Das finde ich:	1 2 3 4 9	sehr schlimm ziemlich schlimm weniger schlimm gar nicht schlimm k.A.	67
Ist so etwas in Ihrer Nachbarschaft schon vorgekommen?	1 2 3 8 9	ja, oft ja, selten nein w.n. k.A.	68
INT.: Wenn JA: Stört Sie das oder ist Ihnen das egal?	1 2 9	stört mich ist mir egal k.A.	69

Frage	Cd.	Antwort	Sp.
g) Eine Freundin erzählt Ihnen, daß ihre 15-jährige Tochter schwanger ist. Das finde ich:	1 2 3 4 9	sehr schlimm ziemlich schlimm weniger schlimm gar nicht schlimm k.A.	70
Ist so etwas in Ihrer Nachbarschaft schon vorgekommen?	1 2 3 8 9	ja, oft ja, selten nein w.n. k.A.	71
INT.: Wenn JA: Stört Sie das oder ist Ihnen das egal?	1 2 9	stört mich ist mir egal k.A.	72
h) Sie sehen jemand aus der Nachbarschaft öfter betrunken vor einer Trinkhalle. Das finde ich:	1 2 3 4 9	sehr schlimm ziemlich schlimm weniger schlimm gar nicht schlimm k.A.	73
Ist so etwas in Ihrer Nachbarschaft schon vorgekommen?	1 2 3 8 9	ja, oft ja, selten nein w.n. k.A.	74
INT.: Wenn JA: Stört Sie das oder ist Ihnen das egal?	1 2 9	stört mich ist mir egal k.A.	75
i) Ihr Fernseher ist alt und fast kaputt. Nun bietet Ihnen ein Bekannter einen nagelneuen zur Hälfte vom Ladenpreis an, den er "organisieren" kann. Das finde ich:	1 2 3 4 9	sehr schlimm ziemlich schlimm weniger schlimm gar nicht schlimm k.A.	76
Ist so etwas in Ihrer Nachbarschaft schon vorgekommen?	1 2 3 8 9	ja, oft ja, selten nein w.n. k.A.	77
INT.: Wenn JA: Stört Sie das oder ist Ihnen das egal?	1 2 9	stört mich ist mir egal k.A.	78

Frage

Im folgenden geht es um Personen, mit denen Sie in der einen oder anderen Weise Kontakt haben. Denken Sie dabei bitte an alle Personen, egal ob sie in Ihrem Haushalt leben oder nicht. Da ich Ihnen zu den einzelnen Personen noch Fragen stellen werde, möchte ich Sie bitten, mir die Vornamen oder Anfangsbuchstaben zu nennen. Bitte nennen Sie nur Personen, die mindestens 14 Jahre alt sind.

INT.: NUR FALLS BEFRAGTE PERSON BEDENKEN HAT, AUF FOLGENDES HINWEISEN.
Ich möchte nochmals darauf hinweisen, daß alle Angaben wissenschaftlichen Zwecken dienen und streng vertraulich behandelt werden. Die Namen oder Kürzel dienen nur dazu, die Personen unterscheiden zu können.

33. Hin und wieder besprechen die meisten Leute wichtige Angelegenheiten mit anderen Personen. Wenn Sie an die letzten vier Wochen zurückdenken:

a) An wen haben *Sie* sich gewandt, um Dinge zu besprechen, die *Ihnen* wichtig waren bzw. sind?

INT.: KÜRZEL IN DIE LISTE EINTRAGEN!

[99] Ich habe mich in dieser Zeit an niemanden gewendet

b) Und wer hat sich *an Sie gewandt*, um Dinge zu besprechen, die *ihr oder ihm* wichtig waren bzw. sind?

INT.: KÜRZEL IN DIE LISTE EINTRAGEN, SOFERN NOCH NICHT AUF VORIGE FRAGE GENANNT!

[99] In dieser Zeit hat sich niemand an mich gewendet.

c) Mit wem haben Sie in den letzten *14 Tage* Freizeitaktivitäten außerhalb der Wohnung unternommen?
Wir meinen damit beispielsweise den Besuch von Kinos, Theater und Sportveranstaltungen oder Gaststätten- und Restaurantbesuche.

INT.: KÜRZEL IN DIE LISTE EINTRAGEN UND AUF ÜBERSCHNEIDUNGEN ACHTEN!

[99] Ich war in dieser Zeit mit niemandem unterwegs

INT.: Bei den nächsten Fragen bitte die jeweilige Codeziffer bzw. Jahresangabe in das zutreffende Feld auf der rechten Seite eintragen. Falls nicht anders angegeben die jeweilige Frage immer für die erste, zweite, dritte usw. Person stellen. Erst dann zur nächsten Frage.

Zu den Personen, die Sie mir gerade genannt haben, möchte ich Ihnen jetzt einige Fragen stellen.

34. Zuerst würde ich gerne wissen, wie alt die Personen sind. Fangen wir mit ... an. Wie alt ist also ...[KÜRZEL]

[97] 97 Jahre oder älter
[98] w.n.
[99] k.A.

35. Kommen wir nun zum Geschlecht. Dies wird ja aus den genannten Namen schon (teilweise) ersichtlich.
INT.: Alle Eintragungen laut vorlesen, so daß Befragter es mitbekommt. Nur wenn Geschlecht nicht aus dem Namen erkennbar wird, nachfragen:

Ist ... (Name, Kürzel) männlich oder weiblich?
[1] weiblich   [2] männlich   [9] k.A.

36. Sagen Sie mir bitte nun, welche Nationalität die Personen haben.

[1] dt [2] tk [3] it [4] gr [5] sp [6] andere, und zwar: ....
[8] w.n.   [9] k.A.

37. Können Sie mir sagen, welchen höchsten Bildungsabschluß die Personen haben?
INT.: Bitte Liste 9 vorlegen.

[01] noch Schüler(in)
[02] keinen Schulabschluß
[03] Volks-/Hauptschulabschluß
[04] Mittlere Reife, Realschulabschluß (Fachschulreife)
[05] Fachabitur (Fachhochschulreife, Abschluß einer Fachoberschule)
[06] Abitur
[07] (Fach-) Hochschulabschluß
[08] anderen Schulabschluß

[98] w.n.
[99] k.A.

38. Bitte sagen Sie mir nun, ob die Personen erwerbstätig sind oder was sonst auf dieser Liste für sie zutrifft.

INT.: Bitte Liste 10 vorlegen. Mehrfachnennung möglich.

[01] erwerbstätig, vollzeit (auch in beruflicher Ausbildung)
[02] erwerbstätig, teilzeit (20 Stunden wöchentlich oder weniger)
[03] arbeitslos/arbeitssuchend
[04] Schüler(in)/Student(in)
[05] Rentner(in)/Pensionär(in)
[06] Hausfrau/Hausmann
[07] sonstige(r) nicht Erwerbstätige(r)

[98] w.n.
[99] k.A.

39. Bitte sagen Sie mir noch, in welcher Beziehung Sie zu den Personen stehen? Benutzen Sie bitte dazu die folgende Liste.

Da Sie natürlich zu einer Person mehrere Arten von Beziehungen haben können, haben Sie die Möglichkeit von *mehreren Nennungen*. Geben Sie bitte zu jeder Person alle Arten von Beziehungen zu der Person an. Wenn eine Person beispielsweise ein Nachbar *und* ein Arbeitskollege ist, geben Sie bitte beide Nennungen.

INT.: Bitte immer nachfragen: Trifft noch etwas auf dieser Liste zu?

[01] (Ehe-) Partner/in
[02] Arbeitskollege/-kollegin (auch Ausbildung/Studium)
[03] Nachbar/in
[04] Mitglied in derselben Kirchengemeinde
[05] Mitglied im selben Verein, Verband, Organisation
[06] Gemeinsame Mitgliedschaft in anderer Gruppe
[07] Freund/in
[08] Bekannte/r
[09] naher Verwandte/r: Eltern Geschwister, Kinder
[10] entfernter Verwandter (Onkel, Tante, Neffe etc.)
[99] k.A.

40. Wie häufig haben Sie ... (Name, Kürzel) in den *letzten 3 Monaten persönlich* getroffen?

[1] (fast) täglich
[2] mehr als einmal die Woche
[3] einmal die Woche
[4] ein- bis dreimal im Monat
[5] seltener
[6] gar nicht
[8] w.n.
[9] k.A.

41. Können Sie mir bitte jetzt noch sagen, wo die Personen wohnen?

Wohnt ... (Name, Kürzel) ...

[1] in derselben Wohnung

[2] im selben Haus

[3] im selben Wohnviertel

[4] in einem benachbarten Wohnviertel

[5] in einem anderen Stadtteil von Köln

[6] außerhalb Kölns

[8] w.n.

[9] k.A.

42. Welchen Personen, die Sie mir genannt haben, stehen Sie *sehr nahe*?

INT.: Entsprechende Felder bitte ankreuzen. Befragtem/r Namensliste vorlegen.

[9] k.A.

Nr.	Frage 33: Kürzel	Frage 34: Alter	Frage 35: Geschlecht	Frage 36: Nationalität	Frage 37: Bildung	Frage 38: Erwerbst.
1			w m			
2			w m			
3			w m			
4			w m			
5			w m			
6			w m			
7			w m			
8			w m			
9			w m			
10			w m			
11			w m			
12			w m			
13			w m			
14			w m			
15			w m			
16			w m			
17			w m			
18			w m			
19			w m			
20			w m			
21			w m			
22			w m			
23			w m			
24			w m			
25			w m			

Nr	Frage 39: Beziehung	Frage 40: persönlich	Frage 41: Wohnort	Frage 42: sehr nah	Spalte	Nr
1					VII/6-18	1
2					19-31	2
3					32-44	3
4					45-57	4
5					58-70	5
6					VIII/6-18	6
7					19-31	7
8					32-44	8
9					45-57	9
10					58-70	10
11					IX/6-18	11
12					19-31	12
13					32-44	13
14					45-57	14
15					58-70	15
16					X/7-19	16
17					20-32	17
18					33-45	18
19					46-58	19
20					59-71	20
21					XI/7-19	21
22					20-32	22
23					33-45	23
24					46-58	24
25					59-71	25

Frage	Cd.	Antwort	SP.
43. Geschlecht	1 2	weiblich männlich	XII/7
44. Welche Staatsangehörigkeit haben Sie?	1 2 9	deutsch nicht deutsch:.............. k.A.	8
45. Wann sind Sie geboren?	 99	19.. k.A.	9-10
46. Welchen Familienstand haben Sie?	1 2 3 4 9	verheiratet ledig geschieden verwitwet k.A.	11
47. Leben Sie mit einem Partner zusammen?	1 2 9	ja nein k.A.	12
48. Leben Kinder in Ihrem Haushalt? Wenn JA: Wieviele?	1 2 3 4 5 9	nein ja, eines ja, zwei ja, drei ja, vier und mehr k.A.	13
a) Und wieviele sind davon bis 7 Jahre alt? b) ... und zwischen 8 und 14 Jahren? c) ... und zwischen 15 und 18 Jahren?	-- -- --		14 15 16
49. Wieviele Personen leben ständig in ihrem Haushalt?	1 2 3 4 5 6 7 8 9	eine Person zwei Personen drei Personen vier Personen fünf Personen sechs Personen sieben Personen acht und mehr Personen k.A.	17
50. Welchen höchsten Bildungsabschluß haben Sie? INT.: LISTE 1 VORLEGEN	1 2 3 4 5 6 7 9	noch Schüler(in) keinen Schulabschluß Volks-/Hauptschulabschluß Mittlere Reife, Fachschule Fachabitur, Abitur (Fach-) Hochschulabschluß anderen Schulabschluß k.A.	18

Frage	Cd.	Antwort	Sp.
51. Schauen Sie bitte einmal auf diese Liste. Was trifft auf Sie zu? INT.: LISTE 2 VORLEGEN	1 2 3 4 5 6 7 8 9	Hauptberuflich erwerbstätig Teilzeit erwerbstätig Schüler(in)/Student(in) Wehr-/Zivildienstleistender zur Zeit arbeitslos Rentner(in)/Pensionär(in) Hausfrau/Hausmann Sonstiges und zwar: -------------------------- k.A.	19
INT.: WENN BEFRAGTE PERSON ERWERBSTÄTIG IST, NACH JETZIGER BERUFLICHER STELLUNG FRAGEN, SONST NACH LETZTER BERUFLICHER STELLUNG FRAGEN. 52. Bitte sagen Sie mir anhand dieser Liste, welche berufliche Stellung Sie zur Zeit inne haben bzw. zuletzt inne hatten. INT.: LISTE 3 VORLEGEN UND KENNZIFFER EINTRAGEN	-- 99	berufliche Stellung, Kennziffer: ---- sonstiges und zwar: -------------------------- k.A.	20-21
53. Sagen Sie mir bitte noch, wo ihr Arbeitsplatz bzw. Ausbildungsplatz liegt. Liegt dieser ...?	1 2 3 4 5 9	in der Wohnung im Viertel im Nachbarviertel anderswo in Köln außerhalb von Köln k.A.	22
54. Wenn Sie selbst etwas außerhalb der Wohnung erledigen wollen, steht ihnen dann ein Auto zur Verfügung?	1 2 9	ja nein k.A.	23
55. Haben Sie in Ihrem Haushalt Telefon?	1 2 9	ja nein k.A.	24

Frage	Cd.	Antwort	Sp.
56. Haben Sie oder ein anderes Haushaltsmitglied in diesem Jahr eine oder mehrere der folgenden Leistungen erhalten:			
a) Wohngeld?	1 2 9	ja nein w.n., k.A.	25
b) Sozialhilfe?	1 2 9	ja nein w.n., k.A.	26
WENN JA: - laufende Hilfe zum Lebensunterhalt	1 2 9	ja nein w.n., k.A.	27
- Hilfe in besonderen Lebenslagen (z.B. Krankenhilfe)	1 2 9	ja nein w.n., k.A.	28
- einmalige Hilfe zum Lebensunterhalt (z.B. Kleiderhilfe, Heizkosten)	1 2 9	ja nein w.n., k.A.	29
c) Kindergeld?	1 2 9	ja nein w.n., k.A.	30
d) Unterhaltszahlungen?	1 2 9	ja nein w.n., k.A.	31
e) Arbeitslosengeld?	1 2 9	ja nein w.n., k.A.	32
f) Arbeitslosenhilfe?	1 2 9	ja nein w.n., k.A.	33
g) Unterhaltsgeld vom Arbeitsamt für Fortbildung/Umschulung?	1 2 9	ja nein w.n., k.A.	34

Frage	Cd.	Antwort	Sp.
57. Wenn man einmal alle Einkünfte zusammen nimmt: Wie hoch ist das monatliche Haushalts-Einkommen aller Haushaltsmitglieder heute? Bitte, geben Sie den monatlichen Nettobetrag an, also nach Abzug von Steuern und Sozialabgaben. Regelmäßige Zahlungen wie Wohngeld, Kindergeld, Sozialhilfe, Bafög, Unterhaltszahlungen, rechnen Sie bitte dazu.			
Dabei kommt es uns nicht auf den genauen Betrag an: Bitte schauen Sie sich noch einmal die Liste an, und sagen Sie mir nur den Buchstaben, der auf Sie zutrifft. INT: LISTE 4 VORLEGEN UND BUCHSTABEN EINTRAGEN	98 99	Buchstabe: _____ w.n. k.A.	35-36

Vielen Dank!

Anfang des Interviews (Uhrzeit): ☐☐☐☐ 37-40

Ende des Interviews (Uhrzeit): ☐☐☐☐ 41-44

Frage	Cd.	Antwort	Sp.
INT.: BITTE DIE FOLGENDEN FRAGEN SOFORT NACH DEM INTERVIEW BEANTWORTEN. A1. Wurde das Interview mit dem/der Befragten allein durchgeführt oder waren während des Interviews dritte Personen anwesend?	1 1 1 1 1 1 1	nein, keine anderen anwesend ja, Partner ja, Kinder ja, Verwandte ja, Nachbarn ja, Freunde/Bekannte ja, sonstige, und zwar:	45 46 47 48 49 50 51
A2. Hat eine der dritten Personen in das Interview eingegriffen?	1 2 3 9	ja, häufig ja, manchmal nein k.A.	52
A3. Wie war die Bereitschaft des/der Befragten, die Fragen zu beantworten?	1 2 3 4 5 9	gut mittelmäßig schlecht anfangs gut, später schlechter anfangs schlecht, später besser keine Einschätzung	53
B1. Hat eine Beobachtung stattgefunden?	1 2	ja nein	54
B2. Wo hat das Interview stattgefunden?	1 2 3 4 5	Wohnzimmer (Wohn)küche Speisezimmer Arbeitszimmer Sonstiges:	55
B3. Zustand der Wohnungseinrichtung? INT.: sauber ------------ schmutzig 1 5	-- -- -- -- --	sauber - schmutzig neuwertig - abgenutzt gepflegt - nachlässig heil - beschädigt ärmlich - luxuriös	56 57 58 59 60
B4. Schränke? INT.: MEHRFACHNENNUNGEN	1 1 1 1 1 1 1 --	Schrankwand Regalwand einzelne, offene Regale Bücherschrank, -regal normaler Schrank Vitrine altes Buffett Sonstiges: ....(k.A.=9)	61 62 63 64 65 66 67 68
B5. Fußboden? INT.: MEHRFACHNENNUNGEN	1 1 1 1 1 1 1 --	Holzfußboden, unpoliert Holzfußboden, poliert Kunststoffbelag Steinboden Teppichboden, Auslegware Einzelteppich(e) kl. Teppich, Brücke(n) Sonstiges: ....(k.A.=9)	69 70 71 72 73 74 75 76

Frage	Cd.	Antwort	Sp.
B6. Wände? INT.: MEHRFACHNENNUNGEN	1 1 1 1 1 1 1 1 --	Rauhfaser, weiß Rauhfaser, farbig Rauhfaser, mehrfarbig Tapete, altmodisch Tapete, modern Tapete, einfarbig sonstige Strukturtapete, z.B. Leinen Bildtapete Sonstiges: ....(k.A.=9)	XIII/7 8 9 10 11 12 13 14 15
B7. Zustand der Wände? INT.: MEHRFACHNENNUNGEN	1 1 1 1 1 9	sauber leicht vergilbt (Raucher) stark vergilbt feucht schmutzig, fleckig keine Einschätzung	16 17 18 19 20 21
B8. Decke? INT.: MEHRFACHNENNUNGEN	1 1 1 1 1 1 --	Rauhfaser nur gestrichen Platten Holzverkleidung, Balken Holz, imitiert Stuck Sonstiges: ....(k.A.=9)	22 23 24 25 26 27 28
B9. Fenster? INT.: MEHRFACHNENNUNGEN	1 1 1 1 1 1	Gardinen Vorhänge Blumenfenster Jalousien Rollo Nichts davon	29 30 31 32 33 34
B10. Bücher?	1 2 3	unter 10 10 bis 50 über 50	35

INT.: BITTE PRÜFEN SIE, OB AUF DER NETZWERKLISTE DIE FRAGEBOGENNUMMER NOTIERT WURDE. WENN ES NOCH NICHT GESCHEHEN IST, BITTE DIE NUMMER SOFORT ÜBERTRAGEN.

Bitte geben Sie noch Ihre Interviewernummer an: _____   (Sp. 36-37)

Ich bestätige, das Interview ordnungsgemäß durchgeführt zu haben:

Köln, den _____,_____   (Datum: Sp. 38-41)
             (Unterschrift)

Liste 1

01 noch Schüler(in)
02 keinen Schulabschluß
03 Volks-/Hauptschulabschluß
04 Mittlere Reife, Realschulabschluß (Fachschulreife)
05 Fachabitur (Fachhochschulreife, Abschluß einer Fachoberschule)
06 Abitur
07 (Fach-) Hochschulabschluß
08 anderen Schulabschluß

Liste 2

01 erwerbstätig, vollzeit (auch in beruflicher Ausbildung)
02 erwerbstätig, teilzeit (20 Stunden wöchentlich oder weniger)
03 arbeitslos/arbeitssuchend
04 Schüler(in)/Student(in)
05 Rentner(in)/Pensionär(in)
06 Hausfrau/Hausmann
07 Wehr-/Zivildienstleistender
08 sonstige(r) nicht Erwerbstätige(r)

Liste 3

Selbständiger Landwirt

mit einer Landwirtschaftlich genutzen Fläche von ...

10	bis unter 10 ha
11	10 ha bis unter 20 ha
12	20 ha bis unter 50 ha
13	50 ha und mehr

Akademischer freier Beruf

20	1 Mitarbeiter oder allein
21	2 bis 9 Mitarbeiter
22	10 Mitarbeiter und mehr

Selbständiger

30	1 Mitarbeiter oder allein
31	2 bis 9 Mitarbeiter
32	10 bis 49 Mitarbeiter
33	50 Mitarbeiter und mehr

Beamter / Richter / Berufssoldat

40	Beamter im einfachen Dienst (bis einschl. Oberamtsmeister)
41	Beamte im mittleren Dienst (vom Assistenten bis einschl. Hauptsekretär/Amtsinspektor)
42	Beamte im gehobenen Dienst (vom Inspektor bis einschl. Oberamtmann/Oberamtsrat)
43	Beamte im höheren Dienst, Richter (vom Regierungsrat aufwärts)

Angestellter

50	Industrie- und Werkmeister im Angestelltenverhältnis
51	Angestellte mir einfacher Tätigkeit (z.B. Verkäufer, Kontorist, Stereotypistin)
52	Angestellte, die schwierige Aufgaben nach allgemeiner Anweisung selbständig erledigen (z.B. Sachbearbeiter, Buchhalter, technischer Zeichner)
53	Angestellte, die selbständige Leistungen in verantwortungsvoller Tätigkeit erbringen oder begrenzte Verantwortung für die Tätigkeit anderer tragen (z.B. wissenschaftlicher Mitarbeiter, Prokurist, Abteilungsleiter)
54	Angestellte mit umfassenden Führungsaufgaben und Entscheidungsbefugnissen (z.B. Direktor, Geschäftsführer, Vorstand größerer Betriebe und Verbände)

Arbeiter

60	ungelernte Arbeiter
61	angelernte Arbeiter
62	gelernte Facharbeiter
63	Vorarbeiter, Kolonnenführer und Brigadier
64	Meister, Polier

In Ausbildung

70	kaufm. Verwaltungslehrlinge
71	gewerbliche Lehrlinge
72	haus- bzw. landwirtschaftliche Lehrlinge
73	Beamtenanwärter, Beamte im Vorbereitungsdienst
74	Praktikanten, Volontäre

80	Mithelfender Familienangehöriger

97	noch nie erwerbstätig gewesen

Liste 4

	von	bis unter
H		500
D	500	750
L	750	1.000
W	1.000	1.250
A	1.250	1.500
S	1.500	1.750
O	1.750	2.250
I	2.250	2.750
U	2.750	3.250
B	3.250	3.750
T	3.750	4.250
R	4.250	4.750
M	4.750	5.250
F	5.250	6.250
P	6.250 und mehr	

Aktuelle Bücher zum Thema:

Kommunalpolitik

Hellmut Wollmann
Everhard Holtmann (Hrsg.)
Kommunalpolitik
Politisches Handeln in den Gemeinden
2., völlig überarbeitete und erweiterte Auflage 1999
851 Seiten. Kart.
59,– DM/53,50 SFr/431 ÖS
ISBN 3-8100-2210-1

Die Beiträge zeigen sowohl die Traditionslinien und dauerhaften institutionellen Strukturen ihres Themen- und Politikbereiches als auch die jeweils jüngsten Veränderungen, Herausforderungen und Alternativen auf. Einige thematische Lücken der Erstausgabe konnten geschlossen werden.
Die in der kommunalwissenschaftlichen Literatur übliche Großstadtfixierung wurde durch eine eingehende Würdigung der Landkreise abgebaut. Ergebnis ist ein umfassendes Arbeitsbuch und eine Orientierungshilfe, die sich durch die wissenschaftlichen und praktischen Fachkompetenzen seiner Autorinnen und Autoren auszeichnet.

Berthold Dietz
Dieter Eißel
Dirk Naumann (Hrsg.)
Handbuch der kommunalen Sozialpolitik
1999. 572 Seiten. Kart.
68,– DM/62,– SFr/496 ÖS
ISBN 3-8100-2121-0

Das Handbuch bietet einen Überblick über Grundlagen und Handlungskonzepte klassischer Sozialpolitikfelder. Gleichzeitig werden Gestaltungsalternativen und Reformoptionen der mehrfach in die Krise geratenen kommunalen Sozialpolitik diskutiert.

Aus dem Inhalt:
Der kommunale Handlungsrahmen – Demokratie und Gestaltung in der Kommune – Integration alter, behinderter und pflegebedürftiger Menschen – Arbeitsmarkt-, Qualifizierungs- und Bildungspolitik – Gesundheitspolitik – Zukunftsperspektive Kinder, Jugend und Familie – Migrations- und Integrationspolitik – Sozial- und Jugendhilfe, Soziale Arbeit und Entwicklungsplanung – Wohnen

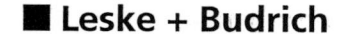

■ **Leske + Budrich**
Postfach 300 551 . 51334 Leverkusen
E-Mail: lesbudpubl@aol.com . www.leske-budrich.de

Die deutsche Gesellschaft in sozialwissenschaftlicher Sicht

Das Handwörterbuch zur Gesellschaft Deutschlands in zweiter Auflage

Bernhard Schäfers
Wolfgang Zapf (Hrsg.)
Handwörterbuch zur
Gesellschaft Deutschlands
2., völlig bearbeitete
und aktualisierte Auflage 2000
Ca. 780 Seiten. Geb.
Ca. 98,– DM/89,– SFr/715 ÖS
ISBN 3-8100-2926-2

Das Handwörterbuch stellt in über 65 Artikeln Grundlagen und Grundstrukturen des gesellschaftlichen Systems Deutschlands dar.
Es ist ein umfassendes, zuverlässiges Grundlagenwerk für alle, die sich in Studium oder Beruf mit der Gesellschaft Deutschlands auseinandersetzen.

Pressestimmen zur 1. Auflage:
„Siebenundsechzig Artikel bieten kompakt Informationen zu zentralen Aspekten. (...) Viele Köche verderben keineswegs den Brei, wenn (wie hier) das redaktionelle Konzept stimmt. (...)"
Frankfurter Allgemeine Zeitung

„Insgesamt zeigt diese Veröffentlichung recht deutlich, dass ein solches Handbuch (...) seine gute Berechtigung hat. (...)"
Kölner Zeitschrift für Soziologie und Sozialpsychologie

„Das Werk füllt eine Lücke. (...) Das Buch sollte in keiner Bibliothek fehlen."
Das Historisch-Politische Buch

„Nach dem Erfolg des Handwörterbuchs zum politischen System hat sich der intellektuelle Primus unter den sozialwissenschaftlichen Verlagen nunmehr an ein Handwörterbuch zur Gesellschaft Deutschlands gewagt. (...) Es hat alle Eigenschaften, schon bald zu einem Klassiker zu werden."
Arbeit und Sozialpolitik

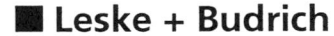

■ **Leske + Budrich**
Postfach 300 551 . 51334 Leverkusen
E-Mail: lesbudpubl@aol.com . www.leske-budrich.de